中俄
海关术语手册

《中俄海关术语手册》编委会 ◎ 编著

ZHONGEHAIGUANSHUYUSHOUCE

中国海关出版社有限公司
· 北京 ·

图书在版编目（CIP）数据

中俄海关术语手册：中文、俄文/《中俄海关术语手册》编委会编著. —北京：中国海关出版社有限公司，2022.10
ISBN 978-7-5175-0601-0

Ⅰ.①中… Ⅱ.①中… Ⅲ.①海关—名词术语—手册—汉、俄 Ⅳ.①F745-62

中国版本图书馆CIP数据核字（2022）第187516号

中俄海关术语手册
ZHONG E HAIGUAN SHUYU SHOUCE

作　　者：	《中俄海关术语手册》编委会
责任编辑：	夏淑婷
出版发行：	出版社有限公司
社　　址：	北京市朝阳区东四环南路甲1号　邮政编码：100023
编 辑 部：	01065194242-7539（电话）
发 行 部：	01065194221/4238/4246/5127（电话）
社办书店：	01065195616（电话）
	https://weidian.com/?userid=319526934（网址）
印　　刷：	北京天恒嘉业印刷有限公司　　经　销：新华书店
开　　本：	880mm×1230mm　1/32
印　　张：	13　　　　　　　　　　　　　字　数：225千字
版　　次：	2022年10月第1版
印　　次：	2022年10月第1次印刷
书　　号：	ISBN　978-7-5175-0601-0
定　　价：	52.00元

海关版图书，版权所有，侵权必究
海关版图书，印装错误可随时退换

《中俄海关术语手册》编委会

主　编： 卢厚林

副主编： 朴明华　高文宁

编　委： 高伟娜　李华庆　马　婷
　　　　　王文广　王百海　吴宇晗

使用说明

1. 本《手册》正文分为两部分。第一部分为"俄汉部分",从俄语查汉语,采用俄汉词典的编排方式,词条按俄语字母表顺序排列。第二部分为"汉俄部分",从汉语查俄语,词条按汉语拼音首字母排列。

2. 本《手册》的词汇收集以词组为主,单独词汇为补充,包括与海关检验检疫有关的术语、词组、短语、缩略语、组织机构名称、法律法规名称等,均以首字母顺序排序。

3. 为方便查阅,附录中的词汇亦编入第一部分和第二部分。同时,在附录中以专题形式体现,方便查阅。

4. 受编者能力的限制,文中涉及人类疾病、动植物疫病、毒品及精神类药物、实验室用具等未做到一一列明。

5. 部分词汇为外来语时,用括号方式加注了英语表述方式,以备查考。如:гаджет 数码配件(gadget)。

6. 收录了近年来新出现的部分词组,如:猴痘 обезьянья оспа;новая коронавирусная инфекция 新冠病毒感染。

7. 词条有缩写形式、代号及符号的,则在该词条后的圆括号内列明,如:свободная экономическая зона(СЭЗ)自由经济区。

8. 俄语词条的中文释义只选用海关业务、外贸行业的最常用释义。相同词义时,词条分别列出。

前　言

近年来，中国海关坚持"全方位扩大海关国际合作，提升合作质量和水平，更好服务国家外交大局，服务国家高水平对外开放，服务外贸高质量发展，服务'一带一路'建设"的宗旨，积极开展和参与国际以及与中国港澳台地区的海关交流与合作。合作不断向全方位、宽领域、深层次发展，特别是积极推动"一带一路"沿线合作，双边、多边、区域合作进一步深化。随着海关机构改革，中国海关的对外合作从监管、征税、统计、缉私等传统领域，以及安全、反恐、边境保护、贸易便利等非传统领域，拓展到了卫生检疫、动植物检疫、食品及消费品安全等新的领域。

俄罗斯、哈萨克斯坦等欧亚经济联盟成员国是重要的"一带一路"沿线国家，其海关机构与中国海关保持着良好的合作关系。为进一步加强中国与俄罗斯等俄语国家在海关领域的合作，编者编写了《中俄海关术语手册》（以下简称《手册》）。

本《手册》是编者将近年来在编译《欧亚经济联盟国家海关管理及便利通关》《俄罗斯海关法》等过程中收集的相关词汇整理而成，共收录俄汉词条约5000条，汉俄词条约5500条。词条涵盖口岸管理、海关监管、卫生检疫、动植物检疫、外交、外贸、保险、实验室管理等内容，附录中还增加了《国际贸易术语解释通则》、世界主要港口、常见国际（地区）组织机构名称、中俄政府组织机构、中俄海关内设机构名称、实验室仪器及用品汉俄对照、俄罗斯通关监管模式代码对照表等内容。

编者在编写过程中力求做到翻译精准、表达准确，但由于能力和水平有限，文中难免存在纰漏和不准确之处，敬请专家读者批评指正。希望《手册》的出版能对海关工作人员及从事外贸工作的人员带来些许帮助。

本《手册》编写工作得到了中国海关出版社有限公司有关同志的大力支持和指导。同时，徐淑霞、徐颖、顾毅、邱琳、王文广、王百海、王轶、刘怡宁、王一番、仲颖、周文娟参与了词汇收集和整理工作，在此表示衷心的感谢。

目　录

俄汉部分

А ········· 3	П ········· 104
Б ········· 11	Р ········· 126
В ········· 17	С ········· 133
Г ········· 29	Т ········· 152
Д ········· 35	У ········· 166
Е ········· 44	Ф ········· 171
Ж ········· 46	Х ········· 176
З ········· 47	Ц ········· 178
И ········· 52	Ч ········· 180
К ········· 59	Ш ········· 182
Л ········· 72	Э ········· 183
М ········· 76	Ю ········· 187
Н ········· 87	Я ········· 188
О ········· 94	

汉俄部分

A ········· 191	L ········· 276
B ········· 192	M ········· 283
C ········· 201	N ········· 287
D ········· 210	O ········· 289
E ········· 220	P ········· 290
F ········· 222	Q ········· 292
G ········· 229	R ········· 296
H ········· 242	S ········· 297
J ········· 258	T ········· 310
K ········· 271	W ········· 315

X	322	数字、英文字母开头的词语	356
Y	329		
Z	341		

附 录

附录一 国际贸易术语解释通则（2020） …………… 361

附录二 世界主要港口 …… 363

附录三 常见组织机构名称 …… 378

附录四 中华人民共和国国务院组织机构俄语译法 …………… 382

附录五 俄罗斯政府组织机构 …………… 386

附录六 中俄海关内设机构名称 …………… 393

附录七 实验室仪器及用品汉俄对照 …………… 396

附录八 俄罗斯通关监管模式代码对照表 …… 402

俄汉部分

A

Абадан（Иран） 阿巴丹（伊朗）

Абиджан（Кот-д'Ивуар） 阿比让（科特迪瓦）

абсолютный спирт 无水酒精

Абу Даби（Объединённые Арабские Эмираты） 阿布扎比（阿联酋）

аванс под залог документов 交单预付

аванс покупателей（импортёров） 购方（进口商）预付款

аванс фрахта 运费预付（款）

авансовый платёж 预付款

аварийный комиссар；диспашер 海损理算人

авария 损失

авиагрузовая накладная；авианакладная 空运单（AWB）

авиалайнер 客机

авиаперевозка 航空运输；空运

авиаперевозка грузов 航空货运

авиапочта 航空邮政；航空邮件

авиационный груз 空运货物

авиационный полетный лист 航班舱单

авиачартерная перевозка 包机运输

авизо об отказе от оплаты 拒付通知书

авометр 万用表

автобус 客车

автовесы 地磅

автодорожная накладная 公路货物运输托运单；公路运单

автоклав 高压灭菌器

автоклав для пастеризации 巴氏灭菌器

автоклавная 高压灭菌室

автомат 自动机（器）；自动挡；自动售货机

автоматизированная обработка данных 自动化数据处理

автоматизированная система 自动化系统

автоматизированная система сообщений

自动报文接口

автоматизированная система таможенных данных （АСИКУДА） 海关数据自动化系统（ASYCUDA）

автоматизированная система управления перевозкой грузов в контейнерах 集装箱货运管理自动化系统

автоматизированная установка для разложения по Кьельдалю 凯氏定氮自动消化器

автоматическая пролонгация 自动续订；自动延长

автоматические пробоотборники воздуха 空气自动采样器

автоматическое лицензирование 自动许可证

автоматическое распознавание транспортных средств （АОТ） 车辆自动标识（AVI）

авторское право 著作权；版权

автотерморегулятор 自动恒温器

автотранспортное средство 公路运输车辆

агар-агар 琼脂

агент 代理权，代理

агент биологической борьбы 生物防治媒介

агент по закупке 买方代理

агент по перевозке грузов автомобильным транспортом 公路运输代理人

агент по экспорту 出口代理商

агент （представитель） по импорту 进口商代理

агент-резидент 常驻代理机构

адаптированные молочные смеси （заменители женского молока） 乳（制）品混合物（母乳的替代物）

адвалорные пошлины и налоги 从价关税

адвалорный тариф 从价税率

адвокат 律师

Аделаида （Австралия） 阿德莱德（澳大利亚）

Аден （Демократический Йемен） 亚丁（也门）

административное задержание 行政拘留

административное урегулирование таможенного правонарушения 违反海关法行为的行政处置

административные правонарушения 行政违法

административный акт 行政命令；行政决定

администрация карнета ATA　ATA 单证册管理部门

администрация порта 港口管理

Администрация порта 港务局

адресат 收货人

адресат электронного сообщения 电子通信的收件人

адсорбент 吸附剂

азалеин 品红（常见染料）

азафен 阿扎芬（精神类药物，抗抑郁药）

Азиатский банк инфраструктурных инвестиций（АБИИ） 亚洲基础设施投资银行（AIIB）

Азиатский банк развития（АБР） 亚洲开发银行（ADB）

Азиатско-Тихоокеанский регион 亚太地区（ATP）

азотистая кислота 亚硝酸

азотная кислота 硝酸

айран 酸奶；高加索酸牛乳

Акаба（Иордания） 亚喀巴（约旦）

Акапулько（Мексика） 阿卡普尔科（墨西哥）

Акарапидоз пчел 蜂螨虫病

Акаутра（Сальвадор） 阿卡胡特拉（萨尔瓦多）

аквакультура 水产养殖

аккаунт 账户（account）

акклиматизация агента биологической борьбы 生物防治媒介种群

акклиматизация карантинного объекта 检疫对象物种入侵

Аккра（Гана） 阿克拉（加纳）

аккредитация 认可；符合国家标准

аккредитив 信用证（L/C）

аккредитив национальной валюты 本国货币信用证

аккредитив с красной

оговоркой 红色条款信用证

аккредитив с оплатой траттами на предъявителя 见票即付信用证

аккредитив с отсроченным/отложенным платежом 延期付款信用证

аккумуляторная кислота 电解液；蓄电池用酸

акт государственного карантинного фитосанитарного контроля (надзора) 国家植物检疫监督证书

акт досмотра 检验证明；检验单

акт карантинного фитосанитарного обеззараживания 植物检疫消毒处理证书

акт экспертиз 鉴定文书

активизироваться 激化；激活

активный баланс 顺差

активный торговый баланс 贸易顺差

акустиметр 声强计

акцепт 承兑

акцептант 承兑人

акцептированный чек 承兑支票

акцептный кредит 承兑信用证

акцептованная тратта 承兑汇票

акцептованный вексель 承兑汇票

акцептовать долгосрочный вексель 承兑远期汇票

акциз 消费税

акцизный сбор 消费税

Алашанькоу (Китай, Казахстан) 阿拉山口（中国）

Александрия (Египет) 亚历山大（埃及）

Алеутская болезнь норок 水貂阿留申病

Алжир (Алжир) 阿尔及尔（阿尔及利亚）

алкоголометр 酒精比重计

алкогольный термометр 酒精温度计

алмазная биржа 钻石交易所

Алма-Ата; Алматы (Казахстан) 阿拉木图（哈萨克斯坦）

альбумин 白蛋白

альтернат (缔约双方名称及代表署名的) 前后顺序；文本倒版

альтернативное разрешение спора 非诉讼纠纷解决方式

альфа PVP（соль） 阿尔法 PVP（盐）；卡西酮类精神兴奋剂；"第二代丧尸浴盐"弗拉卡（α-PVP）

альфа-бета радиометр α-β 放射仪（阿尔法贝塔放射仪）

альфа-метилфентанил α-甲基芬太尼

Американский гнилец пчел 美洲蜂幼虫腐臭病

аминазин 氯丙嗪

амитриптилин 阿米替林

амобарбитал（эстимал） 阿莫巴比妥（estimal）

амперметр 安培表

Амстердам（Нидерланды） 阿姆斯特丹（荷兰）

амфепрамон 安非拉酮

амфетамин 苯丙胺（中枢神经刺激剂）；安他命；安非他明

анализ 分析；化验，验定

анализ бизнес процессов 业务流程分析

анализ риска 风险分析

анализ сведений 信息分析

анализ фитосанитарного риска 植物检疫风险分析

анализатор 分析器；偏振器；偏光检查仪

анализатор влажности 水分分析仪；温度分析仪

анализатор жидкости pH-метр pH 计

анализатор изображений 图像分析仪

анализатор качества молока 乳制品分析仪

анализ-весы с оптическим отсчётом 光学读数分析天平

аналитическая информационная система（АИСТ） 信息分析系统

аналитические весы 分析天平

аналитический центр 智库

анальгин 安乃近

анаша 印度大麻

анаэростат 厌氧菌培养器

английская тонна 英吨；长吨

английский фунт 英镑

анестизирование 麻醉

Анкона（Италия） 安科纳（意大利）

Аннаба（Алжир） 安纳巴（阿尔及利亚）

аннулировать 撤销

аннулировать контракт 撤销合同

антагонист 对抗物；抗结剂

Антверпен (Бельгия) 安特卫普（比利时）

антибиотик 抗生素

антигистаминные препараты 抗组胺药

антидемпинговая пошлина 反倾销税

антидемпинговый закон 反倾销法

антиинсектицидная упаковка 防虫包装

антиквариат 古玩，古董；珍品

антикомкователь 防结块剂

антимикробный агент 抗微生物制剂；抗菌剂

антиокислитель 抗氧化剂

антисептика 防腐剂；消毒剂

антислеживающий агент 抗固结剂（抗结团剂）；防结块剂

антисубсидийные пошлины 反补贴税；反补偿税

антитела к коронавирусу 新冠病毒抗体

антитело 抗体

Антофагаста (Чили) 安托法加斯塔（智利）

Аомэнь особый административный район Китая 中华人民共和国澳门特别行政区

Апапа (Нирля) 阿帕帕（尼日利亚）

апеллянт 上诉人

апелляционная процедура 上诉程序

Апелляционный орган ВТО WTO 上诉机构

апелляция 申诉

Апиа (Западное) 阿皮亚（萨摩亚）

аппарат для встряхивания 振荡器

аппарат искусственной вентиляции лёгких (аппарат ИВЛ) 呼吸机

арбитражная комиссия 仲裁委员会

арбитражная структура 仲裁机构

арбитражный суд 仲裁法庭

арендная плата 租金；租费

ареометр 液体比重计

ареометр Боме 波美比重计

арест 扣留；拘留；逮捕

арест в соответствии с

законом 依法扣押
арест груза 扣留货物
арест и изъятие имущества 没收或扣押财产
арест или задержание лица 逮捕或扣留人员
арест на имущество 扣押财产
арест судна 扣押船舶
арестовать 拘押；逮捕
Арика (Чили) 阿里卡 (智利)
ароматизатор 香料
ароматизатор коптильный 烟熏香料
ароматизатор термический технологический 热工艺香料
ароматизатор пищевой 食用香料
Архангельск (Россия) 阿尔汉格尔斯克 (俄罗斯)
археологические находки 出土文物
археологические ценности 考古文物
архитектура механизма единого окна 单一窗口体系结构
АСЕАН (Ассоциация государств Юго-Восточной Азии) 东南亚国家联盟 (ASEAN)
аспект 观点，看法，见解；(问题的) 方面；形势，局面
ассортимент товара 商品品种
Ассоциация государств Юго-Восточной Азии (АСЕАН) 东南亚国家联盟 (ASEAN)
атомно-абсорбционный фотометр 原子吸收光度计
атташе (使馆、领事馆) 随员；专员
аттестационное свидетельство 鉴定证书
аттестационный документ (сертификат) 鉴定证明
аудио-и видеопродукция 录音录像制品；音像制品
аудиовизуальные материалы 音像资料
аудиокассета 盒式录音带
аудит 审计；查账；稽查
аудит после таможенной очистки 清关后稽查
аукцион 拍卖

аукционные товары 拍卖的商品

аустенитометр 奥氏体计

аутентичный текст 作准文本

аутсорсинг 外购；外包（outsourcing）

Афины (Греция) 雅典（希腊）

африканская чума свиней 非洲猪瘟

Аффенмут (Великобритания) 阿芬默斯（英国）

ацидофилин 酸牛乳（饮料）

аэрометр 空气比重计

аэромонозы лососевых и карповых рыб 鲑鱼和鲤鱼科的疖病

аэропорт 机场；航空站

аэропорт отправления 出发机场

Б

багажный декларация 行李申报单

Багдад (Ирак) 巴格达 (伊拉克)

БАД (биологически активные добавки к пище) 食用生物活性添加剂

База статистических данных Организации Объединённых Наций по торговле товарами (КОМТРЕЙД) 联合国商品贸易统计数据库 (COMTRADE)

базисная сделка 框架合同

базовое освобождение 基本豁免；基本免税额

бак 箱；罐

балкер 散装货船

Балтимор (США) 巴尔的摩 (美国)

Бам (Иран) 巴姆 (伊朗)

Бангкок (Таиланд) 曼谷 (泰国)

Бандар-Сери-Бегаван (Бруней) 斯里巴加湾市 (文莱)

Банжул (Гамбия) 班珠尔 (冈比亚)

банк генов 基因库

банк данных 数据库；信息库

банк, открывший счет 开户行

банк-инкассатор 代收银行

банкин на сотовом телефоне 手机银行

банковская выписка 银行对账单

банковский акцепт 银行汇票

банковская инструкция 银行业务通知书

банковский счёт 银行账户

банковский чек 银行支票；银行本票

банковское гарантийное обязательство 银行担保书；银行保证书

банковское перечисление 银行转账；银行汇款

банк-плательщик 付款银行

банк-ремитент 托收行

банк-эмитент аккредитива 信用证

开证银行

Бар （Черногории） 巴尔（黑山）

барбитал 巴比妥

барбитал-натрий 巴比妥钠

барбитурат 巴比妥酸盐；巴比妥衍生物

баржа 驳船

баржевый порт 驳船港

Барранкилья （Колумбия） 巴兰基亚（哥伦比亚）

Барселона （Испания） 巴塞罗那（西班牙）

бартерная торговля 易货贸易

барьер на пути доступа на рынок 市场准入障碍

Басра （Ирак） 巴士拉（伊拉克）

башенная кислота 塔酸

беженец 难民

без индоссамент 无背书的

без разрешения таможни 未经海关许可

без согласия таможни 未经海关同意

без ущерба для чего 不违背

безбумажная торговля 无纸贸易

безводная кислота （ангидрид кислоты） 酸酐

безвредность 无害

бездействие 遗漏

безналоговый выпуск 免税放行

безопасность 安全

безопасность и безвредность 安全和无害

безопасность пищевой продукции 食品的安全性

безопасные условия для человека 人类的安全条件

безотзывная оферта 不可撤销的要价

безотзывный аккредитив 保兑信用证

безупречность （отсутствие коррупции） 诚实性（无腐败行为）

Бейра （Мозамбик） 贝拉（莫桑比克）

Бейрут （Ливан） 贝鲁特（黎巴嫩）

Белаван （Индонезия） 勿拉湾（印度尼西亚）

Белиз （Белиз） 伯利兹（伯利兹）

белковый брикет 油渣

Белфаст （Великобритания） 贝尔法斯特（英国）

белые схемы 白关（合

法通关）

Бельмопан（Белиз） 贝尔莫潘（伯利兹）

Бенгази（Ливия） 班加西（利比亚）

Бендер Аббас（Иран） 阿巴斯港（伊朗）

бензодиазепины 苯二氮

бензоилэкгонин 苯甲酰爱康宁

Бербера（Сомали） 柏培拉（索马里）

Берген（Норвегия） 卑尔根（挪威）

беречь от влаги 防潮

беречь от солнечных лучей 避光

Берлин（Германия） 柏林（德国）

Берн（Швейцария） 伯尔尼（瑞士）

бескостное мясо 无骨肉类

бескостный полуфабрикат 无骨半成品

бескрановая погрузка 滚装式

беспилотник 无人机

беспилотный 无人驾驶的

бесплатно 免费

беспошлинные товары 免税品

беспошлинный 免税

беспошлинный ввоз 免税进口

беспошлинный импорт 免税进口

Беспошлинный логистический центр（А） 保税物流中心（A型）

Беспошлинный логистический центр（Б） 保税物流中心（B型）

беспристрастность 公正

бессимптомый носитель 无症状感染者

бестарная перевозка 散装运输

бестарный товар 散装商品；散货

бесшовная мультимодальная работа 多式联运

бета-спектрограф 电子摄谱仪

бешенство 狂犬病

Бизерта（Тунис） 比塞达（突尼斯）

бизнес для бизнеса B2B 企业与企业间电子商务

бизнес для потребителя 企业与消费者间电子商务（B2C）

бизнес-администрирование 商业机构对行政机构业务（B2B）

бизнес-процесс; деловой процесс; деловая операция 业务流程

Бильбао (Испания) 毕尔巴鄂（西班牙）

биологическая борьба (биометод) 生物防治

биологически активные добавки к пище (БАД) 生物活性食用添加剂

биологические продукты 生物制品

биологический пестицид (биопестицид) 生物杀虫剂

биометод 生物防治

биопестицид 生物杀虫剂

биоценометр 生物群落计数器

бирка о соответствии требованиям при перевозке 符合标准的运输标志

Биркенхед (Великобритания) 伯肯黑德（英国）

Бисау (Гвинея-Бисау) 比绍（几内亚比绍）

благополучная зона 无疫区；安全区

благополучный компартмент 无疫生物安全隔离区域（间）

благоприятные условия жизнедеятельности человека 人类生存的良好条件

благосостояние животного 动物福利

благотворительный 慈善的

бланк таможенного документа 海关单据表格

блокчейн 区块链 (block chain)

Блутанг 蓝舌病

боеприпасы 弹药

бойня 屠宰场

бокал 高脚杯；烧杯

боковой вид 侧视图

более чем разумная сумма 超过合理数量

болезнь 疫病；疾病

болезнь Ауески 伪狂犬病

болезнь обязательной декларации 法定通报疫病；强制申报疾病

большие данные 大数据

Бома (Заир) 博马［刚果（金）］

бондовая зона 保税区

бондовая портовая зона 保税港区

бондовая система 保税制度

бондовый груз 保税货物

бондовый режим перевозки грузов 保税运输制度

бондовый склад 保税仓库

бондовый товар 保税货物；保税商品

Бонн (Германия) 波恩 (德国)

бордеро 公路运输货物清单

Бордо (Франция) 波尔多 (法国)

борная кислота 硼酸

бороскоп 管道镜；光学孔径检查仪

бортовой надзор 随船监管

борьба с вредным организмом 防治有害生物

борьба с карантинным объектом 检疫对象的防控

борьба с контрабандой 缉私；反走私

борьба с контрабандой в специально отведенных местах на границе возле таможни 海关附近边境指定区域缉私

борьба с эпидемией 抗疫

Бостон (США) 波士顿 (美国)

бракераж груза 商品检验

бревномер 原木直径测器

Бремен (Германия) 不来梅市 (德国)

Бремерхафен (Германия) 不来梅 (德国)

Брест (Белорусь) 布列斯特 (白俄罗斯)

Брест (Франция) 布雷斯特 (法国)

БРИКС (Группа из пяти стран: Бразилии, России, Индии, КНР, ЮАР) 金砖国家 (巴西、俄罗斯、印度、中国、南非，BRICS)

Брисбен (Австралия) 布里斯班 (澳大利亚)

Бристоль (Великобритания) 布里斯托尔 (英国)

брокер таможенный (представитель) 报关代理人

брокер по экспорту 出口经纪人

бронированный термометр 防护温度计

бросать 放弃；委付

брошенные предметы 放弃物品；遗弃物品

брутто 总重量；毛重
брэнд 商标
БТН（Брюссельская таможенная номенклатура） 布鲁塞尔海关商品名录
Будапешт（Венгрия） 布达佩斯（匈牙利）
буклет 小册子
бульон 高汤
бумажная копия электронного документа 电子文件的纸质复印件
бумажные деньги 纸币
бумажный билет 纸币
бупренорфин 丁丙诺啡
Бургас（Болгария） 布尔加斯（保加利亚）
буталбитал 丁巴比妥
буторфанол 布托啡诺
бутыль-газометр 气量瓶
буферная зона 缓冲区
бухгалтерский отчётность 会计报告
бухгалтерский учёт 会计核算
Буэнавентура（Колумбия） 布埃纳文图拉（哥伦比亚）
Буэнос-Айрес（Аргентина） 布宜诺斯艾利斯（阿根廷）
быстрозамороженные продукты 速冻食品
бытовое золото 日用（家用）黄金
Бэйхай（Китай） 北海（中国）
бюджетная эффективность импорта 进口预算效率
бюкса 量瓶
бюллетень 公报，公告；简报；通信
Бюро расследований 调查局

B

в двух экземплярах 一式两份

в местах совершения таможенных операций 海关作业现场

в основном согласны 基本上同意

в полной сохранности 完整无损

в разумных пределах для самостоятельного использования 属于自用合理数量范围内

в рамках льготных условий 贸易优惠协定项下

в случаях нарушения таможенного законодательства 在违反海关法的情况下

в соответствии с установленными законом полномочиями 根据法定权力

в соответствии с чем 与……相一致

в таможенной работе и правилах 在海关事务和法规方面

в целях 期望……（一般用于序言）；为了

Вааса (Финляндия) 瓦萨（芬兰）

вагонные весы 轨道衡；车辆秤，地磅

вагон-цистерна 液体货物罐装车皮；罐车

ваккумный термометр 真空温度计

вакускоп 真空仪

вакуум-насос 真空泵

вакуумный насос 真空泵

вакуумфильтр 真空过滤器

вакууэкскатор 真空干燥室

вакцина 疫苗

вакцинация 免疫接种

вакцинировать 接种疫苗

вализа 外交邮袋

Валлетта (Мальта) 瓦莱塔（马耳他）

валовая национальная продукция (ВНП) 国民生产总值（GNP）

валовая прибыль 总利润；毛利

валовой внутренний продукт (ВВП) 国内

生产总值（GDP）

Вальпараисо（Чили） 瓦尔帕莱索（智利）

валюта 货币

валюта замкнутая 不可兑换货币

валюта национальная 本国货币

валюта неконвертируемая 不可自由兑换的货币

валюта обратимая 可自由兑换的货币

валюта Российской Федерации 卢布

валюта свободно конвертируемая（СКВ） 可自由兑换的货币

валюта тратта 货币汇票

валютная лицензия 外汇许可证；执照

валютные преступления 货币违法行为

валютные условия контракта 合同的货币条款

валютный контроль 货币监管；外汇管制；外汇管理

валютный курс 汇率；外汇牌价

Ванкувер（Канада） 温哥华（加拿大）

вапотрон 蒸汽冷却管

варенец （文火加热处理的）酸乳；熟酸奶

вареное колбасное изделие 煮制的香肠制品

вареное колбасное изделие для детского питания 婴儿用煮制香肠制品

варено-запеченные продукты из мяса 炖煮和烤制的肉类产品

варено-копченое колбасное изделие 炖煮和熏制的香肠制品

вареные продукты из мяса 炖煮的肉类产品

вариантность 变量；变更

Варна（Болгария） 瓦尔纳（保加利亚）

Варшава（Польша） 华沙（波兰）

ватерлиния （船舶）吃水线

ватерпас 水准仪

ватманская бумага 优质滤纸

ватосбрасыватель 取棉器

ваттметр 瓦特表

Вашингтон（США） 华盛顿（美国）

ввести жесткие карантинные меры

实施严格的隔离措施

ввести режим экстренного реагирования 启动应急响应机制

вводные данные 输入数据

ввоз 进口

ввоз беспошлинных товаров 免税货物进口

ввоз запрещён 禁止进口

ввоз с освобождением от уплаты таможенных пошлин, налогов 免税进口

ввоз товаров 货物进口

ввозная стоимость товара 进口成本

вегетационный период (для вида растения) 植物生长期

вегетационный сезон 生长季节

ведомость количества 数量明细表

ведомственный санитарный надзор 国家卫生监督

вексель 汇票

вексель (тратта) на предъявителя 即期汇票

Веллингтон (Новая Зеландия) 惠灵顿 (新西兰)

велоситрон 质谱仪

Венеция (Италия) 威尼斯 (意大利)

Венская Конвенция о консульских сношениях 维也纳领事关系公约

вентуриметр 文氏流量计

Веракрус (Мексика) 韦拉克鲁斯 (墨西哥)

вероятностная выборка 概率取样

вертикальная грузообработка 垂直搬运

вертикальный метод погрузки и выгрузки; Ло-Ло 垂直装卸方式 (使用起重设备装载和卸载多式联运单元)

Верховная народная прокуратура (КНР) 最高人民检察院

Верховный народный суд (КНР) 最高人民法院

вес 重量

вес брутто 毛重

вес нетто 净重

вес упаковки 皮重；包装重量

вес (масса) тары 皮重

весовая платформа 地磅；桥秤

весовой сертификат грузоотправителя для смешанной перевозки (ФИАТА-СТС) 多式联运托运人重量证书 (FIA-TA-SIC)

весы 天平；秤

весы Вестфаля 韦氏比重天平

весы лабораторные электронные 电子天平

ветеринар 兽医

ветеринарная служба 兽医机构

ветеринарное свидетельство 兽医检疫证书

ветеринарно-санитарная экспертиза 兽医卫生检验

ветеринарно-санитарные меры 兽医卫生措施

ветеринарные власти 兽医主管部门

ветеринарные лаборатории 兽医实验室

ветеринарные правила и нормы 兽医检疫的规则和标准

ветеринарный врач 兽医

ветеринарный контроль 兽医监管

ветеринарный конфискат 兽医没收

ветеринарный надзор 兽医检疫

ветеринарный сертификат 兽医检疫证书

ветсанэкспертиза 兽医卫生检查

ветчинные консервы 火腿罐头

вещество вкусоароматическое 调味加香物

вещество вкусоароматическое натуральное 天然调味加香物

вещество для обработки муки 面粉处理剂

взаимная административная помощь 行政互助

взаимная административная помощь и международное сотрудничество 行政互助合作和国际合作

взаимная выгода 互利

взаимное признание документов 文件的互认

взаимоотношение 相互关系

взаимный 相互

взаимный аккредитив

对开信用证
взаимовыгодная торговля 互惠贸易
взаимовыгодное соглашение 互惠协定
взаимовыгодные пошлины 互惠关税
взаимовыгодный 互惠的
взаимовыгодный торговый договор или соглашение 贸易互利条约或协定
взаимодействие таможенных органов в рамках Союза 在联盟框架下的海关协作
взаимодоверие 互信
взаимодополняемость 互补
взаимопомощь 互助
взаимопонимание и взаимная уступчивость 互谅互让
взаимосвязанность 互联互通
взимать карательный тариф 征收报复性关税
взимать пошлину 计征关税；征税
взнос в государственный бюджет 上缴国库
взрослый путешественник 成年旅客

взрывное устройство 爆炸器材
взрывоопасный предмет 易爆炸物品
взрывчатое вещество 炸药
взыскание налога (сбора, пеней, штрафа) за счёт денежных средств 以资金为代价征收税款（费用、罚款）
взыскание таможенных пошлин 征收关税
взять образцы товара 提取货样
виброскоп 振动计
вид на жительство 定居卡（绿卡）
вид товара 商品外观
вид транспорта 运输方式
визуальный осмотр 目视检查
визуальный прибор 目视仪
Виктория (Сейшельские острова) 维多利亚（塞舌尔）
вино 葡萄酒
виномер 酒度计
винометр 酒内醇量计
виртуальный магазин 虚拟商店；网店
вирус иммунодефицита человека (ВИЧ) 人

类免疫缺陷病毒

вискозиметр 黏度计

Висмар（Германия） 维斯马（德国）

влагомаслоотделитель 油水分离器

влагомер 湿度计

влагопоглотитель 干燥器

влагоудерживающий агент 保湿剂

влагоудерживающее вещество 保湿物质

владелец 货主；货物所有人

владелец паспорта 护照持有人

владелец таможенного склада 海关仓库所有者

Владивосток（Россия） 符拉迪沃斯托克（旧称海参崴）（俄罗斯）

влажность 湿度；水分检测

влажный термометр 湿球温度计

внедрение 贯彻，实行；推广；运用，应用

внесение пошлины 缴纳关税

внешнеторговая компания 出口贸易公司

внешнеторговая политика 对外贸易政策

внешнеторговый арбитраж 对外贸易仲裁

внешнеторговый баланс 对外贸易平衡表；外贸差额

внешнеторговый банк 对外贸易银行；外贸银行

внешнеторговый договор 外贸合同

внешнеторговый контракт 外贸合同

внешнеторговый кредит 对外贸易信贷

внешнеторговый энергетический дефицит 外贸能源短缺

внешнеэкономическая деятельность（ВЭД） 对外贸易活动

внешняя обработка и сборка 对外加工装配

внешняя торговля 对外贸易

внутреннее судоходство 内河航运

внутренний 内地的；内陆的

внутренний валютный обмен 国内汇兑

внутренний грузовой терминал 国内货运站

внутренний перевозчик 国内承运人

внутренний рынок 国内市场

внутренний склад 国内仓库

внутренний таможенный склад（ВТС） 国内海关监管仓库

внутренний транспорт 国内运输；国内段营运

внутреннее место разгрузки 国内卸货地点

внутренняя перевозка 内陆运输；国内段营运

внутренняя таможня 内地海关；内陆海关

внутренняя цена 国内价格

внутренняя эпидемия 国内疫情

внутригосударственное законодательство 国内法

водные биологические ресурсы 水生动物资源

водные животные 水生动物

водомаслоотделитель 油水分离器

водосборный бассейн 水域

возбудить уголовное дело 起诉

возврат 退运；退税

возврат и замена товара 商品退换

возврат излишне уплаченных или взысканных таможенных платежей 退还多计征或多支付的关税

возврат платежа 退税

возврат сумм ввозных таможенных пошлин, налогов 退还进口关税和其他税

возврат таможенной пошлины 关税退还

возвратная пошлина 应退税款

возвращать товары 退货

возвращать уплаченные налоги 退还已缴税款

возвращение и уплата таможенного налога 关税退补

возврт груза 货物退回

воздухомер 气体比重计

воздушная транспортная накладная 空运提单

воздушный порт 空运港

возмещать 赔偿

возмещение налога 补税

возмещение налога на аудит 稽查补税
возмещение расходов 费用的偿还
возможность прогнозирования 可预测性
вознаграждение 酬金
возникновение и распространение заболеваний 疾病发生并扩散
возраст оборудования 设备使用年限
война 战争
война окружающей среды 环境战
воинский груз 军用物资
войска пограничной охраны 边防部队
волокномер 纤维仪
вольная гавань 自由港
вольтметр 伏特计
Вонсан（Северная Корея） 元山（朝鲜）
воронка бюхнера 布氏漏斗
воронка-весы 称量漏斗
воронка-конденсатор 冷凝漏斗
воронка-нутч 平底瓷漏斗
ворошилка 搅拌器
восприимчивый вид 易感物种
восстановленное молоко 复原乳
восстановленный сок 还原果汁
Восточный экономический форум（ВЭФ） 东方经济论坛（2015年由俄罗斯总统普京签署总统令决定，每年在符拉迪沃斯托克举行，以促进远东地区经济发展和国际合作）
вошедшая в исследование популяция 加入种群研究
впоследствии будет продлеваться соответственно 依法顺延
вредно для чего 有损于
вредное воздействие на человека 对人类的有害影响
вредное воздействие на человека пищевой продукции 食品对人体健康的危害
вредные загрязнители 有害的污染物质
вредный организм 有害生物
временная или неполная декларация 临时报关单，不完全报关单

временная мера 临时措施

временная таможенная пошлина 临时关税

временно исполняющий обязанности (ВРИО) (и. о.) 临时代理人

временное периодическое таможенное декларирование 临时定期申报

временное пребывание 临时居留

временное свидетельство о страховании 暂保单

временное хранение товара 货物临时存储

временные затраты 临时花费

временное ограничение 临时限制措施

временный 暂时的

временный беспошлинный экспорт или импорт 暂时免税进境或暂时免税出境

временный ввоз (вывоз) 临时进口 (出口)

временный ввоз и вывоз товаров 暂时进出口货物

временный допуск (ввоз) (海关) 暂准进口

врио начальника 临时代理人

Вроцлав (Польша) 弗罗茨瓦夫 (波兰)

все тексты имеют одинаковую силу 同等作准

Всемирная организация здравоохранения (ВОЗ) 世界卫生组织 (WHO)

Всемирная организация интеллектуальной собственности (ВОИС) 世界知识产权组织 (WIPO)

всемирная паутина 因特网

Всемирная продовольственная программа ООН (ВПП ООН) 联合国世界粮食计划署 (WFP)

Всемирная таможенная организация (ВТамО) 世界海关组织 (WCO)

Всемирная торговая организация (ВТО) 世界贸易组织 (WTO)

Всемирная туристская организация (ЮНВТО) 世界旅游组织 (UNWTO)

Всемирный банк (ВБ) 世界银行

Всемирный почтовый союз (ВПС) 万国邮政联盟 (UPU)

Всемирный торговый центр (ВТЦ) 世界贸易中心 (WTC)

всеобщая контрабанда 共同走私

всеобщая система преференций 普遍优惠制；普惠制 (GSP)

всеобщий бондовый склад 公共保税仓库

всеобъемлющие гарантии для транзита 综合过境担保

Всестороннее региональное экономическое партнёрство (ВРЭП) 《区域全面经济伙伴关系协定》(RCEP)

вскрывать 撬开；启封

вспомогательный материал 备用物料

вспышка 爆发

вступить в силу 开始生效

вступление 加入

вступление в силу, изменение и прекращение действия协定的生效、修订和终止

вся информация склонной для обеспечения чего — 切有助于保证……信息

вторичная проверка 复查；复检

вторичное молочное сырьё 二次原料乳

вторичное обжалование 复议

второй секретарь 二等秘书

вульфа колба 三口烧瓶

входить и выходить на границу 进出关境

входящий калибр 塞规

выборка 抽样

выборочная проверка 抽查；抽样检验

выборочная частность 抽样频次数

выборочность таможенного контроля 随机查验

выборочные поставки 随机供货

выборочный анализ 抽样分析；重点分析

выбросы 排放物

вывести товар с таможни после уплаты налогов 完税 (纳税) 后将商品从海关取出

вывоз 出口

вывоз товаров 货物出口

выгруженный груз 卸货

выгрузка 卸货；卸载

выгрузка в СВХ（склад временного хранения） 在海关仓库卸货

выдача оборотной транспортной электронной записи 签发可转让电子运输记录

выдача сертификатов на импортные и экспортные товары 签发进出口货物证明书

выделенное пространство 空间分配

выездная таможенная проверка（инспекция） 现场核查（检验）

выездная таможенная проверка 外出稽查

выйти за пределы снижения налога 超出免税范围

выманить 骗取，欺骗；诱取

вынужденный переселенец 被迫移民

выполнение запросов 请求的执行；执行查询

выполнить формальности по выезду 办理出境手续

выполнять таможенные формальности 办理海关手续

выполнять формальности по въезду 办理入境手续

выпуск 放行

выпуск（товаров или грузов） 放行货物

выпуск без осмотра 免验放行

выпуск в обращение пищевой продукции 食品进入市场流通

выпуск в свободное обращение 放行进入自动流通

выпуск для внутреннего потребления 放行供境内消费；一般进口贸易

выпуск запрещен 禁止放行

выпуск из карантина 被解除隔离

выпуск после проверки 检验后放行

выпуск после таможенного досмотра 经海关查验后放行

выпуск разрешен 准予放行

выпуск товаров 货物放行
выпускной акт 提货单
высокоскоростной интернет 高速网络
выставка 展览会
выступать с обращением 请求的提出
вытяжной шкаф 通风柜
вышеуказанные положения 上述条款
вышеуказанные товары 上述货物
выявление вредного организма 检出有害生物
Вэньчжоу (Китай) 温州（中国）
вязкометр 黏度计

Г

га（гектар） 公顷

габарит 外形尺寸

Гавана（Куба） 哈瓦那（古巴）

Гавань Виктория（Сейшельские острова） 维多利亚港（塞舌尔）

Гавр（Франция） 勒阿佛尔（法国）

гаджет 数码配件（gadget）

газ-носитель 载气

газопромыватель 洗气瓶

газовая хроматография（газохроматограф） 气相色谱仪

Галифакс（Канада） 哈利法克斯（加拿大）

галоидоводородная кислота 卤氢酸

Гамбург（Германия） 汉堡（德国）

гамета 配对细胞

Гаосюн（Китай） 高雄（中国）

гарантии（надежность） таможенного обеспечения 海关保证金

гарантийное письмо 保函（银行保证函）

гарантийный фонд 保证金

гарантия качества 质量保证

гармонизация 协调

гармонизация сведений 信息一致

гармонизация таможенных правил 海关协调制度

Гармонизированная система наименований товаров и кодирования 《商品名称及编码协调制度》

гармонизированная система（ГС） 协调制度（HS）

гармонизированные фитосанитарные меры 协调植物检疫措施

гармонизированный код 统一编码；海关编码

гашиш 印度大麻

Гданьск（Польша） 格但斯克（波兰）

Гдыня（Польша） 格丁尼亚（波兰）

геморрагическая

септицемия 出血性败血症

генерал-майор таможенной службы 海关少将

генерал-лейтенант таможенной службы 海关中将

генерал-полковник таможенной службы 海关上将

генеральная гарантия 总担保

генеральная декларация на корабль 船舶总申报单

генеральное обеспечение 总担保

Генеральное соглашение по тарифам и торговле (ГАТТ) 《关税及贸易总协定》(GATT)

генеральный (смешанный, сборный) груз 杂货

генеральный агент 总代理

генеральный акт 总文件

генеральный государственный бюджет 国家总预算

генеральный менеджер 总经理

генетический материал 遗传材料；遗传物质

генно-инженерные организмы 转基因生物

генно-модифицированные организмы (ГМО) 转基因生物

Генуя (Италия) 热那亚（意大利）

Географическая информационная система (ГИС) 地理信息系统（GIS）

гербовый налог 印花税

гербовый сбор 印花税

героин 海洛因

Гётеборг (Швеция) 哥德堡（瑞典）

гигант 巨型企业

гигиена 卫生学

гигиенический норматив 卫生标准

гигрометр 湿度计

гигростат 恒湿器

глава 领导人，首脑，首长；章，篇（法律用）

глава дипломатического представительства 外交代表机关负责人

глава консульского учреждения 领事机构负责人

Главное таможенное управление КНР 中华人民共和国海关总署

главный государственный санитарный врач 国家总卫生医师

главный сотрудник по управлению перевозками 首席调度官

Глазго (Великобритания) 格拉斯哥（英国）

глазирователь 被膜剂

гласность предварительных решений о классификации товаров 商品归类预裁定公示

глобализация экономики 经济全球化

Глобальная навигационная спутниковая система (ГЛОНАСС) 俄罗斯格洛纳斯导航系统（GLONASS）

Глобальная система торговых преференций (ГСТП) 全球贸易优惠制度

глобальная электронная коммерция 全球电子商务

глобальное изучение 全球研究

глобальный масштаб 全球规模

гомогенизатор 均质机

гомогенизированные консервы для детского питания 适于儿童食用的均质罐头

Гонконг (Китай) 香港（中国）

Гонолулу (США) 火奴鲁鲁（华人称檀香山）（美国）

горизонтальный метод погрузки и выгрузки (Po-Po) 滚装运输（Ro-Ro）

горючий груз 易燃货物

госветинспектор 国家兽医检验员

госпредприятие 国有企业

госслужащие 国家公务人员

государственная казна 国库

Государственная автомобильная инспекция (ГАИ) 国家公路交通管理局

государственная регистрация в соответствии с законодательством 国家法定注册

государственная услуга 国家服务；公共服务

государственное предприятие 国有企

业

Государственное управление валютного контроля 国家外汇管理局（SAFE）

Государственноe управление гражданской авиации Китая 中国民用航空局（CAAC）

государственно-частные партнерства 公私合作伙伴关系

государственные процедуры 国家流程

государственный бюджет 国家预算；国库

государственный инспектор 国家检验员；国家检查员

государственный карантинный фитосанитарный контроль（надзор） 国家植物检疫监督

Государственный комитет по делам гигиены и здравоохранения КНР 中华人民共和国国家卫生健康委员会

государственный санитарно-эпидемиологические правила и нормативы（санитарные правила） 国家卫生流行病学规定和标准（简称卫生规定）

государственный санитарно-эпидемиологический надзор 国家卫生流行病学监督

государственный служащий 公务员

готовое изделие 制成品；成品

Готхоб（Гренландия） 努克（旧称戈特霍布）[格陵兰（丹麦）]

градуированная колба 刻度瓶

градусник 温度计；寒暑表

гражданская продукция 民用物品

гражданский арест 扣留人犯；民事逮捕

грампластинка 唱片

граница 边界；国界

граничная таможенная граница 毗邻关境

грубое сито 粗筛

груз（товары/продукты/фрахт, перевозимые при помощи транспортных средств） 货物（运输工具载运的商品、产品、货物）

груз размещенный на

склад временного хранения (СВХ или ТЛС) 保税货物

груз, не прошедший таможню 退关货物

грузить судно партиями 分批装船

грузовая авиалиния 货运航线

грузовая декларация 货物申报

грузовая декларация 运输货物申报 (cargo declaration)

грузовая квитанция 货物收据

грузовая маркировка 运输标志

грузовая накладная 货运单

грузовая таможенная декларация (ГТД) 海关货物报关单

грузовик 载重汽车；卡车

грузовое место 货位

грузовое судно 货运船舶

грузовое судно без упаковки 散装货船

грузовое транспортно-экспедиционное агентство 货运代理人

грузовой автомобиль 载重汽车；货车

грузовой манифест 货物舱单；载货清单

грузовой манифест 载货舱单

грузовой отчёт (доклад) 装载报表

грузовой причал общего назначения 杂货泊位

грузовой рефрижераторный камера 冷藏货舱

грузовой тоннаж 载货吨位

грузовой транспорт 货物运输；货运

грузовые автомобильные перевозки 公路货运

грузовые операции 货运手续；货运业务；装卸作业

грузовые перевозки 货物运输

грузооборот 货运周转量

грузооборот 运输

грузооборот на год 年货运量

грузоотправитель 发货人

грузоперевозка 货物运输；货运

грузоподъёмность 载货量

грузополучатель 收货人

грузопоток 货流；供应流

грузосопроводительный документ 随货单证
группа таможенной проверки 海关稽查组
группировка контрабанды наркотиков 毒品走私集团
групповой приёмочный акт 分批（成批）验收单
грушевидная колба 梨形瓶
Гуанчжоу（Китай） 广州（中国）
Гуаякиль（Эквадор） 瓜亚基尔（厄瓜多尔）
гуминовая кислота 腐殖酸

Д

давальческие товары 来料加工商品

давальческое сырьё 来料加工原料

Дакар (Сенегал) 达喀尔 (塞内加尔)

Дакка (Бангладеш) 达卡 (孟加拉国)

Даллас-Форт-Уэрт (США) 达拉斯-沃思堡 (美国)

Далянь (Китай) 大连 (中国)

Даммам (Саудовская Аравия) 达曼 (沙特阿拉伯)

Дананг (Вьетнам) 岘港 (越南)

Данидин (Новая Зеландия) 达尼丁 (新西兰)

данные 数据

данные (детали) перевозки 运输详情

Дарвин (Австралия) 达尔文 (澳大利亚)

Дар-эс-Салам (Танзания) 达累斯萨拉姆 (坦桑尼亚)

дата 日期

дата выдачи 签发日期

дата выезда 出发日期

дата выписки 签发日期

дата изготовления 生产日期

дата изготовления пищевой продукции 食品的生产日期

дата истечения 截止日期

дата коносамента 提单日期

дата отгрузки 装船日期

дата отправки 发运日期

дата перевозки 转运日期

дата платежа 付款日期

дата погашения 到期日

дата погрузки и разгрузки 装卸日期

дата подачи декларации 申报日期

дата получения 接收日期

дата поставки товара 交货日期

датчик 传感器

датчик протечки воды 水尺计重

двадцатифутовый эквивалент (ДФЭ)

20 英尺标准集装箱（TEU）
движение порожняком 空载运输
двойная циркуляция 双循环
двойной налог 双重征税
двустороннее соглашение 双边协定
двустороннее соглашение о взаимной помощи и сотрудничестве 双边互助合作协定
двусторонняя торговля 双边贸易
двухромовая кислота 重铬酸
дебентура 海关退税证明
девитализация 去活力化
дегазация 去除农药残留；脱气；消毒
дедвейт 载重量；自重
дезинсекционные мероприятия 杀虫措施
дезинсекция 杀虫
дезинфектанты 消毒剂
дезинфекционные мероприятия 消毒措施
дезинфекция 消毒
дезинфестация 灭虫
дезинфицировать 消毒
дезинфицирующее средство 消毒药物；消毒剂；清毒用品
дезипрамин 地昔帕明
дезкамера 消毒室
дезодорация 除臭
дезоморфин 地吗啡
действие режима самоизоляции 实行自我隔离制度
действительное средство 有效手段
действительный вес тары 实际皮重
действительный государственный советник таможенной службы 现任国家海关顾问；海关机构最高长官；署长
действующий 有效的
действующий контракт 有效合同
действующий паспорт 有效护照
действующий сертификат 有效证书
декантер 油水分离器
декларант 报关人；申报人
декларация 宣言；声明；申报
декларация безопасности груза（ДБГ） 托运安全声明（CSD）
декларация валютного

контроля (импорт)
进口外汇管制申报单

декларация валютного контроля (экспорт)
出口外汇管制申报单

декларация груза 载货舱单

декларация грузоотправителя 发货人声明

декларация грузоотправителя на опасные грузы 危险货物托运人声明 (DGD)

декларация на товары 货物申报单

декларация на товары для внутреннего потребления 进口货物申报单

декларация на товары для импорта 进口货物申报单

декларация на товары для таможенного транзита 过境货物申报单

декларация на товары для экспорта 出口货物申报单

декларация налоговая 报税单

декларация о багаже выезжающего/прибывающего пассажира 出/入境旅客行李物品申报单

Декларация о глобальной электронной торговле 全球电子商务宣言

декларация о немедленном таможенном высвобождении 海关立即放货申报单

декларация о прибытии или отбытии 到达和离境申报

декларация о происхождении товара 货物原产地声明

декларация о стоимости 完税价格申报单

декларация об опасных грузах 危险货物申报单

декларация принципов 原则声明

декларация реимпорта 复进口报关单

декларация судового груза 船舶舱单

декларация таможенной стоимости 完税价格申报单

декларирование в ином месте 异地报关

декларирование импортных товаров 进口报关

декларировать на таможне (для

экспорта или импорта) 报关；向海关申报（出口或进口）

делать выборку 抽样

Дели (Индия) 德里（印度）

деловая беседа 业务会谈

деловая норма 实际标准

деловая операция 业务流程

деловая операция 公务活动；实业活动

деловая тайна 商业秘密

деловой английский язык 商务英语

деловой визит 公务访问

деловой вопрос 业务问题；事务问题

деловой дух 求实精神

деловой процесс 业务流程

деловой характер 业务性质；事务性质

деловые интересы 商业利益；经济利益

деловые отношения 公务关系；业务关系

демпинг 倾销

денежное вознаграждение за использование авторских прав, патентов, торговых марок и брендов, франшиз, природных ресурсов и других видов собственности 版权、专利、商标和品牌、特许经营权、自然资源和其他类型所有权的使用费

денежное обращение 货币；货币流通

денежный залог 保证金

денежный залог налоги 税款押金

денежный штраф 现金罚款

департамент（行政机构的）司、局、处、部门

депонент (склада) 仓库寄存方；委托保管人

дератизационные мероприятия 灭鼠措施

дератизация 灭虫；灭鼠

держатель оборотного транспортного документа 可转让运输单证持有人

детектура 海关退税证明

дефект товара 商品瑕疵

дефектоскоп 探伤器；故障检验器

дефиниция случая 病例界定

дефицит торгового баланса 贸易逆差；贸易赤字

Джакарта（Индонезия） 雅加达（印度尼西亚）

Джибути（Джибути） 吉布提市（吉布提）

Джидда（Саудовская Аравия） 吉达（沙特阿拉伯）

Джилонг（Австралия） 吉朗（澳大利亚）

Джорджтаун（Гайана, Канада） 乔治敦（圭亚那）

Джорджтаун（Пенанг）（Малайзия） 槟城（旧称乔治市）（马来西亚）

диагноз 诊断

диаометр 电导计

диапазон сотрудничества 合作范围；合作领域

диверсификация маршрутов 路径多元化

дигидрокодеин 双氢可待因；二氢可待因

димедрол 苯海拉明

динамика внешней торговли 外贸动态

динамика импорта 进口动态

динамика объёма и структуры бюджета 预算范围和结构的变动情况

динамический анализ 动态分析；态势分析

динамометр 功率计

дипломатическая вализа 外交信袋

дипломатическая виза 外交签证

дипломатическая почта 外交邮件

дипломатическая служба 外交服务

дипломатически аккредитованные таможенные атташе 经过外交任命的海关专员

дипломатический иммунитет и привилегии 外交特权和豁免

дипломатический канал 外交途径

дипломатический орган 外交机构

дипломатический чиновник 外交官员

дипразин 地拉嗪

дискриминационная таможенная пошлина 差别关税；歧视性关税

дискриминация в торговле 贸易歧视
диспансеризация 疾病系统防治制度
диспетчеризация деклараций на товары 自动派单
дистиллированная вода 蒸馏水
дистилляция 蒸馏
дифференцированный тариф 差别税率
диффузионный сок 浸出汁；原汁
длинная тонна 长吨；英吨
добавочные риски 额外风险
доверенность 委托书；授权书
доверитель 委托人
договаривающиеся стороны 缔约双方
договор 契约，合同；条约；协定
договор заказа 订货合同
договор консигнации 托售协议
договор на проведение погрузочных работ 装货合同
договор об организации перевозок 运输协议
договор перевозки 运输合同
договор поставки товара 货物供应合同
договорённость 协商的结果，协议；任命
договориться о нижеследующем 达成以下协议
договорные условия 合同细则
дозатор 计量器
дозиметр 剂量计
дознание 初步调查
дозорный таможенный катер 海关巡逻艇
доказательство оплаты пошлины 完税凭证
доклад (сообщение) о выгрузке 卸货报告
доковая расписка 场站收据
доксепин 多虑平
доксиламин 多西拉敏
документ 文件；文档
документ в трёх экземплярах 本合同一式三份
документ комбинированной перевозки 多式联运单证
документ на выезд и въезд из страны 进出境证件
документ на освобождение от уплаты налогов 免税

证

документ об очистке 结关单；出港呈报单

документ против акцепта 承兑交单

документ смешанной перевозки 多式联运单证（MTD）

документ уполномочия 授权书；委托书

документальное подтверждение происхождения 原产地书面证明

документарное инкассо 跟单托收

документарный (товарный) аккредитив 跟单信用证

документарный грузоотправитель 跟单托运人

документы 单证

документы за наличный расчёт 凭单付款；交货付现；交单付现

документы и дополнительные сведения, необходимые для таможенных целей 通关文件和补充材料

документы и сведения, необходимые для таможенного контроля 海关查验文件和材料

документы и сведения, необходимые для таможенного оформления 通关文件和材料

документы на портовые сборы 港口费用单证

долг 义务；责任

долгосрочная эффективность 无限期有效；长期有效

долгосрочный аккредитив 远期信用证

долгосрочный контракт 长期合同

должностное лицо 经办人；经办关员

должностное лицо места досмотра пассажиров 旅检现场关员

должностные лица таможенных органов 海关关员

должным образом уполномоченный представитель 正式授权代表

долл. (доллар) 美元

домашняя птица 家禽

домициль 住所；正式居住地（法律用）

донесение о разгрузке 卸货报告

дополнение таможенной

пошлины 关税追征
дополнительная декларация 补充申报
дополнительные начисления к цене 价格补充加算
дополнительные расходы 额外费用
дополнительный налог 附加税
дополнительный правило 附则
дополнительный пункт 附加条款
допуск на рынок 市场准入
допустимый уровень 允许水平
Дордрехт (Нидерланды) 多德雷赫特 (荷兰)
дорожное транспортное средство 陆地交通工具
дорожный тягач 拖车运输
дорожный чек 旅行支票
досмотр 查验, 彻查; 检验
досмотр и обыск транспортных средств 运输工具的登船和查验
досмотр товаров и транспортных средств 货物和运输工具查验
досмотровая роспись 查验清单
досмотровые помещения 查验用房
доставка 交货; 拖运
доставка в течение ограниченного времени 限期装船
доставка груза 货物交付
доставка груза к борту судна 船边交货
доставка товаров от двери до двери 门到门交接
доставка товаров в рассрочку 分批交货
доступ на рынки несельскохозяйственной продукции 非农产品市场准入 (NAMA)
Доха (Катар) 多哈 (卡塔尔)
Дохийская рабочая программа (ДРП) 多哈工作方案
Дохийский раунд переговоров ВТО WTO 多哈回合谈判
доход федерального бюджета 国家预算收入
драгоценный камень 宝石
древесина 木材
древесина, свободная от коры 去皮木材

древесные упаковочные материалы 木质包装材料

дрон 无人机

другая сторона 另一方

другие материалы 其他材料

другие расходы, в сумме 其他费用

Дуала (Камерун) 杜阿拉（喀麦隆）

Дубай (Объединенные Арабские Эмираты) 迪拜（阿联酋）

Дублин (Ирландия) 都柏林（爱尔兰）

дуговая электропечь 电弧炉

Дуйсбург (Германия) 杜伊斯堡（德国）

Дуррес (Албания) 都拉斯（阿尔巴尼亚）

духовка 烘箱

духовой шкаф 烘箱

Дюнкерк (Франция) 敦刻尔克（法国）

Е

Евразийская экономическая комиссия (ЕЭК) 欧亚经济委员会

Евразийский экономический союз (ЕАЭС) 欧亚经济联盟

Европейская транспортная сеть (ETC) 跨欧洲交通运输网络 (TEN)

Европейский союз (EU) 欧盟

Европейское соглашение о международной дорожной перевозке опасных грузов (ДОПОГ) 《欧洲国际公路运输危险货物协定》(ADR)

Европейское соглашение о международных магистральных железнодорожных линиях (СМЖЛ) 《欧洲国际铁路干线协定》(AGC)

Евросоюз (ЕС) 欧盟 (EU)

единая архитектура государственных данных 统一国家数据结构

единая ставка 单一关税

Единая Товарная номенклатура внешнеэкономической деятельности Евразийского экономического союза 欧亚经济联盟对外经济活动统一商品目录

единица 单元；单位

единица в товарной партии 寄售单位

единица консигнации 寄售单位

единица товара для таможенных целей 海关项；用于海关目的的货物单位

единое окно 单一窗口

единообразная ставка 单一关税

единые ветеринарные требования 兽医检验的统一要求

единый административный документ (ЕАД) 欧共体统一单证 (SAD)

единый номер грузовой партии [ВТамО/UCR] 单一货物代码（UCR）

Единый таможенный реестр объектов интеллектуальной собственности 知识产权客体海关统一名录

единый тариф 单一关税

естественно присутствующий 天然存在

естественная убыль при нормальных условиях 正常情况下的自然损失

естественный враг 天敌

естественный износ 自然磨损

Ж

жареное колбасное изделие 烤制的香肠制品；烤肠

жареные продукты из мяса 烤制的肉类产品

желатин пищевой 食用动物胶；食用明胶

железная дорога 铁路

железнодорожная накладная 铁路提单；铁路托运单

железнодорожный транспорт 铁路运输

железнодорожный состав 班列

железнодорожное сообщение 班列（铁路业务）；铁路交通

желирующий агент 胶凝剂

жёлтая лихорадка 黄热病

жёлтый флаг (карантинный) 检疫旗

женьшень 人参

животноводческая ферма 畜牧场

животное 动物

жидкие кристаллы；жидкокристаллический (ЖК) 液晶

жирная кислота 脂肪酸

жир-сырец 脂质原料

журнал 杂志，期刊；记录簿；日记簿

журнал заседания 会议记录

3

Забайкальск (Россия) 后贝加尔斯克（俄罗斯）

заболеваемость 发病率

заборник 取样器

забракованные товары 不合规格货物

завод, освобожденный от таможенных пошлин 保税工厂

завозные случаи 输入病例

завышенный налог 多征的税款

заграничный паспорт 外国护照

загруженный контейнер （集装箱）重箱

загрязнение 污染

загрязнение окружающей среды 环境污染

загрязнение соковой продукции из фруктов и (или) овощей 果（蔬）汁产品的污染

загуститель 增稠剂

задержание груза 货物扣留

задержание товары 滞留商品

задерживать выгрузку 延误卸货

задерживать по подозрению в совершении преступления 刑事拘留

задержка в контроле 拖延监管

задержка груза 货物延迟

задержка поставки 延迟交货

заинтересованные лица 相关方

заказ 订单

заказ клиента 销售订单

заказ на предоставление транспортных услуг 运输服务订单

заказчик 订货人；订货商

закваски для производства продуктов переработки молока 进行乳产品加工的酵母

заключение международной предварительной экспертизы 国际初审

报告（IPER）
заключение соглашения 签订协定
заключение таможенного эксперта 海关鉴定结论
заключение таможенной проверки 海关稽查结论
заключение экспертиза 鉴定结论
заключительный акт 最后决议；总结性文件
закон 法律；法规
закон о торговле 贸易法
закон об инспекции импортно-экспортных товаров 进出口商品检验法
законная налоговая ставка 法定税率
законная скидка с налога 法定的免税限额
законное обеспечение 法定担保
законность 合法性
законный представитель 法定代表；法定代理人
законопослушные участники торговой деятельности 守法的贸易商
законы и приказы 法令；法规
закрытый порт 未开放港口
закупка 购买
зал досмотра багажа 行李检查室
заменитель молочного жира 乳脂替代品
заместитель советника 副参赞
замкнутая валюта 不可兑换的货币
замороженная мясная продукция 冷冻的肉类产品
замороженное 冷冻
замороженное мясо 冻肉
замороженные блок из мяса 冷冻的肉块
замороженный блок из субпродуктов 冷冻的肉类内脏
замороженный товар 冷冻货物
Занзибар（Танзания）桑给巴尔（坦桑尼亚）
запрашиваемая администрация 被请求的机构；被咨询的管理机构
запрашиваемая сторона 被请求方
запрашивать цену 询价
запрашивающая администрация 请求机构；咨询管理机构

запрашивающая сторона 请求方

запрет 禁止（检疫术语）

запрет на импорт 禁止进口

запрет на экспорт 禁止出口

запретительная таможенная пошлина 禁止性关税

запретить транзит 禁止转运

запреты и ограничения 禁止和限制（海关术语）

запрещение наркотиков 禁毒

запрещённая вещь 违禁物品

запрещённая наркотика 违禁麻醉品

запрещённая торговля 非法贸易

запрещённые предметы 违禁物品

запрещённые товары к ввозу 禁止进口商品

запрещённый экспорт (импорт) товаров 禁止出口（进口）物品

запрещено декларировать 禁止申报

запрос 问询；询价单；请求事项

запрос инструкций по поставке 要求交付说明书

запрос оферты 询价

запросы о помощи в соответствии с настоящим соглашением 本协定项下的互助请求

заранее проверить 预检

заражение 感染

заражение (товара) 货物感染

зараженная зона 感染区

заразиться коронавирусом 感染新冠病毒

зарегистрированная вместимость 注册吨位

зарегистрированная торговая марка 注册商标

зарегистрированное судно 注册船

зарегистрированный багаж до места назначения 托运到目的地的行李

зарегистрироваться на таможне 向海关登记

зарубежное индивидуальное хозяйство 外国独资

经营

зарубежное китайское предприятие 侨资企业

зарубежный карантин 对外检疫

зарубежный китайский 海外华侨

зарубежный торговый агент 国外销售代理

засорение 掺杂

засоряющий вредный организм 传染性有害生物

застрахованная стоимость 保险价值

застрахованное лицо 指定被保险人

захоронение 埋藏；掩埋；墓地

зачёт 结算；结转

защита информации 信息的保护

защита окружающей среды 环境保护

защитная одежда 防护服

защитное снаряжение (3C) 防护装备

защитное стекло 盖片

заявитель возврата налогов на экспортную продукцию 出口退税申请人

заявка на выдачу свидетельства об инспекции 检验证书申请书

заявка на выдачу сертификата или свидетельства о происхождении товара 原产地证书申请书

заявка на выдачу фитосанитарного свидетельства 植物检疫证书申请表

заявка на выдачу экспортной лицензии 出口许可证申请

заявка на выделение валютных средств 外汇配额申请书

заявка на свидетельство о контроле товаров 货物监管证书申请书

заявка на товарный аккредитив 跟单信用证申请书

заявка на фрахтование 订舱申请

заявление 申请书；声明

заявление на возврат налога 退税申请书

заявление на отгрузку 装运申请书

заявление на разрешение на вывоз 出口许可申请书

заявление о контроле

места назначения 目的地管制声明（DCS）

заявление о таможенной защите интеллектуальной собственности 知识产权海关保护申请

заявленная сумма 申报金额

заявленное количество 申报数量；报验数量

заявленный вес 报验重量

звукомер 声级计

здоровье 健康

зеленый коридор 绿色通道

зерненый творог 颗粒状乳渣

зерно 谷物

знак (метка) консигнатора 收货人标志

знак определённого качества 质量认证标志

золотая торговля 黄金交易

зона 区域

зона низкой численности вредного организма 有害生物低密度地区

зона освоения новых высоких технологий 高新技术开发区

зона оформления экспортных грузов 出口货物通关区

зона переработки продукции на экспорт 出口加工区

зона свободной торговли (СЭЗ) 自由贸易区

зона свободной торговли стран Америки (АЛКА) 美洲自由贸易区（FTAA）

зона совместного предпринимательства 合资经营区

зона таможенного контроля 海关监管区（域）

зона таможенной проверки 海关查验区

зона экспортной переработки (ЗЭП) 出口加工区（EPZ）

зона, подверженная опасности 危险区

зонирование 分区；区划

зооноз 人畜共患病

зоосанитарный статус 动物卫生状况

И

и. о. (исполняющий обязанности) 临时代理的

идентификационный номер налогоплательщика 纳税人识别号（税号）

идентификация 标识

идентификация вида транспорта 运输方式标识

идентификация животных 动物标识

идентификация опасности 危害识别

идентификация перевозчика 承运人标识

идентификация пиротехнических изделий 烟花爆竹产品的鉴别

идентификация пищевой продукции 食品的鉴别

идентификация риска 风险验证

идентификация товаров 货物标识

идентификация транспортных средств 车辆标识

идентичность 相同；同一性；认同

идентичные товары 相同货物（物品）

избегать 避免

извещение о возникновении препятствий для перевозки (груза) 情事所迫货物无法运输通知书

извещение о готовности 准备就绪通知书

извещение о готовности к отправке 待运通知

извещение о поставке (груза) （货物）交货通知

извещение о прибытии (груза) （货物）到货通知

извещение о распределении документов 单证分发通知书

извещение об отправке/отгрузке 装运通知单；发货通知单（S/N）

извещение об отправке груза 发货通知书；

装船通知

извещение перемены стоянки 移泊通知

извещение экспедитором агента импортера 货运代理人发给进口代理的通知书

извещение экспедитором экспортера 货运代理人发给出口商的通知书

извлекать выгоду 牟利

изготовление по представленному образцу 来样加工

изготовление по представленному образцу для продажи на внутреннем рынке 来样加工内销

изготовление фальшивых документов 伪造文件

изделия, подпадающие под действие запрета/ограничений 禁止、限制物品

измельчитель 粉碎机

изменить маршрут (船舶)改航

изменить название продукта 变更商品名称

изменить характеристику товаров 改变货物特性

измерительная кювета 量杯

Измир (Турция) 伊兹密尔(土耳其)

изоскоп 同位素探伤仪

изучение 调查,研究;考察

изъятие 没收

изъятие товаров, транспортных средств, документов и иных предметов 没收货物、运输工具、文件和其他物品

Икике (Чили) 伊基克(智利)

икринка 卵

ИК-спектрограф 红外光谱仪

ИК-спектрофотометр 红外分光光度计

Илоило (Филиппины) 伊洛伊洛(菲律宾)

иметь одинаковую силу 同等作准

имипрамин 丙咪嗪

иммобилизация 积压,固定住,止动作用;固定术,制动术;宰前麻醉

иммунизация 免疫

иммуноферментный анализ (ИФА) 免疫酶分析

импорт 进口

импортёр 进口商

импортированная переработка таможенного бондового завода 进料加工保税工厂

импортирующая страна (страна-импортёр) 实施进口的国家；进口国

импортная агентская фирма 进口代理公司

импортная декларация 进口申报单

импортная лицензия 进口许可证

импортная переработка 进口加工

импортная пошлина 进口关税

импортная сделка 进口交易

импортная таможенная очистка 进口结关

импортная таможенная декларация 进口货物报关单

импортное разрешение 商品进口许可

импортное разрешение для агента биологической борьбы 生物防治媒介进口许可

импортное регулирование 进口条例

импортные пошлины и налоги 进口关税及税费

импортный депозит 进口保证金

импортный лизинг 进口租赁

имущество 财产

инактивация 消除活性；灭活

инвалюта 外汇

инвалютный контроль 外汇管制

инвалютный рынок 外汇市场

инвентаризация 清点；清查；清理；登记；盘存；盘点

инвентарное количество товаров 库存物品

инвентарный контроль 库存监管

инвойс 发票

индекс 目录；指数

индекс потребительских цен (ИПЦ) 消费价格指数 (CPI)

индекс товаров 商品目录

индивидуальные убытки при морских перевозках 单独海损

индикатор риска 风险指标

индикаторная бумага 试纸

индикаторная лакмусовая бумага 标准石蕊试纸

индоссамент 背书

индоссант 背书人

Инициатива в области ведения электронных деловых операций на основе ebXML 电子业务 XML 方案

Инициатива по обеспечению безопасности контейнерных перевозок 集装箱安全倡议（CSI）

инкассовое поручение 托收单

инкассовые документы 全套单据

ИНКОТЕРМС 2020 ［Правила Международной торговой палаты（ICC）для использования торговых терминов в национальной и международной торговле］《国际贸易术语解释通则（2020）》（INCOTERMS 2020）

инкубатор 细菌培养器

инкубационное яйцо 种蛋；孵化用蛋

инкубационный период （疾病的）潜伏期

иностранное дипломатическое представительство 外国外交代表机构

иностранные граждане, проживающие в Китае 定居中国的外国侨民

иностранные китайские бизнесмены 海外侨商

иностранные китайцы возвращаются домой, чтобы навестить родственников 回国探亲的华侨

иностранные лица 外国人

иностранные продукты, пользующиеся особой преференции 享受特别优惠待遇的外国商品

иностранный агент 国外代理商

иностранный товар 外国货物

инспектирование влажности 水分检测

инспектирование и карантин 检验检疫

инспектор 检查员

инспектор-аудитор 监督检查员

инспекционный сертификат 检验证书

инспекционный сертификат количества 数量检验证书

инспекционный сертификат массы 重量检验证书

инспекционный сертификат на повреждённый груз 残损检验证书

инспекционный сертификат происхождения 产地检验证书

инспекционный сертификат стоимости 价值检验证书

инструкция отправителя 发送方指示

инструкция по банковскому переводу 银行转账说明

инструкция по загрузке 装载说明

инструкция по изготовлению 生产任务通知书

инструкция по обработке груза 装卸指示

инструкция по поставке 交货说明

инструкция по упаковке 包装说明

инструкция, касающаяся оплаты перевозки 关于支付费用的说明

инструменты контрабанды 走私工具

интегратор 积分仪

интегрированная информационная система Союза 联盟信息系统一体化

интегрированный перевозчик 综合承运人

интеллектуальная собственность 知识产权

интермодальная перевозка 联合运输；多式联运

интермодальное оборудование 多式联运设备

интермодальность 联运体系

интернет-банкинг 电子银行

интернет вещей 物联网

интернет-магазин 网店

интернет-маркетинг 网络营销

интернет-покупка 网购

интернет-пользователь 网民

интероперабельность (компьютерных систем) 互操作性

интерферометр 干涉仪

интродукция (агента

биологической борьбы) 引种生物防治媒介

инфекционная болезнь 传染病

инфекционное заболевание 传染病

инфекционное заболевание, представляющие опасность для окружающих 对周围环境有危险的传染病

инфекция 感染；传染

информационная технология 信息技术

информационная ёмкость документа 文件的信息量

информационная система 信息系统

информационная система грузового сообщества 货运信息管理系统

информационная технология (ИТ) IT 行业

информационное обеспечение 信息支持

информационно-коммуникационная технология (ИКТ) 信息和通信技术 (ICT)

информационный бизнес 信息行业

информационный ресурс 信息资源

информационный центр 咨询点

информация 情报；信息

информация о таможенных рисках 海关风险信息

информация об обработке груза 装卸信息

информация об отличительных признаках пищевой продукции 食品识别标志的信息

информация эпидемии 疫情信息

информирование о риске 风险交流；风险沟通；风险通报

информирование по вопросам таможенного дела 海关事务通报

инфраструктура 基础设施

инфраструктура открытого ключа (ИОК) 公钥基础设施

йогурт （用乳酸菌素发酵而成的）酸牛奶

Иокогама (Япония) 横

ионизирующее излучение 电离辐射

ионный хроматограф 离子色谱仪

Йоханнесбург（ЮАР） 约翰内斯堡（南非）

ИПЦ（индекс потребительских цен） 消费价格指数（CPI）

Иркутск（Россия） 伊尔库茨克（俄罗斯）

искать 搜寻

исключительная экономическая зона 专属经济区

исключительные тарифы 特殊税率

искусственный интеллект 人工智能

испаритель ротационный 旋转蒸发器

исполнение договора 协定的执行；履行合约

исполнение контракта 履行合同

исполнение обязательства 履行义务

исполнитель 执行人

исполняющая сторона 受委托方

использование информации 信息的使用

использование человеческих органов для контрабанды наркотиков 利用人体器官走私毒品

использования источников ионизирующего и неионизирующего излучения 使用电离和非电离辐射源

Ист-Лондон（ЮАР） 东伦敦（南非）

исторические ценности 历史珍宝

исторический памятник 历史文物

источник 产地

исходный срок 原定期限

исходный файл 档案原件

исходящие пассажиры 出境旅客

исчисление сроков 期满

Иу（Китай） 义乌（中国）

K

каботаж 国内航权；沿海航行

Кагосима（Япония） 鹿儿岛（日本）

каждая из договаривающихся сторон 缔约各方

казеин 酪蛋白；(干)酪素

казеинат 酪酸盐

Каир（Египет） 开罗（埃及）

Какинада（Индия） 卡基纳达（印度）

календарный год 历年

календарь 日历

калибр-пластинка 千分尺

калий 钾

калориметр 热量计

Калькутта（Индия） 加尔各答（印度）

Кальяо（Перу） 卡亚俄（秘鲁）

Кальяри（Италия） 卡利亚里（意大利）

камеральная таможенная проверка 单证稽查（室内稽查）

камерная серная кислота 铅室硫酸

камерная сушка 箱式干燥法

Кана（Колумбия） 卡塔赫纳（哥伦比亚）

каналы связи 联络渠道

каннабидиол 大麻二酚

каннабиноиды 大麻素

каннабинол 大麻酚

Кано（Нигерия） 卡诺（尼日利亚）

Кантонская ярмарка экспортно-импортных товаров 中国进出口商品交易会（简称广交会）

канцелярские товары 公务用品；办公用品

капиллярные трубки 毛细管

капиллятор 毛细管比色计

капитан таможенной службы 海关大尉

Каракас（Венесуэла） 加拉加斯（委内瑞拉）

карантин 检疫；法检检疫；临时隔离

карантин для агента биологической борьбы 生物防治媒介检疫

карантин для животных

карантин после ввоза 进口后检疫

карантин растений 植物检疫

карантинная болезнь 检疫传染病

карантинная зона 疫区；感染控制区

карантинная служба 检疫机关

карантинная станция 检疫站

карантинная фитосанитарная безопасность 植物检疫安全

карантинная фитосанитарная зона 植物检疫疫区

карантинная якорная стоянка 检疫锚地

карантинное заявление 检疫申请书

карантинное лечение 检疫处理

карантинное мероприятие 检疫措施

карантинное правило 检疫法规

карантинное свидетельство（货物）检疫证明

карантинное свидетельство лекарства 药品检疫证书

карантинное свидетельство продуктов питания 食品检疫证书

карантинное судно 检疫船

карантинное фитосанитарное обеззараживание 植物检疫消毒

карантинное фитосанитарное обследование 植物检疫调查

карантинное фитосанитарное состояние территории, подкарантинной продукции, подкарантинного объекта 地区、法检产品和法检标的物的植物检疫状况

карантинное фитосанитарное требование 植物检疫要求

карантинный вредный организм 检疫有害生物

карантинный инспектор 检疫员

карантинный надзор 检

карантинный объект 检疫对象

карантинный понтон 检疫地浮筒

карантинный сертификат 植物检疫证书

карантинный сертификат для исходящих судов 出港船舶检疫证书

карантинный фитосанитарный контроль (надзор) при ввозе 进口环节植物检疫（监管）

карантинный фитосанитарный мер 植物检疫防控措施

карантинный фитосанитарный режим 植物检疫防控制度

карат 克拉

карательные меры 报复性措施

карательный тариф 报复性关税

Карачи (Пакистан) 卡拉奇（巴基斯坦）

карбамазепин 卡马西平

карбограф 测碳仪

карго 船运货物

Кардифф (Великобритания) 加的夫（英国）

карнет АТА 货物暂准进口单证册（简称 ATA 单证）

карнет де Пассаж 运输工具暂准进口单证（CPD）

картографирование дозы 剂量测量

карточка бизнес процесса 业务流程卡

Касабланка (Марокко) 卡萨布兰卡（摩洛哥）

катализатор 催化剂

Каталог тарифной классификации Брюсселя 《布鲁塞尔关税税则分类目录》

кататермометр 低温温度计

категоризация вредного организма 有害生物分类

категория товара 货物分类

качественная оценка риска 定性风险评估

качественнй дефект 质量缺陷

качество 质量

качество контракта 合同规定的质量

качество перевозки 装运质量

качество разгрузки 卸货质量

квадратный метр 平方米

квадратный фут 平方英尺

квадратный ярд 平方码

квалификационный сертификат 资质证明

квалификация 资格

кварта 夸脱

Квебек (Канада) 魁北克（加拿大）

квитанция на погрузки 装船收据

квитанция об уплате сбора за просрочку декларации 海关征收滞报金收据

квота 配额

квота тарифная 关税配额

квотирование 配额制；规定限额

Кейптаун (ЮАР) 开普敦（南非）

кефир 酸奶（半流体的发酵乳制品饮料）

килограмм (кг) 千克

килолитр (кл) 千升

километр (км) 千米

килотонна 千吨

Килунг (Китай) 基隆（中国）

Киль (Германия) 基尔（德国）

кинооборудование 电影设备

Киотская конвенция (Международная конвенция об упрощении и согласовании таможенных процедур) 《京都公约》（《关于简化和协调海关业务制度的国际公约》）

кисломолочное мороженое 酸奶冰激凌

кисломолочный продукт 酸奶产品

кислосливочная масляная паста 酸奶皮油膏

кислосливочное масло 酸奶皮油；酸奶油

кислота 酸

кислота 麦角酸二乙基酰胺；强效精神药物

Кисмайо (Сомали) 基斯马尤（索马里）

Китайский комитет содействия развитию международной торговли 中国国际贸易促进委员会 (CCPIT)

классификатор 分类器；分选器

Классификатор ООН для торговых и транспортных пунктов (ЛОКОД ООН) 联合国贸易和运输地点

代码（UN/LOCODE）
классификаторы 代码表
классификация товаров 商品归类
клетки цитрусовых фруктов 柑橘类水果细胞
клещ 蜱虫
клиническое проявление 临床表现
кломипрамин 氯米帕明
клопиксол 氯吡醇
клофелин 可乐定
ключевые компоненты 核心构件
книга давальческой торговли 加工贸易手册
книжка ATA 货物暂准进口单证册（简称ATA单证）
книжка МДП TIR国际公路运输手册
Кнутоне (Италия) 克努托内（意大利）
Коацакоалькос (Мексика) 夸察夸尔科斯（墨西哥）
Кобе (Япония) 神户（日本）
коверонт 保险单；暂保单
код вида контроля 监管方式代码
код стран ИСО ISO国家代码
код Товарной номенклатуры 海关编码
кодеин 可待因
кодекс 法典
Кодекс МЭБ OIE法典
Кодекс по водным животным 水生法典
кодекс поведения 行为规范
кодирование товаров 商品编码
кокаин 可卡因
колба 烧瓶
колба для дробной 分馏烧瓶
колба культивирования 培养瓶
колбаса кровяная 血肠
колбасное изделие 香肠制品
колбасное изделие из термически обработанных ингредиентов 热加工处理的香肠制品
колбочка 小烧瓶
количественная оценка риска 定量风险评估
количественные ограничения/квоты 数量限制；配额
количество грузовых мест 件数
количество и тип

пакетов 包装件数及种类

количество отгрузки 装运数量

коллективный иммунитет 群体免疫

коллективный протекционизм 集体保护主义

колл-центр 客服中心

Коломбо (Шри-Ланка) 科伦坡（斯里兰卡）

Колон (Панама) 科隆（巴拿马）

колонка Налогового кодекса 税则号列

колоссальный прирост 大幅增长

командир самолёта (飞机) 机长

комбинированная транзитная пошлина 综合过境税

комбинированный автомобильный и железнодорожный мост 公路和铁路车辆轮渡跳板

комиссия налогообложении 税则委员会

комиссия экспедитора 货运代理佣金

коммерческая модель 商业模式

коммерческая тайна 商业秘密

коммерческие интересы 商业利益

коммерческий документ 商业文件；商业票据

коммерческий код 商用电码

коммерческий счёт 商业发票

коммерческий счёт-фактура 商业发票

коммерческое мошенничество 商业欺诈

коммерческое предприятие 商业企业

коммерческое сопровождение 商用车队

коммуникационная технология 通信技术

компания-фрахтователь 包机公司

компартмент 生物安全隔离区

компартментализация 分隔

компенсационная пошлина 反补贴税

компенсационная торговля 补偿贸易

компенсационное соглашение 补偿协议

компенсационные импортные сборы 进

口补偿税

компенсация 补偿

компенсирующая таможенная пошлина 抵消关税

компенсирующие продукты 补偿产品

компетентный орган 主管机关；主管部门

компетентный орган страны-экспортера 出口国主管机关

компетентный суд 主管法院

комплекс пробоподготовки многооперационный 多通道前处理系统

комплексная пищевая добавка 综合食品添加剂

комплексное управление границей 协调边境管理（CBM）

комплексный тариф 复合税率

комплектация мелких отправок в сборные отправки 货运整合

комплектование 组合成套

Компонг Сом (Камбоджа) 西哈努克市（旧称磅逊）（柬埔寨）

компонент пищевой продукции (пищевой ингредиент) (компонент) 食品成分（成分）

компоненты товара, ввозимые отдельными товарными партиями 进口的成套散件

компоненты товара, ввозимые отдельными товарными партиями в несобранном или разобранном виде 进口的未组装件和拆散件

компьютер 计算机

КОМТРЕЙД ООН 联合国商品贸易统计数据库（COMTRADE）

Конакри (Гвинея) 科纳克里（几内亚）

конвейер данных 数据管道

конвенционная пошлина 协定关税

Конвенция МДП 《国际公路运输公约》（简称 TIR 公约）

Конвенция АТА АТА 公约（《关于货物暂准进口的 ATA 报关单证册海关公约》）

Конвенция о временном ввозе (Стамбульская конвенция) 《货物暂准进口公约》（《伊斯

坦布尔公约》)

Конвенция о классификации товаров таможенных тарифов 《海关税则商品分类目录公约》

Конвенция о международной перевозке грузов железнодорожным транспортом (КОТИФ; КМЖП) 《国际铁路运输公约》(COTIF)

Конвенция о психотропных веществах (Венская конвенция 1971 г.) договор ООН 《联合国精神药物公约 (1971)》

Конвенция о таможенном режиме, применяемом к контейнерам, переданным в пул и используемым для международных перевозок 《国际运输用联营集装箱海关过关公约》

Конвенция об определении таможенной ценности товаров 《海关商品估价公约》

Конвенция ООН о борьбе против незаконного оборота наркотических средств и психотропных веществ 1988 года 《联合国禁止非法贩运麻醉药品和精神药物公约 (1988)》

конденсатор 冷凝器

кондуктометр Анион 阴离子电导仪

кондуктометр 电导计

конечная сторона-грузополучатель 最终收付方

конечный порт разгрузки 最终卸货港

конопля 大麻

конопля и производные 大麻及其衍生物

коносамент 提单; 提货单; 运货证

коносамент чистый 清洁提单

коносамент застрахованный 投保提单

коносамент оборотный 可转让提单

коносамент с оговорками 不清洁提单

коносамент сквозной

直运提单

коносамент смешанной перевозки 多式联运提单

коносамент чартер-парти 租船合同提单

консервант 防腐剂

консервирование соковой продукции из фруктов и (или) овощей 果（蔬）汁产品的封存

консервы 罐头

консигнант 发货人；委托人

консигнатор 收货人

консигнационное соглашение 托售协议

консолидатор 拼装运输经营人

консолидация грузов/товаров 拼装货物

консолидированный товар 混装货物

Констанца (Румыния) 康斯坦萨（罗马尼亚）

консульская вализа 领事邮袋

консульская декларация 领事申报

консульская сделка 领事商务

консульская фактура 领事发票

консульский служащий консульских учреждений 领馆雇员

консульское должностное лицо консульских учреждений 领馆领事官员

консультант-помощник 助理顾问

консультант-советчик 顾问

консультант-эксперт 专家顾问

консультация 磋商

консультирование 顾问工作

консультирование по вопросам таможенного дела 海关事务磋商

контагиозная плевропневмония крупного и мелкого рогатого скота 大型和小型有角牲畜牛传染性胸膜肺炎

контаминация (загрязнение) пищевой продукции 污染食品

контейнер (или фрахтовый контейнер) 集装箱

контейнер для комбинированной перевозки 多式联运

集装箱

контейнеризация 集装箱化

контейнерная грузовая станция (КГС) 集装箱场站 (CFS)

контейнерная перевозка 集装箱货运；集装箱运输

контейнерная станция 集装箱堆场

контейнерная фрахтовочная станция 集装箱场站 (CFS)

контейнерная перевозка "от двери до двери" 门对门运输的集装箱货物

контейнерный груз 集装箱货物

контейнерный двор 集装箱堆场

контейнерный манифест 集装箱舱单

контейнерный порт 集装箱港

контейнерный пул 集装箱联营

контейнерный терминал 集装箱码头

контейнеры, переданные в пуле 联营集装箱

континентальный порт 内陆港

контрабанда 走私

контрабандист 走私分子

контрабандная торговля 非法贸易

контрабандные культурные ценности и реликвии 走私的文物

контрабандный товар 走私货物

контракт 合同

контракт продажи 销售合同

контрактная ответственность 合同责任

контргруз 砝码；配重

контрейлерные перевозки 驮载运输

контролируемая доставка 控制下交付

контролируемая доставка наркотических средств и психотропных веществ 控制下交付麻醉药品和精神药物

контролирующая сторона 控制方

контроль внешней обработки и сборки импортные и экспортные товары 对外加工装配进出口货物监管

контроль за ввозом подаренных материалов 进口捐赠

物资监管

контроль за входящими и исходящими воздушными судами 进出境航空器监管

контроль за вывозом копий личных культурных реликвий 个人文物复制品出境监管

контроль за запасами 库存监管

контроль за импортом и экспортом товаров в перерабатывающей торговле 加工贸易进出口货物监管

контроль за таможенными предприятиями в перерабатывающей торговле 加工贸易保税企业监管

контроль на основе методов аудита 稽查

контроль после выпуска товаров 稽查；放行后监管

контроль соблюдения прав интеллектуальной собственности при перемещении товаров через таможенную границу 跨境运输货物知识产权监管

контрольная отметка 查验标记

контрольный список для пассажиров 旅客清单

конфиденциальность 保密性

конфиденциальность информации 信息的保密

конфискация 没收（名词）

конфисковать 没收（动词）

концентрат сывороточных белков 乳清蛋白浓缩剂

концентратомер 浓度计

концентрированная азотная кислота 浓硝酸

концентрированное или сгущённое обезжиренное молоко 脱脂凝乳或炼乳

концентрированное или сгущённое цельное молоко 纯凝乳或炼乳

концентрированное или сгущённое частично обезжиренное молоко 部分脱脂凝乳或炼乳

концентрированное фруктовое и（или）овощное пюре 浓缩果（蔬）泥

концентрированные

натуральные ароматообразующие фруктовые или овощные вещества 天然浓缩果（蔬）芳香剂

концентрированный морс 浓缩浆果汁

концентрированный сок 浓缩果汁

концентрировать кислоту 将酸浓缩

конъюнктура рынка 市场行情

кооперативное хозяйствование 合作经营

координационный центр 集中受理点

Копенгаген (Дания) 哥本哈根（丹麦）

копировальное устройство 复印机

копия 副本

копчено-вареные продукты из мяса 熏煮肉制品

копчено-запеченные продукты из мяса 熏烤肉制品

корабельный запас 船上用品

коридор беспошлинной торговли (зелёный коридор) 免税通道（绿色通道）

Коринто (Никарагуа) 科林托（尼加拉瓜）

Корк (Ирландия) 科克（爱尔兰）

корм 饲料

корма и кормовые добавки 饲料和饲料添加剂

кормовой ингредиент 饲料成分

кормовые добавки 饲料成分

коровье бешенство 疯牛病

короткая тонна 短吨

кость 骨头

котинин 可替宁

Котону (Бенин) 科托努（贝宁）

кофеин 咖啡因

коэффициент распространения инфекции 感染传播率（Ro 值）

Крайстчерч (Новая Зеландия) 克赖斯特彻奇（新西兰）

краситель 染色剂

красная оговорка 红色条款

красный коридор 红色通道

краткая декларация 简易申报

краткосрочные путешественники 短

кредит nota 贷记（贷方）通知书；付款通知书

кредит покупателя 买方信贷

кредит таможенный 关税的延期支付

кредитная карта 信用卡

кредитовое авизо 贷记（贷方）通知书；付款通知书

крепкая кислота 浓酸

криостат 低温恒温器

критерии достаточной переработки товара 产品充分加工的标准

кровь 血

кросс-отраслевые процессы 跨领域流程

круглодонная колба 圆底烧瓶

ксилометр 木材比重计；木材测容器

Куала Лумпур （Малайзия） 吉隆坡（马来西亚）

кубатура 体积

Кувейт （Кувейт） 科威特城（科威特）

кулинарное изделие 制成食品

культурные ценности 文物

Кумана （Венесуэла） 库马纳（委内瑞拉）

кумыс 马奶

кумысный продукт 马奶产品

курьер 快递员

кусковой полуфабрикат 碎块的半制品

кусковые консервы 碎块食品的罐头

Кучинг （Малайзия） 古晋（马来西亚）

Кхулна （Бангладеш） 库尔纳（孟加拉国）

кювет 比色皿

Л

л. (литр) 升

Ла Колония (Испания) 拉科罗尼亚（西班牙）

Ла Специя (Италия) 拉斯佩齐亚（意大利）

лаборатория 实验室

Лагос (Нигерия) 拉各斯（尼日利亚）

Ла-Гуайра (Венесуэла) 拉瓜伊拉（委内瑞拉）

лакмус 石蕊试纸

лактулоза 乳果糖

Ланьчжоу (Китай) 兰州（中国）

Ла-Плата (Аргентина) 拉普拉塔（阿根廷）

Ла-Рошель (Франция) 拉罗歇尔（法国）

Латакия (Сирия) 拉塔基亚（叙利亚）

левзея 鹿根（药用）

левомепромазин 左美丙嗪

легальная торговля 合法贸易

легальный ввоз 合法进口

легальный вывоз 合法出口

Легион (Италия) 莱戈恩（意大利）

легкая наркотика 软性毒品

лейкоз 白血病

лейтенант таможенной службы 海关中尉

лекарственные растения и их экстракты 药用植物及其萃取物

лекарственные средства для ветеринарного применения 兽医用药

лекарство 药品

лес 树林；森林；木材；木料

лесоматериал 木材；木料（指原板或成材）

летальность 死亡率

летальные случаи 病亡人数

либерализация торговли 贸易自由化

Либревиль (Габон) 利伯维尔（加蓬）

Ливерпуль (Великобритания) 利物浦（英国）

ликвидация 清理；消除；取消；销毁

ликвидация популяции карантинного объекта

清除检疫对象种群

ликвидировать инфекционные болезни 消灭传染病

Лимассол (Кипр) 利马索尔 (塞浦路斯)

Лимон (Коста-Рика) 利蒙 (哥斯达黎加)

лимонник 五味子

линейная перевозка 班轮运输

Лиссабон (Португалия) 里斯本 (葡萄牙)

листок-вкладыш 附页 (说明书)

Литтлтон (Новая Зеландия) 利特尔顿 (新西兰)

лица, перемещающие товары 货物携运人

лицензионный илатёж 特许权使用费

лицензионный сбор 许可证费

лицензионный сбор за выдачу лицензии 许可证使用费

лицензирование 许可证制度

лицензирование (во внешней торговле) 发放许可证 (外贸)

лицензия 许可证

лицензия генеральная 通用许可证

лицензия на ввоз твёрдых отходов 固体废物进口许可证

лицензия на ведение коммерческой деятельности 营业执照

лицензия на импорт 进口许可证

лицензия на импорт и экспорт психотропных препаратов 精神药物进出口许可证

лицензия на осуществление деятельности в качестве таможенного брокера 海关经纪人许可证

лицензия на осуществление деятельности в качестве таможенного перевозчика 海关承运人许可证

лицензия на переработку товаров вне таможенной территории 关境外商品加工许可证

лицензия на переработку товаров на таможенной территории 关境内商品加工许可证

лицензия на переработку товаров под

таможенным контролем 海关监管下的商品加工许可证

лицензия на реимпорт 复进口许可证

лицензия на учреждение магазина беспошлинной торговли 免税商店设立许可证

лицензия на учреждение свободного склада 自由仓库设立许可证

лицензия на учреждение таможенного склада 海关监管库设立许可证

лицензия разовая 一次性许可证

лицензия экспортная/импортная 进出口许可证

лицо, обладающее полномочии в отношении товаров 货物负责人

личные вещи/предметы 个人自用物品

личный бондовый склад 自用保税仓库

личный кабинет 个人中心（办理网络事务用）；个人办公室

личный ключ 私钥

личный обыск 人身检查

личный таможенный досмотр 海关人身检查

логистика 物流

логистика и дистрибуция 物流配送

логистика третьей стороны 第三方物流（3PL）

логистическая СЭЗ 物流自由经济区

логистическая упаковка 物流包

Лодзь（Польша） 罗兹（波兰）

лодка（судно）для перегрузки 驳船

лодочник 船户；水客

локализация очага карантинного объекта 撤销检疫生物疫区

Ломе（Того） 洛美（多哥）

Лонг-Бич（США） 长滩（美国）

Лондон（Великобритания） 伦敦（英国）

лоразепам 劳拉西泮

Лос-Анджелес（США） 洛杉矶（美国）

лосось 三文鱼；鲑鱼

лоток 托盘

лоцман 领港员；引航员

Луанда（Ангола） 罗安达（安哥拉）

лучшее качество 最优质量
льготные условия 优惠条件
льготный налоговый режим 优惠税制
льдоукрепляющая понтонная переправа 固冰浮桥通道
Льеж (Бельгия) 列日 (比利时)
Любек (Германия) 吕贝克 (德国)
люк 舱口
люминометр 光度计
лян 两
Ляньюньган (Китай) 连云港 (中国)

M

м. (метр) 米
Ма Чен (Индонезия) 马辰 (印度尼西亚)
магазин беспошлинной торговли 免税商店
магазин свободной торговли 免税商店
магнитный диск 磁盘
Маджунга (Мадагаскар) 马任加 (马达加斯加)
Мадрид (Испания) 马德里 (西班牙)
Майами (США) 迈阿密 (美国)
майонез 蛋黄酱
майор таможенной службы 海关少校
мак 罂粟
Макао (Китай) 澳门 (中国)
Макассар (Индонезия) 望加锡 (印度尼西亚)
максимально допустимый уровень 最高允许水平
максимальный уровень 最高水平
Малабо (Экваториальная Гвинея) 马拉博 (赤道几内亚)
Малага (Испания) 马拉加 (西班牙)
Малакка (Малайзия) 马六甲 (马来西亚)
Мале (Мальдивы) 马累 (马尔代夫)
Малинди (Кения) 马林迪 (肯尼亚)
Мальмё (Швеция) 马尔默 (瑞典)
Мальта (Мальта) 马耳他市 (马耳他)
Манадо (Индонезия) 万鸦老 (印度尼西亚)
Манама (Бахрейн) 麦纳麦 (巴林)
Манила (Филиппины) 马尼拉 (菲律宾)
манифест 载货清单；货物舱单
манифест АГГ 公路运输载货清单
манифест полета 航班舱单
Маньчжурия (Китай) 满洲里 (中国)
мапротилин 马普替林
Мапуту (Мозамбик) 马普托 (莫桑比克)
Маракайбо (Венесуэла) 马拉开波 (委内瑞拉)

маргарин 人造黄油；麦淇淋

Мар-дель-Плата（Аргентина） 马德普拉塔（阿根廷）

марихуана 大麻

марка 品牌

маркировка 标记；唛头

маркировка пищевой продукции 食品标签

маркировка энергоэффективности 能源效率标识；能效标识

Марсель（Франция） 马赛（法国）

маршрут 路线

маршрут, одобренный таможенной службой 海关核准路线

маршрутный поезд 铁路班列

Масатлан（Мексика） 马萨特兰（墨西哥）

Маскат（Оман） 马斯喀特（阿曼）

масличное сырьё 油料

масло из коровьего молока 牛奶黄油

масло растительное 植物油

масловлагоотделитель 油水分离器

масложировая продукция 油脂类产品

масляная паста 油膏

масса 物质；质；质量；容积；体积

масса-анализатор 质谱分析仪

Массава（Эфиопия） 马萨瓦（厄立特里亚）

масса-спектрограф 质谱仪

массовые неинфекционные заболевания（отравления） 群发性非传染病（中毒）

массовые товары 大宗散装商品

мастер-авианакладная 航空总运单（MAWB）

мастер-коносамент 主提单（MBL）

Матади（Заир） 马塔迪［刚果（金）］

Матансас（Куба） 马坦萨斯（古巴）

материал добавки 辅料

машина 机器；机床；车辆

медицинская аппаратура 医用器械

медицинская маска 医用口罩

медицинские инструменты 医疗器械

медицинский осмотр

医疗检查

медицинское наблюдение 医学观察

международная авиапочта 国际航空邮件

Международная ассоциация по борьбе с наркоманией и наркобизнесом (МАБНН) 联合国国际麻醉品管制署（简称联合国禁毒署）

международная выставка 国际博览会

Международная конвенция о гармонизированной системе описания и кодирования товаров；Конвенция о ГС 《商品名称及编码协调制度国际公约》（简称 HS 公约）

Международная конвенция о согласовании условий проведения контроля грузов на границах 《协调统一货物边境管制国际公约》

Международная конвенция по карантину и защите растений (МККЗР) 《国际植物保护公约》 (IPPC)

международная конференция 国际性会议

международная практика 国际惯例

Международная стандартная торговая классификация (МСТК) 国际标准贸易分类 (SITC)

международная таможенная декларация МЖДП 国际铁路运输海关申报单

международная торговля 国际贸易

международная торговля и коммерция 国际贸易与商务

международная транзитная перевозка 国际过境运输

Международная федерация экспедиторских ассоциаций (ФИАТА) 国际货运代理协会联合会 (FIATA)

международная экономическая интеграция 全球经济一体化

Международная конвенция по

безопасным контейнерам (КБК) 《国际集装箱安全公约》(CSC)

международное почтовое отправление (МПО) 国际邮件

международное сотрудничество 国际合作

Международное эпизоотическое бюро (МЭБ) 世界动物卫生组织 (OIE)

международно-правовой институт 国际法惯例

международные акты 法律文件

международные договоры 国际条约

международные документы 国际文件

Международные правила толкования торговых терминов 《国际贸易术语解释通则》(INCOTERMS)

Международные стандарты для упрощения процедур торговли 贸易便利化国际标准

Международные товарные номенклатуры 国际贸易商品名录

международные транзитные железнодорожные перевозки 国际铁路联运

международный автомобильный транспорт 国际公路运输

международный аэропорт 国际航空机场

Международный валютный фонд (МВФ) 国际货币基金组织 (IMF)

международный ветеринарный сертификат 国际兽医证书

международный гражданский самолёт 国际民航飞机

международный грузовой экспедитор 国际货运代理人

международный договор 国际公约

международный информационный обмен 国际信息交换

Международный кодекс морской перевозки опасных грузов

（МКМПОГ）《国际海运危险货物规则》（IMDG 规则）

Международный кодекс по охране судов и портовых сооружений （ОСПС）《国际船舶和港口设施保安规则》（ISPS）

Международный комитет Красного Креста （МКК, МККК） 国际红十字会（ICRC）

Международный олимпийский комитет 国际奥林匹克运动委员会（简称国际奥委会，IOC）

международный торговый закон 国际贸易法

международный торговый сертификат 国际贸易证书

международный транзит 过境运输

межправительственная поддержка 政府间的援助

мелкая отправка, недостаточная для полной загрузки контейнера 拼箱货（LCL）

мелкие импортные и экспортные товары на границе 边境小额进出口货物

мелкие посылки 小包邮件

мелкомасштабная приграничная торговля 边境小额贸易

Мельбурн（Австралия） 墨尔本（澳大利亚）

меморандум 备忘录

меморандум о взаимопонимании 谅解备忘录

меньше груза 零担货物

мер нетарифного регулирования 非关税调节措施

мера предосторожности 预防措施

мерная колба 量瓶

мерный бачок 量筒

мерный стакан 量杯

Мерсин（Турция） 梅尔辛（土耳其）

мертвый фрахт 亏舱费

меры для предотвращения распространения коронавируса 新冠病毒疫情防控措施

меры по минимизации рисков 风险最小化措施

меры таможенно-тарифного

регулирования 关税调节措施

меры экономической политики 经济政策措施

мескалин 麦斯卡林；三甲氧苯乙胺

Мессина (Италия) 墨西拿（意大利）

место временного хранения 临时存储场地

место выпуска 签发地点

место доставки 运抵地点；交货地点

место доставки товара 交货地点

место доставки указанным перевозчиком 承运人交货地点

место завершения таможенного оформления 结关地点

место назначения 目的地

место перемещения товаров через таможенную границу 货物（物品）通过关境边界的地点

место погрузки 装货地点

место получения багажа 行李提取处

место получения, указанное для последующего перевозчика 前程承运人接收地点

место прибытия 抵达地；入境地点

место убытия 出境地；离境地

место/порт отгрузки 卸货地；卸货港

место/порт погрузки 装货地；装货港

место/порт разгрузки 卸货地；卸货港

месяц передачи, указанный в договоре 合同规定的转运月份

метадон 美沙酮

метаквалон 甲喹酮

металлическое изделие 金属制品

металломикроскоп 金相显微镜

метамфетамин 甲基苯丙胺；甲基安非他命；去氧麻黄素（冰毒的有效成分）

метанол 甲醇

метилрот 甲基红

метил-синь 甲基蓝

метилэкгонин 甲基爱康宁

метка (знак) грузополучателя 收货

人标志

метод вычитания 倒扣法

метод определения таможенной стоимости на основе вычитания стоимости 扣除法计算完税价格

метод определения таможенной стоимости на основе сложения стоимости 加算法计算完税价格

метод определения таможенной стоимости по цене сделки с ввозимыми товарами 进口商品交易价格计算完税价格

метод определения таможенной стоимости по цене сделки с однородными товарами 同类商品交易价格计算完税价格

метод ПЦР с гибридизационно-флуоресцентной детекцией 荧光 PCR 法

метод сложения 加算法

метод таможенной проверки 稽查方法

методология моделирования СЕФАКТ 建模方法 (UMM)

методы определения таможенной стоимости товара и порядок их применения 货物完税价格确定及其运用方法

методы таможенной оценки 海关估价方法

мефедрон 甲氧麻黄酮

механизм единого окна (единое окно) 单一窗口体系

механическое оборудование 机械设备

Мехико (Мексика) 墨西哥城 (墨西哥)

мешалка 搅棒

миансерин 米安色林

миграция 移居；移民

микотоксин 真菌霉菌

микроволновая система пробоподготовки 微波消解器

микрометр 千分尺

микрометр-глубиномер 深度测微计

микроорганизм 微生物

микроскоп 显微镜

микроспектрофотометр 显微分光光度计

микрохимическая колба 微量烧瓶

Милфорд-Харбор （Великобритания） 米尔福德港（英国）

минеральная кислота 无机酸

минимальный фрахт（по коносаменту） 最低费用提单

минимум коносамента 最低费用提单

Минск（Беларусь） 明斯克（白俄罗斯）

миртазапин 米氮平

младший лейтенант таможенной службы 海关少尉

мм（миллиметр） 毫米

многооборотная тара 多次使用的容器

многоосновная кислота 多价酸；多元酸

многоразовая въездная виза 多次入境签证

многосторонние торговые переговоры（МТП） 多边贸易谈判（MTN）

многосторонняя конвенция 多边公约

многосторонняя торговля 多边贸易

многофакторный анализ 多因素分析

Мобил（США） 莫比尔（美国）

Могадишо（Сомали） 摩加迪沙（索马里）

модальности переговоров WTO 谈判模式

модальность 模式

моделирование деловых процессов（операций） и информации（МДПИ） 业务过程和信息建模

Модель данных ВТамО WCO 数据模型

Модель данных Союза 联盟数据模型

Модель Покупка-Доставка-Оплата 购买—运输—付款模型

мозговой центр 智库

Мокпхо（Корея） 木浦（韩国）

Моламьяйн（Мьянма） 毛淡棉（缅甸）

молекулярное сито 分子筛

молоко 乳

молокосодержащие консервы с заменителем молочного жира 含乳罐头

молокосодержащий продукт 含乳品

молокосодержащий продукт с заменителем

молочного жира, произведенный по технологии сыра 奶酪制品

молочная плазма 乳浆

молочная продукция 乳产品

молочная сыворотка подсырная, творожная или казеиновая 奶酪乳清；奶渣乳清；酪蛋白乳清

молочное мороженое 牛奶冰激凌

молочнокислый микроорганизм 乳酸微生物

молочные каши, готовые к употреблению, и молочные каши сухиедля питания детей раннего возраста 婴幼儿食用的熟乳粥及干乳粥

молочные консервы 乳品罐头

молочные напитки для питания детей раннего возраста 婴幼儿食用的乳品饮料

молочные составные консервы 含乳成分罐头

молочный жир 乳脂

молочный напиток 乳品饮料

молочный продукт 乳制品

молочный сахар 乳糖

молочный составной продукт 含乳复合产品

Момбаса (Кения) 蒙巴萨（肯尼亚）

монитор 监视；监控

мониторинг 监测

Монреаль (Канада) 蒙特利尔（加拿大）

Монровия (Либерия) 蒙罗维亚（利比里亚）

Монтевидео (Уругвай) 蒙特维的亚（乌拉圭）

мороженое 冰激凌

мороженое закаленное 硬冰激凌

мороженое мягкое 软冰激凌

мороженое с заменителем молочного жира 带乳脂替代物的冰激凌

морс 浆果汁

морская авария 海损

морская исполняющая сторона 海运履约方

морская миля 海里

морская накладная 海运运单

морская экономическая зона 海洋经济区

морские перевозки 海洋运输，海运；远洋运输
морское право 海商法
морское страхование 海上保险
морской 海事的；海上的
морской авианосец 海运承运人
морской груз 海运货物
морской коносамент 海运提单
морской отчёт 海事报告
морской порт 海运港口
морской транспортный тариф 航运关税
морфий 吗啡
Москва (Россия) 莫斯科（俄罗斯）
мука 粉料
Мукала (Демократический Йемен) 穆卡拉（也门）
мультиметр 万用表
мультимодальные перевозки 多式联运
Мумбаи (Индия) 孟买（印度）
муравьиная кислота 甲酸；蚁酸
Мурманск (Россия) 摩尔曼斯克（俄罗斯）
МЧС России 俄罗斯紧急情况部
мясная продукция 肉类制品
мясная продукция для детского питания 婴幼儿用肉类制品
мясной ингредиент 肉类成分
мясной полуфабрикат 肉类半成品
мясной продукт 肉类产品
мясные консервы для детского питания 适于儿童食用的肉类罐头
мясо 肉
мясо механической обвалки (до обвалки) 机械去骨肉
мясо на кости 带骨头的肉
мясокомбинат 肉类加工厂
мясокостная мука 肉骨粉
мясокостный полуфабрикат 带骨头的肉类半成品
мясопептонный агар 肉汁琼脂
мясопептонный бульон 肉汁培养基
мясорастительные консервы для детского питания 婴儿食品肉类和蔬菜罐头

мясорастительный продукт 肉类和蔬菜产品

мясосодержащий полуфабрикат 含肉的半成品

мясосодержащий продукт 含肉的产品

Н

наблюдение 监视；监控

навалом 散装

навалочный груз 散装货物

Нагасаки (Япония) 长崎（日本）

Нагоя (Япония) 名古屋（日本）

надзор 监测

надзорные процедуры 监管程序

Нади (Фиджи) 楠迪（斐济）

наземная перевозка 陆路运输

Наземное руководство 陆生手册

Наземный кодекс 陆生法典

назначающая таможня 指定海关

наиболее благоприятствуемая нация (НБН) 最惠国（MFN）

наиболее подходящий путь 最便捷路线

наименование перевозчика 承运人名称

Найроби (Кения) 内罗毕（肯尼亚）

накладная 提货单

накладная КДПГ 国际公路货物运输合同公约托运单（CMR）

накладная МГК 国际铁路货物运输公约托运单（CIM）

накладная СМГС 国际铁路货运联运协定托运单（SMGS）

накладная с оговорками о повреждении товара при получении 不清洁提单；货损提单

наклейка о соответствии требованиям при перевозке 符合标准的运输标志

наливной груз 灌装货物；散装货物

наличие антитела к ковиду-19 具有新冠病毒抗体

налично-денежный платёж 现金支付

наличные 现金；现款

налог 进口环节税；从价税

налог на добавленную

налог на импорт нефти 石油进口税

налог на потребление 消费税

налог на стоимость 从价税

налог на экспорт/импорт 进出口税

налоги и сборы 税费

налоговая декларация (налог на добавленную стоимость) 税务申报单（增值税）

налоговая декларация нефтебаза 油库报税表

налоговая служба 税务局

налоговая ставка 从价税率

налоговый вычет 税款扣除额

налоговый объект 征税对象

налоговый порог 税款起征点

налоговый спор 纳税争议

налогооблагаемый канал (красный канал) 应税通道（红色通道）

наложенный платёж 货到付款（C.O.D.）; 交货付现

наложить арест на товары 扣押货物

налорфин 纳洛啡

нальбуфин 纳布啡

Нампо (Северная Корея) 南浦（朝鲜）

Нант (Франция) 南特（法国）

Наньчан (Китай) 南昌（中国）

наполнитель 赋形剂

направления перемещения товаров 货物流动方向

наращивание потенциала 能力建设

наркомания 吸毒

наркотин 那可丁

наркотические средства 麻醉品

наркоторговец 毒品贩子；毒贩

нарушение прав на интелектуальную собственность 侵犯知识产权

нарушение таможенного закона/законодательства/правил 违反海关法

наряд на внутреннюю транспортировку 内部运输通知单

наряд на вывоз со склада 出库单

насекомое 昆虫
насекомые-вредители 害虫
насколько можно 尽可能地
наследовать 继承
настоящая конвенция 本公约
насыпной груз/товар 散装货物
насыщенная кислота 饱和酸
натуральные источники вкусоароматических веществ (ароматизаторов) 调味加香物质（香料）天然来源
натуральные ароматообразующие фруктовые или овощные вещества 天然果（蔬）芳香剂
научное оборудование 科学设备
научно-исследовательская экспедиция 科研考察团
научно-технические данные 科技数据
научный прибор 科学仪器
Наха (Япония) 那霸（日本）
Находка (Россия) 纳霍德卡（俄罗斯）
находящийся на таможенном складе, нерастаможенный груз 保税货物
национальная валюта 本国货币
национальная принадлежность судна 船籍
национальные отраслевые технические нормы и стандарты 国家行业技术规范和标准
Национальный комитет по упрощению торговых и транспортных процедур 国家贸易和运输便利化委员会（NTTFC）
национальный режим 国民待遇
начальник группы по проверке дисциплины парткома 党委纪检组组长
начальник политического управления 政治部主任
начинать выгрузки 开始卸货
не имеет коммерческой ценности 无商业价值
неавтоматическое

лицензирование 非自动许可

Неаполь (Италия) 那不勒斯（又称那波利）（意大利）

небезопасность 危险性

неверная классификация 归类错误

неверный 无效的

невидимая торговля 无形贸易

невостребованный груз 无主货物；背弃货物

невостребованный товар 无人领取的货物

негабаритный товар 超限物品

недискриминация; принцип недискриминац 无差别待遇；无歧视原则；非歧视原则

недопогрузка 短装

недостача груза 短卸

независимый орган 独立机构

незагруженный транспорт 空载运输

незаконный оборот 非法贩运

неизвестное месторождение 产地不明

нейтральная упаковка 中性包装

некоммерческая сделка 非商业性交易

некоммерческие платеж 非商业支付

некоммерческий импорт 非商业性进口

нелинейная перевозка 非班轮运输

немолочные компоненты 非乳成分

немясной ингредиент 非肉类成分

ненужные задержки 不必要的延误

необлагаемый минимум 起征点

необоротная накладная морской перевозки 不可转让海运运单

необоротная накладная смешанной перевозки 不可转让多式联运运单

необоротная транспортная электронная запись 不可转让电子运输记录

необоротный коносамент или грузовая накладная 不可转让提单

необработанный 未经处理的；未加工的

неограниченная продолжительность 长期有效

неорганическая кислота 无机酸

неоспоримость 不可抵赖性；不可否认性

неотвергаемость 不可抵赖性

непереработанная пищевая продукция животного происхождения 未经加工的动物源性食品

неполное таможенное декларирование 不完整申报

непредельная кислота 不饱和酸

непреодолимая катастрофа 不可抗力灾害、事故

непрерывный процесс 无缝处理流程

неприкосновенность данных 数据隐私

непристойные предметы 淫秽物品

непристойный 淫秽的

непрямой импорт 间接进口

неразрывный процесс 无缝处理流程

нерасфасованный 散装的；散货

несанкционированное открытие 擅自开启

несанкционированное снятие таможенных пломб 擅自去除海关封志

несвоевременная уплата налогов 滞纳关税

несопровождаемый багаж 分离运输行李

несудоходная транспортная организация общего назначения 无船公共承运人；无船承运人（NVOCC）

нетарифная мера 非关税措施

нетарифный барьер (НТБ) 非关税壁垒（NTB）

неторгуемые грузы/товары 非贸易性货物

нетто 净重

неуверенность 疑问；疑似

неупакованный 未包装的

неупакованный груз 散装货物

нефтеналивное судно 运油船

нефтеперегонный завод 炼油厂

нефть 石油

нефтяной продукт 石油产品

нефтяной танкер 油轮

нечистый коносамент

不清洁提单（承运人加批的提单）

неэффективное свидетельство 过期（失效）的证书

нивелир 水平仪

низкого качества 劣质

Ниигата (Япония) 新潟（日本）

Никия (Кипр) 尼科西亚（塞浦路斯）

никотин 尼古丁

Нинбо (Китай) 宁波（中国）

новая коронавирусная инфекция 新冠病毒感染

новые средства или методы совершения преступления таможенного правонарушения 违反海关法行为的新手法

новый случай коронавируса 新冠病毒新增病例

Новый Орлеан (США) 新奥尔良（美国）

номенклатура текущего запаса 库存单

номер коносамента 提单号码

номер контракта 合同号码

номер пломбы 铅封号

номинальная сумма 票面金额

норкокаин 去甲可卡因

норкокаэтилен 去甲可卡因

нормализованное молоко 标准乳

нормальный водородный электрод 正常氢电极

нормативно-правовая база таможенного контроля 海关法律框架

нормативно-справочная информация 信息指南

нормативный акт 法令；规章

нормативный документ 规范性文件

нормы физиологических потребностей в энергии и пищевых веществах 人体对能量和营养物的需求标准

Норфолк (США) 诺福克（美国）

носитель 吸附剂

носитель данных 数据载体

нотификация (извещение) 通报；用照会通知

Нуакшот (Мавритания) 努瓦克肖特（毛里塔

尼亚）

Numea（Новая Каледония） 努美阿（新喀里多尼亚）

нутриенты（пищевые вещества） 营养素（营养物质）

нутромер 内径规；内径千分尺；内卡钳

нутч 吸滤器

Нью-Йорк（США） 纽约（美国）

Ньюкасл（Австралия） 纽卡斯尔（澳大利亚）

Нью-Хейвен（США） 纽黑文（美国）

О

обваленное мясо 去骨肉
обе договаривающиеся стороны 缔约双方
обезвреживание 除去杂质；无害处理
обезжиренное молоко 脱脂乳
обеззараживание 消毒
обезьянья оспа 猴痘
обеспечение 担保
обеспечения перевозок пассажиров и грузов 保障人员及货物往来
обжалование 诉讼
область риска 风险范围
облучатель ртутно-кварцевый 水银石英照射器
обмен бизнес-данными 业务数据交换
обмен информацией 信息互换
обмен информацией между таможенными органами на регулярной основе 海关间定期交换信息
обмен нотами (письмами) 换文 (信函)
обменная карта для приема-сдачи контейнеров, уточняющая их состояние в момент передачи 设备交货报告 (EIR)
обновиться 翻新
обогащённая пищевая продукция 含添加物的食品
обогащённое молоко 富集乳
обозначенный участок вдоль побережья возле таможни 海关附近沿海沿边规定地区
оборотная транспортная электронная запись 可转让电子运输记录
оборотный документ 可转让单证
оборотный коносамент 可转让提单
оборотный коносамент смешанной перевозки ФИАТА 可转让的 FIATA 多式联运提单
оборотный транспортный документ 可转让运

输单证
оборудование для перехвата и обнаружения 查缉和检查设备
обрабатывающая торговля 加工贸易
обработка 加工处理
обработка вне таможенной территории 出口加工
обработка грузов 装卸作业
обработка на таможенной территории 进口加工
обработка паспортных визовых процедур 办理护照签证手续
обработка торговли списании 加工贸易核销
обработка торговой инспекции 加工贸易稽查
обработка экспорта 出口加工
образец 样品
образец, не имеющий коммерческой стоимости 市场无价样品
образцы товара 货样
образцы, не представляющие коммерческой ценности 无商业价值的样品
обратиться в таможню для выпуска образца 向海关申请放行样品
обратная загрузка 退装货物
обращение на рынке 市场流通
общая авария 共同海损
общая граница 共同边界
общая декларация 货物总申报单
общая декларация воздушного судна 航空器总申报单
общая динамика 总态势
общая инфраструктура документирования информации в электронном виде 电子文件信息的基础设施
общая налоговая льгота 一般税收减免
общая система преференций 普遍优惠制；普惠制（GSP）
общая стоимость 总价值；总值
общая сумма 总金额
общая сумма торговли 贸易总额
общая транспортная

накладная 一般托运单

общее количество штук 合计件数

общее страхование 一般险

Общероссийский классификатор валют (ОКВ) 全俄货币分类表

общественная безопасность 公共安全

общественное здравоохранение 公共卫生

общественное объединение (организация) без регистрации юридического лица 无法人资格的实体

общественный перевозчик 公共承运人

общество с ограниченной ответственностью (ООО) 有限责任公司

общий 共同的；共有的

общий вес 总重量

общий зарегистрированный тоннаж 总注册吨位

общий объём 总量

общий продукт 普通杂货

общий процесс в рамках Союза 联盟框架下总流程

общий список грузов 货物通用清单

общий таможенный тариф 共同海关税则

объединение грузовых единиц 组合成套

объект контроля 监管对象

объект таможенной проверки 海关稽查对象

объектив 物镜

объекты аквакультуры 水产养殖产品；水产养殖对象

объём 体积；容积；容量

объём грузовых перевозок 货运量

объёмная колба 容量瓶

обязательная проверка 法定检验

обязательные медицинские осмотры 强制性体检

овощи 蔬菜

оговорка о возражении и претензии 异议和索赔条款

оговорка об авариях 海损条款

ограничение 限制
ограничение во внешней торговле 对外贸易限制
ограничение на импорт 进口限制
ограничение на экспорт 出口限制
ограничение свободы торговли 贸易管制
ограниченная стоимость посылки 包裹限值
ограниченные вещи 受限制物品
ограничивать 限制
ограничительные мероприятия (карантин) 限制措施 (检疫)
Одесса (Украина) 敖德萨 (乌克兰)
одноосновная кислота 一元酸；一价酸
одноразовое обеспечение 一次性担保
однородные товары 类似货物 (物品)
одобрение импорта 批准进口
оказывать помощь 提供协助
океанский лайнер 远洋班轮
окислительная порча 氧化变质
Окленд (Новая Зеландия) 奥克兰 (新西兰)
Окленд (США) 奥克兰 (美国)
оксибутират натрия 羟基丁酸钠
окуляр 目镜
Олесунн (Норвегия) 奥勒松 (挪威)
Ольборг (Дания) 奥尔堡 (丹麦)
омологация 认证 (进口商品适销性检验，是否符合输入国的要求)
онлайн-банк 网上银行
онлайн-бизнес 线上商务
онлайн-перевод 线上翻译
онлайн-передача данных 线上传送资料
онлайн-платформа 线上平台
онлайн-покупка 线上购买
онлайн-предпринимательство 线上经营
онлайн-торговля 线上贸易
онлайн-транзакция 线上事务
опасность 危害
опасные грузы 危险品
опасные химические

вещества 危险化学品
оперативная таможня 缉私海关
Оперативный штаб по предупреждению и борьбе с коронавирусом 新冠病毒疫情防控指挥部
оператор депо 场站经营人
оператор причала 泊位经营人
оператор системы портового сообщества 港口社区系统运营商
оператор смешанных перевозок 多式联运商
оператор терминала 码头经营人；码头经营者
операция модернизации 升级改造作业
операция по капитальному ремонту 大修作业
опечатать контейнер 集装箱施封
опиаты 阿片类药物；鸦片制剂类药物
опийные анальгетики 鸦片镇痛剂
опипрамол 奥匹拉莫
описание груза/товара 货物描述
опиум 鸦片

оплата QR-кода Алипей 支付宝支付
оплата QR-кода Вичат 微信支付
оплата авансом 预付货款（C. I. A.）
оплата в рассрочку согласно графику доставки 按交货进度分期付款
оплата в электронном виде 电子支付
оплата по QR-коду 扫码支付
оплата при доставке 货到付款（C. O. D.）
оплата при заказе 订货付款（C. W. O.）
оплатить электронным платежом 电汇付款
оплачиваемый вес 计费重量
опознавательный знак 识别标记
О пограничном санитарно-карантинном контроле КНР 《中华人民共和国国境卫生检疫法》
определение типов документов（ОТД） 文档类型定义（DTD）
оптимизации проведения таможенного контроля 优化（提高）海关监管效率

оптимизация издержек производства 优化生产成本

оптимизация издержек хранения 优化库存成本

оптовый цена 批发价格

опубликование и доступ к информации 信息的发布和可用性

опубликовать 公布

Оран（Алжир） 奥兰（又称瓦赫兰）（阿尔及利亚）

ОРВИ（острая респираторная вирусная инфекция） 急性病毒性呼吸道感染

орган（власти）, полномочие 授权机构

орган выдачи паспортов 护照签发机关

орган исполнительной власти 主管机构

орган лицензирования 审批部门

орган международной предварительной экспертизы 国际初审单位（IPEA）

организационная диаграмма 组织图

организационный механизм, обеспечивающий реализацию плана 保障计划实现的组织体系

Организация Объединённых Наций（ООН） 联合国（UN）

Организация стран-экспортеров нефти（ОПЕК） 石油输出国组织（简称欧佩克，OPEC）

организация, обрабатывающая груз 货物装卸作业机构

органическая кислота 有机酸

органолептические показатели 感官指标

ордер на выдачу товара 提货单

ордер на задержание предметов 扣留物品凭单

ордер на обработку грузов 装卸作业通知单

ордер на отправку 发运令

ордер на перевозку（местные перевозки） 运输单（本地运输）

оригинал 正本

оригинальные документы 原始单据

орнитоз 鹦鹉病
оружие 武器
оружие и боеприпасы взрывоопасности 爆炸性武器弹药
Орхус（Дания） 奥胡斯（丹麦）
Осака（Япония） 大阪（日本）
осветлитель 澄清剂
освободить 豁免
освобождение от временного пошлины 暂免关税
освобождение от обязательства содействии 协助义务的免除
освобождение от проверки 免检
освобождение от уплаты таможенных пошлин, налогов 免缴关税、进口环节税
Осло（Норвегия） 奥斯陆（挪威）
осмотр 查验
основание контроля 监管依据
основная（мастер） авианакладная（MAWB） 航空总运单
основные условия биобезопасности 基本生物安全条件

особая экспортная зона 出口特区
особые товары 特种货物
особые требования в отношении пограничных мер 边境措施的特殊要求
ОССК（орган по сертификации систем качества） 质量体系认证机构
останавливать 阻止
остатки ветеринарных（зоотехнических）препаратов 兽药残留
остатки инсектицид 杀虫剂残留
острая респираторная вирусная инфекция（ОРВИ） 急性病毒性呼吸道感染
осуществление 实施；生效
осуществление таможенной проверки 海关稽查实施
осуществления санитарно-эпидемиологического, ветеринарного, карантинного фитосанитарного, радиационного контроля（надзора） 遵守卫生防疫、兽医

和植物卫生检疫措施及放射性要求

осуществлять административную взаимопомощь 实行行政互助

осциллоскоп 示波器

отбор данных 数据挖掘

отбор проб (образцов) 抽样

отбор проб и (или) образцов товаров 提取货物样品或/和试样

ответственное за сертификацию должностное лицо 出证官员

отгонная колба 蒸馏瓶

отгрузка 卸载；卸下

отгрузка поддонов 托盘装运

отгрузочная инструкция 装运说明

отгрузочная маркировка 运输标志

отгрузочная спецификация 装箱明细单

отгрузочное поручение 装运说明

отгрузочный лист 发运单

отдел публикации аудиовизуальной продукции 音像制品出版单位

отдел таможенной очистки 结关部门

отдельная таможенная граница 单独关境

отзыв 召回

отзыв предварительного решения о классификации товара 撤销归类预先决定

отзыв продукции 产品召回

отзывной аккредитив 可撤销信用证

отказаться от всех претензий 放弃权利、要求

отказываться от товара 拒收货物

открыт для внешнего мира 对外开放

открытая площадка 露天场地

открытая политика 开放政策

открытое акционерное общество (ОАО) 开放式股份公司

открытое море 公海

открытый аукцион 公开拍卖

открытый вагон 无盖货车

открытый ключ 公钥

открытый процесс разработки 开放式开发流程 (ODP)

отличное качество 优等质量

отложить товар в корзину 加入购物车

отмена 取消

отмена заказа 撤销订货单

отмечаться 表明；表现出

отмывание денег 洗钱

отогнать（судно）от причала 使（船）驶离码头

отозвать 召回

отозвать декларацию 报关单撤销

отправитель 发货人；发送方

отправитель груза 发货人

отправить товар на таможню 向海关呈验货物

отправленный 已装船

отрицательный 阴性

отслеживание животных 动物追溯

отслеживать статус заказа 订单状态跟踪

отсосная колба 吸瓶

отсрочка 延期

отсрочка налогообложения 暂缓纳税

отсрочка платежа 延期付款

отходы производства 边角余料

отчёт о возврате груза 退关货物报告书

отчёт о грузе для таможенных целей 海关货物报表

отчёт о грузоперевозках 货运报表

отчёт о перевозке для таможенных целей 海关运输报表

отчёт о переполнении и кратком разгрузке 溢短卸报告

отчёт об исследовании судна 船舶检验报告

Оулу（Финляндия） 奥卢（芬兰）

оферта 发盘；报盘；报价；发价

официальная конъюнктура 官方行情

официальная профилактическая программа 官方监控计划

официальное извещение 通知

официальное одобрение стороны-заявителя 请求方的正式签注证明

официальный ветеринарный врач 官方兽医

официальный ветеринарный контроль 官方兽医监管

охлажденное мясо 冰鲜的肉

охлаждённый субпродукты 冰鲜的内脏食品

охлаждённый льдом 冰鲜的

охранительная пошлина 保护关税

оценивать 估价，估值；确定（税、罚款、赔偿金等的）金额；征收（税款、罚款等）；向……征税（或罚款）

оценить 估价，估值；确定（税、罚款、赔偿金等的）金额；征收（税款、罚款等）；向……征税（或罚款）

оценка 评估

оценка размеров пошлин и налогов 评估关税和其他税

оценка риска 风险评估

оценка соответствия 合格评定

оценочный акт 估价记录；估价证书

оценщик 估价人；验估人；验估员（指海关负责进出口商品检验与估价的工作人员）

очаг 病灶；发源地

очаг заболевания 病源区

очаг карантинного объекта 检疫对象疫区

очистка для внутреннего потребления 内销结关

очистка от таможенных формальностей 办结海关手续

П

пакет 包裹；小包

пакетные вопросы 一揽子问题

Палембанг (Индонезия) 巨港（印度尼西亚）

паллетный груз 托盘货物

палочный термометр 棒式温度计

пальмер 千分卡尺

памятники культуры 文物

Панама-Сити (Панама) 巴拿马城（巴拿马）

пандемия 大流行病

Папеэте (Французская Полинезия) 帕皮提（法属波利尼西亚）

параветеринарный специалист 兽医辅助人员

паразитарная болезнь 寄生虫病

параллельная сделка 框架合同

параллельный импорт 平行进口

Парамарибо (Суринам) 帕拉马里博（苏里南）

парафировать 草签

парацетамол 对乙酰氨基酚，扑热息痛

Париж (Франция) 巴黎（法国）

парк новых и высоких технологий 高新技术园区

парное мясо 鲜肉

паромно-линейные 轮渡班轮

партия животных 动物类别

партия пищевой продукции 食品批次

партия подкарантинной продукции 一批次法检产品

партия товаров 一批货物

Партнёрство таможенных органов и железнодорожных операторов (СТОР) 海关—铁路运营商推动中欧班列安全和快速通关伙伴合作计划（简称关铁通）

пасбище 畜牧场

пасека 蜂场

пассажир 旅客

пассажирская таможенная

декларация 旅客申报单

пассажирский аэровокзал 候机大楼

пассажирское судно 客船

пассивный торговый баланс 贸易逆差

пастеризатор 巴氏杀菌器

пастеризованное молоко 巴氏杀菌奶

пастеризованные консервы 巴氏高温杀菌型罐头

пастеризованные мясные (мясосодержащие) колбаски для детского питания 婴幼儿用巴氏高温杀菌型肉制肠

Патейн/Бассейн (Мьянма) 勃生（缅甸）

патогены растений 植物病菌

патологический материал 病理材料

патрулирование 巡逻

паутина 网络；因特网

пахта 酪乳

паштет 肉泥；肝泥

паштетные консервы 肉泥罐头

Пекин (Китай) 北京（中国）

Пенанг (Малайзия) 槟城（马来西亚）

пеногаситель 消泡剂

пенообразователь 起泡剂

пентазоцин 喷他佐辛

пентобарбитал 戊巴比妥

пеня 滞纳金

первичная продукция 初级产品

первоначальная сторона отправитель 原发货方

первоначальное положение 最初状态

первоначальные переговоры 初步谈判

первоначальный грузоотправитель 原托运人；原发货人

первоначальный грузополучатель 原收货人

первитин 过氧化氢

первый секретарь 一等秘书

перевалка на экспорт 出口转运

перевалочный пункт 口岸

перевес багажа 超重行李

переводной аккредитив 可转让信用证

перевозка 运输；运送；转运；行程

перевозка грузов 货物运输

перевозка до погрузки на основные средства транспорта 前程运输承运人

перевозка и страхование оплачены до 运费和保险费付至 (CIP)

перевозка оплачена до 运费付至目的地 (CPT)

перевозка пассажиров 客运；旅客运输

перевозочная мощность 运输能力

перевозчик 承运人；运输者

перевозчик бондового товара 保税商品承运人

переговоры на высоком уровне 高层谈判

переговоры по НАМА 非农产品市场准入 (NAMA)

перегонная колба 蒸馏瓶

перегруженный груз 超载货物

перегруз 溢装

перегрузка 中转；超载

передача информации 信息传输

передача оборотной транспортной электронной записи 电子运输记录传输

передача товаров для переработки на продажу на внутреннем рынке 加工贸易保税货物转内销

перелив груза 溢卸货物

перемена стоянки 移泊

перемещение партии подкарантинной продукции через таможенную границу таможенного союза 一批次法检产品的进出关境

перемещение по линиям электропередачи 电线运输

перемещение товаров через таможенную границу 货物进出关境

перемещение трубопроводного транспорта 管道运输

переносчик 媒介

перепродажа продукции 产品返销

перерабатывать сырьё в готовую продукцию 将原料加工成成品

переработка 加工处理

переработка давальческого сырья

来料加工

пересмотр таможенного кодекса 海关代码修订

Пересмотренная киотская конвенция (Международная конвенция об упрощении и гармонизации таможенных процедур) 《京都公约（修订版）》(《关于简化和协调海关业务制度的国际公约》)

перечень 选择列表

перечень забуксированных грузов 订舱清单；货物订舱表

перечень критических контрольных точек 关键控制点清单

перечень лабораторий, получивших разрешение на использование знака 获得国际实验室认可合作组织认证的实验室名录（ILAC）

перечень опасных факторов 危害因素清单

перечень стратегических товаров 战略物资清单

период заразности 传染期

период карантина 检疫隔离期

период, последующий за перевозкой 运输后期

период, предшествующий перевозке 运输前期

периодическая проверка 定期检查

периодическое таможенное декларирование 定期申报；分阶段申报

Перт (Австралия) 珀斯（澳大利亚）

пестицид 农药；杀虫剂；化学杀虫除莠剂

печать 封志

печатные изделия 印刷品

пилотный проект 试点项目

пипетка 移液管

пипеточка 小移液管

пипофезин 哌非嗪

пиратский диск 盗版光盘

Пирей (Греция) 比雷埃夫斯（希腊）

пирометр 高温计；电偶高温计

пиротехнический состав 烟花爆竹制剂；烟火

剂

пиротехническое изделие 烟花爆竹产品

пиротехническое изделие бытового назначения 生活用烟花爆竹产品

пиротехническое изделие технического назначения 技术性烟花爆竹产品

письменная гарантия 保函；保证书

письменная форма 书面形式

письменное доказательство 书面证据（证明）

письменное уведомление 书面通知

письмо о намерениях 意向书

письмо-обязательство 意向书；承诺书

питьевое молоко 饮用奶

питьевые сливки 饮用奶油

пищевая добавка 食用添加剂

пищевая продукция 食品

пищевая продукция диетического лечебного питания 保健治疗型食品

пищевая продукция диетического профилактического питания 预防性营养膳食食品

пищевая продукция для детского питания 儿童食品

пищевая продукция для диетического лечебного и диетического профилактического питания 具有治疗和预防性功效的食品

пищевая продукция для питания спортсменов 运动员专用食品

пищевая продукция для питания спортсменов, беременных и кормящих женщин 运动员、孕妇和哺乳妇女专用的食品

пищевая продукция нового вида 新品种食品

пищевая продукция обезвоженная 脱水食品

пищевая продукция смешанного состава 混合型食品

пищевая ценность 使用价值

пищевой ингредиент 食品配料

пищевые продукты без добавленных сахаров 无糖食品

плавильник 坩埚

плавный процесс 无缝处理流程

план биологической безопасности 生物安保计划

план действий в чрезвычайных ситуациях 应急计划

план по биобезопасности 生物安全计划

плата (тариф) за установленную мощность 完税能力

плата за выезд порта 出港费

плата за фрахт 运输费用

платёж в рассрочку 分期付款

платёж после предъявления документов 交单付款

платежи за патенты, товарные знаки, авторские права 专利、商标、著作权使用费

платежи и сборы за таможенное оформление, применяемые при импорте и экспорте или в связи с ними 对进出口货物或与之有关的海关手续费

платёжная инструкция 付款指示

платёжное поручение 支付订单；付款单

платёжное соглашение 付款协议

плательщик 付款人

платиновый тигель 白金坩埚

платить 交付

платить с аккредитива 信用证付款

платформа 平台

платформа для электронной коммерции 电商平台

племенное или пользовательное животное 种用或饲养用动物

Плимут (Великобритания) 普利茅斯（英国）

пломба 封志

пломбирование 封志

пломбировочные тиски 铅封钳子

плоскодонная колба 平底烧瓶

плотность погрузки 装运密度

Плоче (Хорватии) 普罗切（克罗地亚）

по дипломатическим каналам 通过外交途径
подтвержденный аккредитив 保兑信用证
по запросу 经请求
по инициативе стороны или по запросу 主动或经对方请求
повестка дня собрания 会晤议程
повреждение насекомыми 虫害
повреждённая груз 残损货物
повреждённая упаковка 破损的包装
повреждённая экспертиза 残损鉴定
повторный контрабандный преступник 走私惯犯
повышение квалификации 能力建设
повышенный расход или чрезвычайные расходы (дополнительные расходы) 提高或特殊（额外）的费用
поголовье 畜群
погон 肩章
пограничная охрана 边境保护
пограничная таможня 边境海关
пограничные перевозки 边境互市贸易
пограничные процедуры 出入境手续；过境手续
пограничный город 边境城市
пограничный контроль 边境管制
пограничный контрольный ветеринарный пункт 边境兽医检查站
пограничный контрольный пункт 边防检查站
пограничный пункт 边境检查站
пограничный пункт одной остановки 一站式边境检查站
пограничный туннель 边境隧道
погружать и разгружать 装卸
погрузка 装载
погрузочно-разгрузочные средства 装卸设施
погрузочные расходы 装货费用
погрузочный ордер 装货单
под контролем таможни 在海关的监管下
подавать заявление на

временный депозит на таможенном складе 申请（未完税的货物）临时存入保税仓库

подавать заявление о возврате налога 申请退税

подарить 赠送；捐赠

подарки для гостей или иностранных посланников 赠给客人或外国使节的礼物

подать иск о возмещении ущерба 起诉要求赔偿损失

подведомственные отношения 隶属关系

подводить 延误

подделывать 伪造

поддельные деньги 假币

поддельный паспорт 伪造的护照

подкарантинная продукция 法检产品

подкарантинная продукция высокого фитосанитарного риска 植物检疫高风险的法检产品

подкарантинная продукция низкого фитосанитарного риска 植物检疫低风险的法检产品

подкарантинные объекты 法检标的物

подконтрольный товар 应检物

подкуп 行贿

подкуп таможенников 贿赂海关关员

подлинника документов 正本；原始文件

подлинность данных 数据真实性

подложный документ 假证

поднос 托盘

поднять цены 增值

подозреваемый 嫌疑犯

подозреваемый пациент 疑似病例

подозрительный 可疑的

подозрительный пассажир 可疑旅客

подписать контракт 签订合同

подполковник таможенной службы 海关中校

подпункт 项（文本用）

подрегулировка 再调整

подробные данные в отношении опасных грузов 危险货物明细表

подробные данные о грузе 货物明细

подсластитель 甜味剂

подстрекательская

брошюра 煽动性小册子

подсчёт по биркам товаров 理货

подтверждение доставки груза 交付证明

подтверждение заказа 订单确认书

подтверждение на фрахтование тоннажа 订舱确认书；租船确认书

подтверждение погрузочного ордера 装货单确认书

подтверждение поручения на закупку 采购订单确认书

подтвержденный аккредитив 保兑信用证

подчиняться 隶属于

показания прибора 仪表读数

покровительственные пошлины 保护性关税

покупатель 买方；购方

покупатель транспортных услуг 运输服务买方

Покупка-Доставка-Оплата, Справочная модель данных (ПДОСМД) 购买—运输—付款参考数据模型

покупная цена 购货价

полетный лист на людей 旅客清单

полиомиелит 脊髓灰质炎

полис страхования грузов 船货保险单

политическое просачивание 政治渗透

полковник таможенной службы 海关上校

полная загрузка контейнера (ПЗК) 整箱货 (FCL)

полная нагрузка 满载；最大负载

полная таможенная декларация 完整报关单

полное страхование 全险；一切险

полномочный представитель 全权代表

полные полномочия 全权证书

полный ущерб 全部损失

полный цикл 闭环

положение 条例；规定；条款

положение контракта 合同条款

положение о

нотификации (ВТО) WTO通知条款
положение приблизительной погрузки 溢短装条款
положение соглашения 协定条款
Положения о таможенных пошлинах при импорте и экспорте КНР 《中华人民共和国进出口关税条例》
положительный 阳性（检验结果）；正向的，肯定的
положительный торговый баланс 贸易顺差
полукопчёные колбасные изделия 半熏的肠类制品
полукопчёные колбасные изделия для детского питания 婴幼儿用半熏的肠类制品
полупроводниковый щип температуры измерения (ПИТ) 半导体温度计
полуфабрикат 半成品
полуфабрикаты для детского питания 适于儿童食用的半成品
получатель 收货人
получатель счёта 受票方
получать 得到
получать груз 提货
получать платеж по инкассо 托收付款
получение объяснений 获取解释
получить импортную лицензию 获得进口许可证
получить разрешение таможни 得到海关批准
получить согласие таможни 征得海关的同意
пользователь 使用者
пользователь единого окна 单一窗口用户
пользователь интернета 网民
пользоваться дипломатическим иммунитетом 享有外交豁免权
полярограф 极谱仪
помещение товаров под таможенный режим (под таможенную процедуру) 置于海关制度或程序下；采用何种监管方式
поправка 修改；修订
популяционный иммунитет 群体免疫
популяция 群体

порошковая пыль 粉尘

порт 港口

порт ввоза 入境港

порт внутренних рек 内河港

порт въезда 入境港

порт доставки 交货港；交货口岸

порт на полдороги 中途转运港

порт окончательного назначения 最终目的港

порт перегрузки 中转港

порт погрузки 装货港（POL）

порт разгрузки 卸货港（POD）

Портал единовременного представления данных （ПЕПД） 单一数据提交门户网站（SSP）

Порт-Вила (Вануату) 维拉港（瓦努阿图）

Порт-Жантиль (Габон) 让蒂尔港（加蓬）

Порт-Кланг (Малайзия) 巴生港（马来西亚）

Портленд (США) 波特兰（美国）

Порт-Луи (Маврикий) 路易港（毛里求斯）

Порт-Морсби (Папуа-Новая Гвинея) 莫尔兹比港（巴布亚新几内亚）

портовая маркировка 港口标志

портовая СЭЗ 港口自由经济区

портовые сборы 船舶港务费；入港费

портовый склад 码头仓库

Портоново (Бенин) 波多诺伏（贝宁）

Порт-о-Пренс (Гаити) 太子港（海地）

Порт-Саид (Египет) 塞得港（埃及）

Порт-Сафага (Египет) 萨法贾港（埃及）

Портсмут (Великобритания) 朴次茅斯（英国）

Порт-Судан (Судан) 苏丹港（苏丹）

Порту-Алегри (Бразилия) 阿雷格里港（巴西）

Порт-Харкорт (Нигерия) 哈科特港（尼日利亚）

Порт-Хедленд (Австралия) 黑德兰港（澳大利亚）

Порт-Элизабет (ЮАР) 曼德拉（旧称伊丽莎白港）（南非）

поручение 委托

поручение на закупку

订购单

poручительская гарантия 履约保函

поручительский бонд 履约保函；保证金

порционер 试样缩分器

порядок 程序，方式，方法；次序，顺序；规章，制度

порядок принятия предварительного решения о происхождении товара 作出货物（物品）原产地预先决定的办法

порядок регистрации 登记手续

порядок таможенной проверки 稽查程序

посадочный материал 栽培材料

последняя страна ЕС, из которой отправлен груз 最后发出货物的欧盟国家

последующий аудит 后续稽查；审计

последующий контроль 后续管理

посредник по грузовой автоперевозке 公路运输代理人

посольство иностранных государств в Китае 外国驻华使馆

пост таможенного досмотра 海关检查站；关卡

поставить печать 加盖印章

поставка 供应

поставка в месте назначения 目的地交货（DAP）

поставка в месте назначения и разгрузка 卸货地交货（DPU）

поставка до границы 边境交货（DAF）

поставка на терминале 终点站交货（DAT）

поставка с оплатой пошлин 完税后交货（DDP）

поставщик 供应商

поставщик транспортных услуг 运输服务提供商

постоянная въездная виза 永久性入境签证

постоянное местожительство 永久居住

постоянное представительство 常驻代表机构

Постоянное представительство при Организации Объединённых Наций 常驻联合国代表团

постоянный 常驻的；永久性的

постоянный административный орган 常驻办事机构

постоянный орган 常设机构

постоянный представитель 常驻代表

постоянный специалист 常驻专家

Постоянный член Совета Безопасности ООН 联合国安全理事会常任理事国

поступление товара на склад 货物入库

посуда 容器

посылка 包裹

потенциально опасные вещества 潜在危险物质

потенциальные возможности 潜力

потерять в пути 途中丢失

потребитель 消费者

потребительская электронная торговля C2C 消费者与消费者间的电子商务

потребительский бизнес C2B 消费者与商家间的电子商务

потрошеная рыба 去内脏的鱼

почва 土壤

почтовая марка 邮票

почтовая посылка 邮包

почтовая тратта 邮政汇票

почтовое отправление 邮件；邮寄物品

почтовое отправление экспресс-почтой 快递邮件

почтовое судно 邮船

почтовый вагон 邮政车

пошлина 关税

пошлина в пределах квоты 配额税

пошлинные товары 应税物品

пошлинный контингент 关税配额

пошлины и налоги 关税及税费

права интеллектуальной собственности 知识产权（IPR）

Правила международной перевозки опасных грузов по железным дорогам（МПОГ）《国际铁路危险品运输规则》（RID）

Правила Международной торговой палаты（МТП）для использования торговых терминов в национальной и международной торговле (Инкотермс) 《国际贸易术语解释通则》(INCOTERMS)

Правила международных грузовых перевозок (ПМГП) 《国际货运规则》(CIM)

Правила общественного здравоохранения 《公共卫生条例》

Правила применения административных наказаний таможней Китайской Народной Республики 《中华人民共和国海关行政处罚实施条例》

правила присвоения имен и конфигурации (в XML) XML 命名和设计规则 (NDR)

правила происхождения 原产地规则

правила таможенного осмотра 海关查验规则

правило о предварительной подаче (за 24 часа) грузового манифеста (美国海关) 装船前24小时舱单预报规则 (24AMR)

правило с поправками 修订规则

право взаимного благоприятствования 互惠待遇

право владения, пользования и распоряжения 占有、使用和处置权

право контроля над грузом 货物控制权

право на апелляцию 上诉权

право на обжалование постановления по делу об административном правонарушении 行政复议诉讼权利

право на специальное разрешение 特许权

право подачи апелляции (апелляционной жалобы) 上诉权

право таможенной проверки 海关稽查权力

право удержания груза в обеспечение получения платежа за фрахт 货物留置权 (保留货物以确保收到运费的权利)

правовая (юридическая) помощь 司法协助

правовой элемент 法律要素

правосудие (юстиция)

司法

практика международной торговли 国际贸易惯例

прапорщик таможенной службы 海关准尉

Прая (Кабо-Верде) 普拉亚（佛得角）

пребиотики 益生元

превалентность 疾病流行率；动物疫病发生率；患病率

предварительная декларация на перевозку 装运预申报

предварительная запись 预先登记

предварительная заявка 事先申请

предварительная обработка 到达前处理

предварительная оплата фрахта 预付运费

предварительная очистка 抵达前结关

предварительное представление информации 提前递交申报资料

предварительное решение 预裁定

предварительное таможенное декларирование 预申报；提前申报

предварительной информации 预先信息

предварительные решения о классификации товаров 归类预裁定

предварительные решения о происхождении товаров 货物原产地预裁定

предисловие 序言（文本）

предложение；оферта 邀约，发盘；报价单

предмет залога 抵押品

предмет первой необходимости 日用必需品

предметное стекло 载片

предметы роскоши 奢侈品

предметы судового снабжения 船用物品

предоплата 预付货款（CIA）

предотвращать 防止

предотгрузочная инспекция 装运前检验

предполагаемый случай заболевания 疑似病例

предприятие 企业；公司
предприятие аквакультуры 水产养殖场
предприятие искусственного осеменения 人工授精企业
предприятие малого и среднего бизнеса 中小企业（SMEs）
предприятие по переработке продуктов питания 食品加工企业
предприятие с иностранным капиталом 外资企业
предсказуемость 可预测性
представитель по импорту 进口代理商
представитель по экспорту 出口代理商
представитель фирмы 公司代表
предупредительный знак 警告标志
предупредить болезнь 预防疫病
предъявительский тратта 见票即付汇票；即期汇票
предъявить ветнадзору 提请兽医检验
предъявление претензии 要求赔偿
предъявление товаров таможенной службе 呈验货物
преимущественную силу имеет текст на английском（китайском）языке 以英（中）文本为准
прекращение 终止
прекращение действия предварительного решения о классификации товара 终止商品归类预裁定的效力
прекращение отношений залога 抵押关系终止
препарат вкусоароматический 调味加香剂
преступление против государственной безопасности 危害国家安全罪
преступление, связанное с контрабандой 走私罪
преступник 犯罪分子；罪犯
преступное действие 犯罪行为
преступное поведение 犯罪行为
преференциальная льгота

特惠税
преференциальные тарифы/ пошлины 优惠关税
при перевозке 在运输中
при условии 依照；以……为条件
при условии обеспечения безопасности 保证安全的情况下
при условии утверждения начальника таможни 须经海关关长批准
прибор для получения особо чистой воды 超纯水仪
прибыль 利润
прибытие 抵达（进境）
прибытие и убытие товаров, перевалка товаров, перемещение или временное хранение товаров и таможенный транзит товаров 货物的进口、出口、转运、过境、移动或存储
прибыть 到达；抵达
прививка от/против чего 疫苗
привлечение к уголовной ответственности 追究刑事责任
привычная таможенная проверка 常规稽查
привязка 装订
приграничная торговля 边境贸易
приграничный пункт пропуска через государственную границу 边境口岸
придуманное название пищевой продукции 食品的创意名称
приём товаров/грузов 接受货物
приёмлемый риск 可接受风险
приёмлемый уровень санитарной защиты 可接受的卫生保护水平
прикомандирование 借调
приложение 附录
применение и обеспечение соблюдения таможенного законодательства 海关法的适用与执行
применяемый тариф 适用关税
примерная фактура 形式发票；预开发票
примесь 夹杂物
принимает решение о классификации товаров 作出归类决

принцип наибольшего благоприятствования 最惠国原则；最惠国待遇
принципал 委托人
Принц-Руперт（Канада）鲁珀特王子港（加拿大）
принятие 接受
принятия предварительных решений о классификации товаров 归类预裁定
принять декларацию 接受申报
припасы 物料
природная катастрофа 自然灾害
природоохранный проект 环保项目
приходить медосмотр 体检（进行医学检查）
прицеп 拖车
причальный порт 停靠港
причинение вреда 侵害行为
проба 货样
пробиватель 打孔器
пробирка 试管
пробирка центрифуги 离心管
пробник 取样器
пробойка 打孔器
проведение фейерверочных показов 进行烟火表演
проверить 核实
проверить личный обыск подозреваемого в контрабанде 检查走私嫌疑人身体
проверка 查验，检查；核查，验证，稽查
проверка грузовой декларации 货物报单的审核
проверка декларации на товары 查验货物申报
проверка качества 质量检查
проверка контракта на внешнюю обработку и сборку 对外加工装配合同核销
проверка правильности классификации товаров 审核商品归类准确性
проверка список 核对清单
проверка товара 查验货物
провозная способность 运输能力
программируемая двухкамерная печь 可编程双室炉

прогрессивная налоговая ставка 累进税率

продавать в розницу 零售

продавец 卖方；售方

продажа экспортных товаров на внутреннем рынке 转为内销

продвижение 增进

продлить срок действия 延长有效期

Продовольственная и сельскохозяйственная Организация ООН (ФАО) 联合国粮食及农业组织（FAO）

продовольственное (пищевое) сырьё 食品原料

продовольственное (пищевое) сырьё животного происхождения 动物源性食品原料

продолжать оставаться в силе 继续有效

продукт 产品

продукт из мяса 肉类产品

продукт из шпика 使用（腌）肥猪肉块制成的产品

продукт переработки жира-сырца 脂肪半成品的加工产品

продукт переработки коллагенсодержащего сырья 含胶原蛋白的原料加工产品

продукт переработки кости 骨制加工产品

продукт переработки крови 血制加工产品

продукт убоя 屠宰产品

продуктивные животные 食用性动物

продукты из водных животных 水生动物产品

продукты убоя для детского питания 婴幼儿用屠宰产品

проездной документ 旅行证件

проезжая часть дороги 运输路线

прозрачность 透明度

произведения искусства и предметы исторической, культурной и археологической ценности 艺术品和具有历史、文化、考古价值的文物

производитель 生产商

производные тиоксантена 噻吨衍生物

производные фенотиазина 吩噻嗪

衍生物

производные фентанила 芬太尼衍生物

производственная линия 生产线

производственное оборудование 生产设备

производственно-хозяйственная деятельность 生产经营活动

производственные и бытовые отходы 生产生活废料

производственный контроль 生产检查

производство по апелляции 上诉程序

происхождение товара 货物原产地

промедол 普罗梅多尔（与吗啡类似的镇痛药）

промывалка 洗瓶

промышленный отход 工业废料

проникновение импорта 进口渗透率

пропазин 丙嗪；普鲁帕宗（抗组织胺药）

пропеллент 推进剂

пропуск 通行证

прослеживаемость пищевой продукции 食品的可追溯性

просроченная виза 过期的签证

просроченный день 逾期日

просроченный коносамент 过期提单

просрочка уплаты налога на импорт 进口个税的延期缴纳

простокваша 酸奶

протекционистская торговая политика 保护贸易政策

протекционистский тариф 保护性关税

протокол 议定书；纪要

протокол заседания 会议纪要

профессиональное оборудование 专业设备

профилактика и изоляция эпидемий 防疫隔离

профилактические правивки 预防接种

профиль риска 风险档案（risk profiles）

процедур определения таможенной стоимости товаров 完税价值确定程序

процедура 程序

процедура B2B (бизнес-бизнес) B2B 程序（公司—公司）

процедура B2G/G2B
（бизнес-госорганы/
госорганы-бизнес）
B2G/G2B 程序（公
司—国家机构/国家机
构—公司）

процедура G2G
（госорганы-
госорганы） G2G 程
序（国家机构—国家
机构）

процедура возврата
（пошлин и плат） 退
税程序

процедура обжалования
上诉程序

процедура подачи и
рассмотрения
апелляции 上诉程序

процедура сокращения
简化流程

процедуру свободного
склада 自由仓库制度

процедуры безбумажного
таможенного
декларирования 海关
无纸化报关程序

процедуры
документооборота 跟
单程序；文档管理系统

процедуры оценки
соответствия 合格评
定程序

процедуры пересечения
границы 出入境手
续；过境手续

процедуры реализации
实施规程

проценты 利息

процесс производства
（изготовления）
пищевой продукции
食品生产流程

процессинговая система
маржинальной книги
торгового банка 商业
银行保证金台账制度

проявить любезность
给予礼遇

прямой коносамент 直
达提单

псевдоэфедрин 伪麻黄
碱

псилоцибин 赛洛西宾
（裸盖菇素、光盖菇
素、裸头草碱）

психоактивное вещество
精神药物

психостимулятор 精神
兴奋剂

психотропное вещество
精神药物

психотропные и
сильнодействующие
вещества 精神药物和
强效物质

психрограф 干湿计

пситтакоз 鹦鹉热

публичная политика 公
共政策

пункт 条；款；项；目
（法律用）

пункт ввоза 入境口岸
пункт остановки 停靠点
пункт остановки в пути 中途停靠点
пункт отбора эмбрионов 胚胎采集点
пункт перегрузки 转运地点
пункт пропуска 口岸
Пунта-Аренас (Чили) 蓬塔阿雷纳斯 (智利)
Пусан (Южная Корея) 釜山 (韩国)
пустой контейнер (集装箱) 空箱
путешественник 旅客；旅行者
путешественница (女) 旅客
путь следования 路线
Пуэнт-Нуар (Конго) 黑角 [刚果 (布)]
Пуэрто-Бланка (Аргентина) 布兰卡港 (阿根廷)
Пуэрто-Кабельо (Венесуэла) 卡贝略港 (委内瑞拉)
Пуэрто-Кортес (Гондурас) 科尔特斯港 (洪都拉斯)
пылесос 吸尘器
пюреобразные консервы для детского питания 婴儿食品罐头原浆

P

Рабат (Марокко) 拉巴特（摩洛哥）

работник консульского учреждения 领馆工作人员

работник обслуживающего персонала консульских учреждений 领馆服务人员

Рабочая группа СЕФАКТ ООН по методам и методологии (РГММ) 联合国技术和方法论工作组（TMWG）

радиак 放射性探伤仪

радиация 辐射

радиоактивное вещество 放射性物品

радиоактивное загрязнение 放射性污染

радиоактивные отходы 放射性废物

радиоактивный 放射性的

радиоактивный анализ 放射性检测

радионуклид 放射性核素

радиоспектрометр 射电分光计

радиохроматор 放射色谱仪

радиочастотная идентификация 射频识别；电子标签

разводить кислотау 将酸稀释

разгрузка 装卸

раздел 节（文本用）

разделение затрат 费用的分摊

разделение процедур выпуска и принятия окончательного решения по таможенным пошлинам, налогам, платежам и сборам 将关税、税款、费用、附加费的最终确定与放行分离

различные типы судов, транспортных средств, самолётов и вьючных животных 各种船舶、车辆、航空器和驮畜

размороженное мясо 解冻的肉

размороженные субпродукты 解冻的

内脏

разрешение 授权；许可；许可证

разрешение на ввоз (вывоз) или транзит подконтрольных товаров 应检物输入（输出）或过境运输许可证

разрешение на вывоз иностранной валюты 携带外币出境许可证

разрешение на вывоз/экспорт 出口许可

разрешение в отношении международных автомобильных перевозок 国际公路运输证

разрешение на осуществление внешних перевозок 外国承运人许可证

разрешение на осуществление перевозок 承运人执照

разрешение на отгрузку 放行装运

разрешение на поставку 准予交付通知书

разрешение растаможивания 结关许可证

разрешение споров в Интернете (ODR) 互联网纠纷解决（ODR）

разрешение таможни на экспорт 出口清关

разрешенные субсидии 允许补贴；补助许可

разрешительные документы 批准文件；许可证

разрешить бесплатный проезд 准许自由过境

разрыхлитель 疏松剂

разумное количество 合理数量

разъяснение о классификации отдельных видов товаров 归类决定的解释

район лоцманской проводки 引航区

район по переработке и экспорту 加工出口区

район с высокой степенью контрабанды 走私严重地区

район эпидемии 疫区

Рамочные стандарты безопасности и упрощения мировой торговли ВТамО 世界海关组织《全球贸易安全和便利标准框架》

раскрыть 侦破

расписка в получении груза (доставка) 货

物收据（承运人）

расписка в получении товаров 货物收据

распоряжение о платеже 付款指示

распространение эпидемии 疫情传播

распространитель 传播者

расследовать преступление 侦查犯罪

рассмотрение и устранение 核查并核销

рассрочка 分期

рассчитывать 计算

растения 植物

растительно-мясной продукт 植物肉类产品

растительно-мясные консервы для детского питания 婴幼儿用植物肉类产品罐头

расходомер газа 气体流量计

расходы 费用

расходы на разгрузку 卸货费用

расходы на тару 包装容器费用

расходы на упаковку ввозимых товаров 进口货物（物品）包装费用

расходы по погрузке 装货费用

расчёт экспортной цены 出口价格计算

расчётная показатель 核算指标

расшифровка подписи 手签名；缩写签名

ратификационная грамота 批准文书

рафинация 精炼

рафинированное масло 成品油

рационализировать 使合理化

реактивная склянка 试剂瓶

реализовывать 变卖处理

реальность 真实性

реальный вес 实际重量

реальный вес нетто 实际净重

реальный ущерб 实质性的损害

ревакцинация 加强接种；再接种

регенерированная кислота 再生酸

регион 区域

регионализация 区域化

региональная таможня 地方海关

регистрационный номер фрахтования 订舱注册号

регистрационный порт 船籍港

регистрация 注册

регистрация автомобилей въезд и выезд 进出境汽车登记注册

регистрация гражданства судна 船舶国籍登记

регистрация и оформление договоров внешней обработки и сборки 对外加工装配合同登记备案

регистрировать 注册（动词）

регистровый нетто-тоннаж 净登记吨位

регляж 定时器

регулирование тарифов 税率的重新调整

Регулярная встреча глав правительств России и Китая 中俄总理定期会晤机制

регулярный грузовой пароход 定期货轮

регулярный пассажирский пароход 定期客轮

регулярный рейс 定期航班

регулятор кислотности 酸度调节剂

редкие животные 珍稀动物

редкие растения 珍稀植物

редкий 稀少的

редкий вид 珍稀物种

реестр предприятий Таможенного союза 关税同盟企业名录

реестр предприятий третьих стран 第三国企业名录

режим быстрой пропуска 快速放行制度

режим возвращающего налог 退税制度

режим наибольшего благоприятствования （РНБ） 最惠国待遇

режим таможенной гарантии 海关担保制度

резидент（участник, субъект）СЭЗ 自由经济区个体经营者（参加者、主体）

результаты экспертизы 鉴定结果

результаты проверки 检验结果

Рейкьявик（Исландия） 雷克雅未克（冰岛）

реимпорт 复进口；再进口

рейсовые перевозки 班轮运输

рекламно-демонстрационный материал 广告品及表

演用物品
рекламные материалы 广告品
религиозные вещи 宗教物品
религиозные книги 宗教书籍
религиозные товары 宗教物品
религиозный 宗教的
ремонт транспортных средств 车辆维修
рентоориентированное поведение 权力寻租行为
рентгенодефектоскоп 射线探伤仪
Ресифи (Бразилия) 累西腓 (巴西)
расчётный день 支付日；结算日
реторта 曲颈甑
ретроспективная оценка 事后评估
рефлектоскоп 超声波探伤仪
реформа тарифов 关税改革
рефрактометр Аббе 阿贝尔折光仪
рефрактометры 折光仪
рефрижераторный контейнер 冷藏集装箱
рецептура мясной продукции 肉类产品的配料单
речная накладная 内河运单
решение (таможни) 海关决定
решение арбитражного суда 仲裁裁决；仲裁裁决书
решение включающей пошлины 完税价格的审定
решение о возврате 退运决定
решение о запрете ввоза 禁止进口决定
решение о наказании 处罚决定
решение о приостановке движения 停止运输决定
решение о пропуске 放行决定
решения о классификации товаров 归类决定
реэкспорт 复出口；再出口
реэкспортируемый товар 复出口货物
реэкспортный фитосанитарный сертификат 复出口植物检疫证书
Рига (Латвия) 里加 (拉脱维亚)
Риека (Хорватия) 里耶

卡（克罗地亚）

Рим（Италия） 罗马（意大利）

Рио-де-Жанейро（Бразилия） 里约热内卢（巴西）

риск 风险

риск афлатоксина 黄曲霉毒素风险

риск загрязнения 污染风险

риск загрязнения нефтепродуктами 油渍风险

риск заплесневения 发霉风险

риск изменения вкуса 变味风险

риск потери веса 短量风险

риск потерь 损失风险

риск потерь при погрузочно-разгрузочных работах 钩损风险

риск транспорта 运输风险

риск утечки 渗漏风险

риталин 利他林

Pн-метр pH 计

родиола розовая 红景天

Рождество 圣诞节

розанилин 品红

розничный цена 零售价格

ролкер，ро-ро 滚装货船

Росгранстрой（Федеральное агентство по обустройству государственной границы Российской Федерации） 俄联邦国家边界建设局

Роспотребнадзор（Федеральная служба по надзору в сфере защиты прав потребителей и благополучия человека） 俄联邦消费者权益保护与公益监督署（简称公益监督署）

Россельхознадзор（Федеральная служба по ветеринарному и фитосанитарному надзору） 俄联邦兽医和植物卫生检疫监督局（简称兽植局）

Российская таможенная академия 俄罗斯海关学院

Российско-Китайская комиссия по подготовке регулярных встреч глав правительств 中俄总理定期会晤委员会

рост в годовом

выражении 年度增长；环比折年率

Росток（Германия） 罗斯托克（德国）

Роттердам（Нидерланды） 鹿特丹（荷兰）

роялти 特许权使用费

ртутный термометр 水银温度计

рубленые консервы 碎肉罐头

рубленый мясной полуфабрикат 碎肉半成品

рубленый мясосодержащий полуфабрикат 肉末半成品

руководство по водным животным 水生动物指南

ручаться за кого-то 为某人做担保

ручной кладь 随行物品

РЧИД（радиочастотная идентификация） 射频标识（RFID）

рыба живая 活鱼

рыба садкового содержания 人工养殖的鱼类

рыба-сырец 鱼类半成品

рыбная продукция охлажденная и мороженная 冷藏和冷冻的鱼类制品

рынок 市场

ряженка 熟酸乳

С

Саванна (США) 萨凡纳（美国）

салон самолёта 客舱

Салоники (Греция) 萨洛尼卡（希腊）

Сальвадор (Бразилия) 萨尔瓦多（巴西）

самоизоляция 自我隔离

самопровозглашение свободы от болезни 自行宣告无疫

Сандакан (Малайзия) 山打根（马来西亚）

Сан-Диего (США) 圣迭戈（美国）

санитарная мера 卫生措施

санитарная охрана территории 国内卫生保护

санитарная проверка 卫生检查

санитарная профилактика 卫生处理；卫生预防

санитарная экспертиза 卫生检验

санитарное свидетельство 卫生检验证书

санитарно-карантинный 卫生检疫的

санитарно-противоэпидемические (профилактические) мероприятия 卫生防疫（预防）措施

санитарно-эпидемиологическая обстановка 卫生流行病学情况

санитарно-эпидемиологическая служба 卫生流行病学部门

санитарно-эпидемиологическая экспертиза 卫生流行病学鉴定

санитарно-эпидемиологические требования 卫生流行病学要求

санитарно-эпидемиологический надзор 卫生流行病学监督

санитарно-эпидемиологическое благополучие населения 居民卫生

流行病学安全

санитарно-эпидемиологическое заключение 卫生流行病学结论

санитарно-эпидемиологическое нормирование 卫生流行病学标准化

санитарно-эпидемиологическое заключение 卫生检疫结论

санитарные и карантинные правила 卫生检疫规定

санитарные и фитосанитарные меры 卫生与植物检疫措施 (SPS)

санитарные нормы и правила 卫生标准和规则

санитарные нормы продуктов питания 食品卫生标准

санитарные правила 卫生规定

санитарный карантин 卫生检疫

санитарный патент （船舶）检疫证书

санитарный убой 扑杀政策

Санкт-Петербург (Россия) 圣彼得堡（俄罗斯）

Санто-Доминго (Доминика) 圣多明各（多米尼加）

Сантос (Бразилия) 桑托斯（巴西）

Сантьяго (Куба) 圣地亚哥（古巴）

Сантьяго (Чили) 圣地亚哥（智利）

Сан-Франциско (США) 圣弗朗西斯科（华侨称旧金山）（美国）

Сан-Хуан (Пуэрто-Рико) 圣胡安［波多黎各（美属）］

Саутгемптон (Великобритания) 南安普敦（英国）

Сафи (Марокко) 萨菲（摩洛哥）

сбор 收集

сбор грузов у клиентов и их доставка перевозчику 提货和交货

сборная отправка 拼装货运

сборы 规费；费用

сборы за таможенное оформление 通关手续费

сборы и формальности, связанные с импортом и экспортом 进出口手续费

сведения 告知；情报；数据

сведения о транспортировке 运输信息

сведения относительно транспортировки 运输事项

свежеотжатый сок 鲜榨果汁

сверхтяжёлый 超重的

свидетели и вещественные доказательства 人证和物证

свидетель 见证人

свидетельство загрузки 装载许可证

свидетельство на ношение золотых и серебряных украшений 携带金银出境许可证

свидетельство о гражданстве 国籍证书

свидетельство о гражданстве судна 船舶国籍证

свидетельство о здоровье (人的) 合格健康证明

свидетельство о контроле товаров 货物监管证书

свидетельство о проведенном анализе 分析证书（COA）

свидетельство о страховании 保险凭证

свидетельство об освобождении от пошлины 免税证明

свидетельство об осмотре 检验证书

свидетельство таможенной проверки 海关稽查证明

свидетельство фумигации судна 熏舱证书

свобода транзита 过境自由

свободная (специальная, особая) экономическая зона (СЭЗ) 自由（特殊、特别）经济区

свободная гавань 自由港；免税港

свободная кислота 游离酸

свободная оферта 虚盘；自由报价

свободная таможенная зона 免税区；自由海关区

свободно вдоль борта судна 船边交货（FAS）

свободно на борту 船上交货（FOB）

свободно от расходов по погрузке и разгрузке 船方不负担装卸费 (FIO)

свободное обращение 自由流通

свободный порт 自由港

свободный склад 自由仓库

свободный тоннаж 空吨位

свободный транзит 自由过境

связанная кислота 结合酸

связанная ставка пошлин 关税约束

сгущённое с сахаром обезжиренное молоко 含糖脱脂炼乳

сданный багаж 托运行李

сделать прививку от ковид 注射新冠疫苗

сделка 交易

себестоимость 成本

Себу (Филиппины) 宿务 (菲律宾)

Североамериканское соглашение о свободной торговле 《北美自由贸易协定》

секобарбитал 司可巴比妥

Секретариат совета таможенного сотрудничества 海关合作理事会秘书处

секторная диаграмма 扇形图

секундомер 秒表

Семаранг (Индонезия) 三宝垄 (印度尼西亚)

семена 种子

семенной материал 种子

Сент-Джонс (Канада) 圣约翰斯 (加拿大)

серая растаможка 灰色清关

сервер 服务器

серная кислота 硫酸

сернистая кислота 亚硫酸

сертификат анализа 化验证明书

сертификат банковского вклада 银行存款凭证

сертификат выдан компетентным органом 权威机构颁发的证书

сертификат инспекции о качестве товаров 品质检验证书

сертификат карантина животных 动物检疫证书

сертификат качества 品质检验证书

сертификат качества и

количества 质量和数量证明书

сертификат на ввоз и вывоз разрешения на вымирающие виды 濒危物种允许进出口证明

сертификат недостачи груза 短卸货物证书

сертификат о проведении предотгрузочной инспекции 装运前检验协议

сертификат о происхождении товара 货物（物品）原产地证书

сертификат о штивке 理货证明书

сертификат об анализе 分析证书（COA）

сертификат об изготовлении 工厂证明书

сертификат об очистке 结关证书

сертификат о происхождении 原产地证书（C/O; CO; COO）

сертификат происхождения по форме всеобщей системы преференции 普惠制原产地证书

сертификат происхождения, прошедший аудит 经审核的原产地证明

сертификат регионального наименования 地区名称证书

сертификат соответствия 合格证书

сертификат таможенного платежа 海关税款缴纳证

сертификат таможенной очистки 结关证书

сертификация 认证

сертифицированный 有产品质量证明书的；有商品说明书的；有专利凭证的

сертифицирующий орган (для электронной подписи) （电子签名）认证机构

серый брокер 灰色通关代理人

Сетубал (Португалия) 塞图巴尔（葡萄牙）

СЕФАКТ ООН (Центр Организации Объединённых Наций по упрощению процедур торговли и электронным бизнесом) 联合国贸易便利化和电子商务

中心 (UN/CEFACT)

Сиань (Китай) 西安（中国）

сибазон (диазепам) 利眠宁 (chlosepide)

сибирская язва 炭疽病

сивушное масло 杂醇油

сигнальный флаг карантина "Q"字旗（检疫信号旗）

Сидней (Австралия) 悉尼（澳大利亚）

сила перестала быть силой 失效

сильная кислота 强酸

сильнодействующие вещества 强效物质

сильный ад 烈性毒药

Сингапур (Сингапур) 新加坡市（新加坡）

синтетические виды наркотиков 合成药物

система анализа и управления рисками 风险评价和管理体系

система банковских счётов о гарантийном фонде процессинговой торговли 加工贸易银行保证金台账制度

система быстрого обнаружения 快速检测系统

система возврата налогов после сбора налогов 先征后退的制度

система двойного коридора 双通道制度

система идентификации животных 动物标识系统

система лицензирования 许可证制度

система портового сообщества 港口社区系统 (PCS)

система предварительного уведомления о передвижении грузов (АКИС) 货物信息预报系统 (ACIS)

система раннего предупреждения 早期检测系统

система регистрации интеллектуальной собственности 知识产权备案系统

система таможенных званий 海关关衔制度

система тарифной защиты 关税保护制度

система удаленного таможенного декларирования 远程报关系统

система управления рисками 风险管理系统

система управления рисками таможенного контроля 海关风险布控管理系统

система электронных платежей 电子支付系统

сита лабораторные контрольные 分子筛

сито 筛网

сито-классификатор 分级筛

сифон 虹吸管

Сиэтл (США) 西雅图 (美国)

СКВ (свободно конвертируемая валюта) 可自由兑换的货币

сквозная обработка данных 端到端数据处理

сквозная перевозка по воздухе и суше 陆空联运

сквозная ставка фрахта, тариф прямой или сквозной перевозки грузов 全程费率 (TIR)

сквозной коносамент 海运联程提单; 联运提单 (TBL)

скидка с веса на тару 扣除皮重

скидка с фрахта 运费回扣

скидка с цены перевозки 运费回扣

склад для хранения конфискованных товаров 海关保管没收货物的仓库

склад для хранения не оплаченных пошлиной грузов 保税仓库

склад на свободной таможенной зоне 免税区仓库

складская расписка 入库单

складская расписка экспедитора 货代仓库收据

складское свидетельство 仓库保证书

склады временного хранения 临时存储仓库

склянка 沙漏时计

скользящий 滑动的

скользящий тариф 滑动税率

скоропортящаяся пищевая продукция 易腐食品

скоропортящийся груз 易腐货物

скоропортящийся пищевый продукт 易腐食品

скоропортящийся товар

易腐货物

скотоприёмник 候置处

слабая кислота 弱酸

сливки 奶皮

сливки сухие 干奶皮

сливочное масло 黄油

сливочное мороженое 奶油冰激凌

служба работы с покупателями 客户服务；客服

служба срочной доставки 快递服务

служебная виза 公务签证

служебная собака 警犬；服务犬

случай 病例

случай разночтений 解释上的分歧

случайная выборка 随机抽样

см (сантиметр) 厘米

смарт-контракт 智能合约

смежные права 邻接权；相关权

смерть 死亡

сметана 酸奶油

смешанная наземно-морская перевозка 海陆联运

смешанная отправка; смешанная партия товаров; сборная отправка грузов 混合货物托运

смешанная перевозка 联合运输

смешанная пошлина 复税；混合税；复合关税

смешанная упаковка 混装

смешанные перевозки 多式联运

смешанный груз 混装货物

смешанный кредит 混合信贷

смещение 偏差

СМЖЛ (Европейское соглашение о международных магистральных железнодорожных линиях) 《欧洲国际铁路干线协定》(AGC)

СМИ (Средства массовой информации) 大众传媒

снос таможенных пломб без разрешения 擅自拆毁海关的封志

снятие тарифных и нетарифных барьеров 取消关税和非关税壁垒

снять таможенную пломбу 开拆海关封

志
собака-детектор наркотиков 缉毒犬
соблюдать карантин на неделю 被隔离一周
соблюдение запретов и ограничений 遵守禁限规定
соблюдения таможенного законодательства 遵守海关法
собственник подкарантинной продукции 法检产品的所有人
совершено в двух экземплярах 一式两份
совершить преступление 犯罪；犯罪活动
Совет таможенного сотрудничества 海关合作理事会（CCC）
советник 参赞
совместная выдача сертификата о возврате налогов на экспортную продукцию 出口退税证明联签发
совместное заявление 联合声明；联合公报
совместное коммюнике 联合声明；联合公报
совместное предприятие（СП） 合资企业
совместное свидетельство об оценке и происхождении 估价和原产地联合证明书
совместный индоссамент 联合背书
совместный контроль 联合检查
совместный пункт пропуска 联合口岸
современное таможенное управление 现代海关管理
согласно технической документации 依照技术文件
согласование 协调；协商
согласовать цену 商定价格
соглашение 协定；公约，专约
соглашение о безвизовом режиме 互免签证协议
соглашение о взаимовыгодной пошлине 互惠协定关税
соглашение о лицензии конечного пользователя 最终用户许可协议
Соглашение о

международном железнодорожном грузовом сообщении, 1951г (СМГС) 《国际铁路货物联运协定(1951)》(SMGS)

Соглашение о преференциальной торговле (СПТ) 《优惠贸易协定》(PTA)

Соглашение о свободной торговле 《自由贸易协定》(FTA)

Соглашение о таможенной стоимости 《海关估价协定》

Соглашение о таможенных тарифах 《关税协定》

Соглашение об уровне обслуживания 《服务水平协议》

Соглашение по предотгрузочной инспекции 《装船前查验的协定》(PSI)

Соглашение по техническим барьерам в торговле (СТБ) 《技术性贸易壁垒协议》(TBT 协议)

Соглашение по торговым аспектам прав интеллектуальной собственности 《与贸易有关的知识产权协定》(TRIPs)

содействие 协助；帮助；促进；支持

содействие торговле 贸易便利化

сок 果汁

сок прямого отжима 压榨果汁

соковая продукция из фруктов и (или) овощей 果(蔬)汁产品

соковая продукция из фруктов и (или) овощей для детского питания 儿童果(蔬)汁产品

сокращать расходы 减少支出

солидарная обязанность по уплате таможенных пошлин, налогов 连带缴税义务

соль 盐

соляная кислота 盐酸

сомневаться 怀疑

Сонгкхла (Таиланд) 宋卡(泰国)

сообщение 通知；通告

сообщение данных 数据报文

соответствовать 符合；遵守

сопроводительный адрес (почтовые посылки)

邮政包裹投递单

сопровождаемый багаж 随身行李

сопровождающий супруг 随行配偶

сорокафутовый эквивалент（СФЭ）40英尺标准集装箱（FEU）

сортировочная воронка 分液漏斗

состав экипажа 机组人员；船员

составитель электронного сообщения 电子通信的发起者

составные части молока 奶的复合成分

сотрудник дипломатического представительства 外交代表机关工作人员

сотрудник по борьбе с контрабандой 缉私人员

сотрудничество 合作；协作

сотрудничество пограничных органов 边境机构合作

сотрудничество правоохранительных органов по защите интеллектуальной собственности 知识产权保护执法协作

сохранение данных 保存数据

социально-гигиенический мониторинг 公共卫生监测

спасительная гавань 避风港；船舶抛锚停泊处

спектрометр 发射光谱仪

спектрометр атомно-абсорбционный 原子吸收光谱仪

спектрометр ядерного магнитного резонанса 核磁共振摄谱仪

спектрофотометр 分光光度计

специализированная таможня 专业海关

специализированный склад 专用仓库

специальная бухгалтерская книга 专门账册

специальная зона таможенного контроля 海关特殊监管区域

специальная пошлина 保障措施关税

специальная таможенная процедура 特殊海关监管方式

специальная таможенная статистика 专门海关

统计

специальная экономическая зона 经济特区

специальное импортное разрешение 特殊进口许可证

специальное наблюдение 特别监视

специальное предоставление налоговой льготы 特定减免税

специальные виды риска 特殊风险

специальные звания должностных лиц таможенных органов 海关关员关衔

специальные импортные налоги 特殊关税

специальные права заимствования 特别提款权

специальные скидки 特别优惠

специальные средства 特种装备

специальные хранилища 专用设施

специальный и дифференцированный режим для наименее развитых стран (ВТО) 发展中国家特殊与差别待遇 (SDT)

спецификация 明细单

спецификация груза 货物明细单

спецификация товаров 货物明细单

специфическая пошлина 从量税

специфичность 特异性

СПИД (синдром приобретенного иммунного дефицита) 艾滋病 (获得性免疫缺陷综合症)

спиртовая горелка 酒精炉

спиртовка 酒精灯

спиртометр 酒精比重计

списание 核注；转账

списки кодов (в классификаторах) 代码表

список авиаперевозок 空运清单

список загруженных в контейнер товаров 集装箱载货清单

список загрузки контейнера 集装箱载货清单

список извещения цены 报价单

список пакетов 包裹清单

список погрузки 装货清单

список товаров на судне 载货舱单

список экипажа 机组人员；船员名单

списочная болезнь МЭБ OIE 名录疫病

Сплит (Хорватии) 斯普利特（克罗地亚）

спонтанная помощь 主动协助

способ и место уничтожения 销毁方式及地点

способ поставки (товаров) 交付方式

способ распространения 传播途径

справка 证明书

справка для пассажиров 旅客须知

Справочная модель данных 参考数据模型

справочник 指南

Справочник по обмену торговыми данными Организации Объединённых Наций (СОТДООН) 《联合国贸易数据交换目录》(UNTDID)

Справочник элементов внешнеторговых данных Организации Объединённых Наций (СЭВДООН) 《联合国贸易数据元目录》(UNTDED)

справочник элементов данных 数据元目录

справочный пункт 咨询点

спрятать товары 藏匿货物

среда единого окна 单一窗口环境

среда обитания человека 人类的居住环境

среднее время выпуска товара 平均放行时间

среднее время очистки товара 平均结关时间

среднее качество 中等质量

средний вес тары 平均皮重

средняя цена 平均价格

средства идентификации (海关) 识别标识

средство пакетирования грузов 成组载货设备 (ULD)

срок годности 保质期

срок годности пищевой продукции 食品的有效期

срок действия 有效期限

срок действия аккредитива 信用证有效期

срок действия и

прекращение действия期限和终止

срок действия паспорта истекает 护照有效期届满

срок действия паспорта продлен до 护照有效期延长至

срок действия претензии 索赔有效期

срок доставки 到货时限

срок поставки товара 交货时间

срочная партия груза 加急托运货物

срочная поставка 加急托运货物

срочная тратта 远期汇票

CCC (Китайская Система Обязательной сертификации продукции) CCC认证（中国）

стабилизатор 稳定剂

ставить таможенные пломбы 加贴海关封志

ставка лумпсум 总费用率

ставка фрахта 运费费率

ставки фрахта на перевозку генеральных грузов 杂货费率 (GCR)

стадо 畜群

Стамбул (Турция) 伊斯坦布尔（土耳其）

Стамбульская конвенция 《伊斯坦布尔公约》（又称《货物暂准进口公约》，1990)

стандарт 标准

Стандарт для электронного обмена данными в управлении, торговле и на транспорте (ЭДИФАКТ) 行政、商业和运输业电子数据交换 (EDIFACT)

Стандарт ООН для электронного обмена данными в управлении, торговле и на транспорте (ЭДИФАКТ) 电子数据交换 (EDI) 的唯一全球标准 (EDIFACT)

стандартизация 标准化

стандартизированный вид документов 标准化文件

стандартная международная торговая классификация (СМТК) 国际贸易标准分类 (SITC)

стандартно-водородный

электрод 标准氢电极
стандартный коносамент 标准提单
стандартный контейнер 标准箱
стандартный контейнер для взятия проб 标准取样容器
станция контроля 检查台
станция назначения 终点站
станция смены колесных пар; перегрузочная станция 换轨站
старший лейтенант таможенной службы 海关上尉
старший прапорщик таможенной службы 海关上准尉
статистика 统计
статистика двусторонней торговли 双边贸易统计数据
статистика количества 数量统计
статистика таможенных операций 海关业务统计
статистическая диаграмма 统计图表
статистический 统计的
статистический анализ 统计分析
статистический документ (импорт) 进口统计表
статистический документ (экспорт) 出口统计表
статистический сбор 统计费
статуарный ветеринарный орган 兽医法定机构
статус здоровья водных животных 水生动物卫生状况
статья 条（法律用）
статья налога 税目
стерилизованное молоко 消毒奶
стерилизованные консервы 无菌罐头
стивидор 理货员；装卸工
стимулировать; простимулировать 激励
стоимость и страхование 成本和保险（C&I）
стоимость и фрахт 成本加运费
стоимость импорта 进口成本
стоимость оформления сделки 交易成本；交易费
стоимость поставки на самолёте 飞机上交货价

стоимость сделки 成交价格

стоимость, страхование и фрахт 成本、保险费加运费；到岸价

стоимостный анализ 成本分析

Стокгольм (Швеция) 斯德哥尔摩（瑞典）

стокнот 木材报价单

столик 载物台

столовый подсластитель 餐用甜味剂

сторона-отправитель 发运方

сторона-получатель 交货方

сторонняя контролирующая организация 第三方检测机构

стороны 双方（文本中常用）

страна благоприятствования 优惠国

страна назначения 目的国

страна наибольшего благоприятствования 最惠国

страна происхождения (отправления) 原产国（发货国）

страна происхождения товаров 货物原产国

страна-импортёр 进口国

страна-член 成员国

страна-член ООН 联合国成员国

страна-экспортёр 出口国

страхование 保险

страхование-ответственность покупателя 保险由买方负责

страхование авиации 航空险；空运险

страхование груза 货物保险

страхование от военных рисков 战争险

страхование от дождя в пресной воде 淡水雨淋险

страхование от несчастного случая 事故保险

страхование от огня 火险

страхование от повреждений от ржавчины 锈损险

страхование от поломки 碰损、破碎险

страхование от рисков волнения страны 民变险

страхование от рисков восстания 暴动险

страхование от рисков забастовок 罢工险
страхование от стихийных бедствий 自然灾害险
страхование пошлины 关税保险
страхование с включением частной аварии 水渍险；单独海损险
страхователь 被保险人；投保人
страховая компания 保险公司
страховой полис 保险单；保单
страховой сертификат 保险证书
страховщик 保险人
страховые платежи 保险费
строка документа 单据行
структура и формат таможенных документов 海关单证结构和格式
структура обмена основными данными 主数据交换结构
студень 肉冻
стэмпинг аут （扑杀）焚毁
субпопуляция 亚群
субпродукты 内脏

субсидиарная обязанность по уплате таможенных пошлин, налогов 补充缴税义务
субъекты электронного взаимодействия 电子交互主体
Сува (Фиджи) 苏瓦（斐济）
суверенитет 主权
суда 船舶（复数）
Суд Евразийского экономического союза 欧亚经济联盟法院
судебная власть 司法机构
судебное преследование 起诉
судно для перевозки грузов безтары (насыпью или наливом) 散装船
судно для перевозки смешанных грузов 杂货船
судно для перевозки угля 运煤船
судно для перегрузки 驳船
судно на подводных крыльях 水翼船
судно 船舶（单数）
судовой агент 船务代理人
судовой манифест 船舶

舱单；船舶理货单
судоходная компания 船运公司
судоходная линия 航线
Суйфэньхэ (Китай) 绥芬河 (中国)
сумма 金额
сумма наложенного платежа 货到付款金额
сумма оплаты при доставке 货到付款金额
сумма платежа 付款额
Сурабая (Индонезия) 泗水 (印度尼西亚)
сургуч 火漆
сургучная печать 火漆印
суточные птенцы 初孵雏
сухие животные белки 干动物蛋白
сухие кисломолочные смеси для питания детей раннего возраста 婴幼儿食用的干酸乳混合物
сухие молочные напитки для питания детей раннего возраста 婴幼儿食用的干奶饮料
сухогрузный транспорт 干货船
сухое обезжиренное молоко 脱脂奶粉
сухое цельное молоко 全脂奶粉
сухой молочный остаток 干奶渣
сухой обезжиренный молочный остаток 干脱脂奶渣
сухой продукт 干制产品
сухой товар 干货
сухопутная перевозка 陆路运输
сухопутный транспорт 陆路运输
существенный факт или обстоятельство 重要事实或情况
существующая цена 现价
Суэц (Египет) 苏伊士 (埃及)
Сфакс (Тунис) 斯法克斯 (突尼斯)
сфера 范围
сфера действия соглашения 协定范围
сфера компетенции 职权范围
сфере налогообложения 征税领域
схема действий 行动方案
счёт открытый 赊销账户
счёт предварительный

估价发票

счёт страховщика 保险人发票

счёт фактура экспедитора 货运代理人发票

счёт экспедитора 货运代理人发票

счёт-проформа 形式发票

счёт-спецификация 指定账户

счёт-фактура продажи 销售发票

счёт-фактура 发票

сыворотка молочная сухая 干牛奶乳清

сывороточный белок 乳清蛋白

сыр 奶酪

сырая нефть 原油

сыровяленое колбасное изделие 干腊肠

сыровяленые продукты из мяса 干的腌肉制品

сырое молоко 生乳

сырое мясо 鲜肉；生肉

сырое обезжиренное молоко 生脱脂乳

сырой опиум 生鸦片

сырок 奶渣糕

сырокопченое колбасное изделие 生烟熏香肠

сырокопченые продукты из мяса 生烟熏肉制品

сырые сливки 生奶油

сырьё 原材料；原料

сырьё кишечное 制肠原料

сырьё коллагенсодержащее 含胶原蛋白原料

СЭПЗ（свободные экспортно-промышленные зоны）自由出口工业区

Сямэнь（Китай）厦门（中国）

Сянганский особый административный район（СОАР）КНР 中华人民共和国香港特别行政区

T

т. (тонна) 吨
таблица фактурирования 商业发票资料单
Тайбэй (Китай) 台北 (中国)
Таллинн (Эстония) 塔林 (爱沙尼亚)
тальман 理货员
тальманский лист 理货单
тальманский фирма 理货公司
таможенная граница 海关边境；关境
таможенная служба 海关
таможенная академия 海关学院
таможенная война 关税战
таможенная декларация 报关单；海关申报单
таможенная дискриминация 关税歧视
таможенная задолжность 欠税
таможенная защита интеллектуальной собственности 知识产权海关保护
таможенная заявка 海关申报
таможенная зона 海关监管区域
таможенная инфраструктура 海关基础设施
таможенная квитанция 海关收据
таможенная квота 海关配额
Таможенная конвенция, касающаяся контейнеров, 1972 г. 《1972年海关集装箱公约》
таможенная номенклатура 海关税则目录
таможенная операция 海关作业
таможенная оценка 海关估价
таможенная очистка 结关；清关
таможенная очистка груза/ товаров 货物结关
таможенная печать 海关印章
таможенная пломба 海

关封志

таможенная политика 海关政策

таможенная полиция по борьбе с контрабандой 海关缉私警察

таможенная пошлина 关税

таможенная пошлина адвалорная, адвалорная 海关从价税

таможенная пошлина антидемпинговая 反倾销关税

таможенная пошлина ввозная 进口关税

таможенная пошлина вывозная 出口关税及税费

таможенная пошлина комбинированная 综合关税

таможенная пошлина компенсационная 补偿关税

таможенная сезонная пошлина 季节性关税

таможенная пошлина специальная 特种关税

таможенная пошлина специфическая 特定关税

таможенная проверка 海关稽查；海关检查

таможенная процедура 海关程序；海关监管方式

таможенная процедура беспошлинной торговли 免税贸易监管方式

таможенная процедура временного вывоза 暂时出口监管方式

таможенная процедура отказа в пользу государства 放弃收归国有监管方式

таможенная процедура переработки на таможенной территории 保税加工监管方式

таможенная процедура реимпорта 复进口海关监管方式

таможенная процедура реэкспорта 复出口海关监管方式

таможенная процедура свободной таможенной зоны 自由经济区海关监管方式

таможенная процедура таможенного склада 海关仓库监管方式

таможенная процедура таможенного транзита 转运海关监管方式

таможенная процедура уничтожения 销毁监管方式

таможенная система 海关系统

таможенная статистика 海关统计

таможенная статистика внешней торговли 海关对外贸易统计

таможенная статистика специальная 海关专业统计

таможенная стоимость 完税价格

таможенная территория 关境

таможенная территория Союза 联盟关境

таможенная фактура 海关发票

таможенная форма 海关制服

таможенная экспертиза 海关鉴定

таможенная эмблема 海关关徽

Таможенная конвенция о карнете ATA для временного ввоза товаров (Конвенция ATA) 《关于货物暂准进口的 ATA 报关单证册海关公约》(简称 ATA 公约)

Таможенная конвенция о международной перевозке грузов с применением книжки МДП (конвенция МДП) 《关于货物实行国际转运或过境运输的海关公约》(简称 TIR 公约)

Таможенно-валютные правила (предписания) 《海关外汇条例》

таможенное административное постановление, определение или решение 海关行政命令、裁决或决定

таможенное декларирование 海关申报

таможенное дело 海关事务

таможенное законодательство 海关法

таможенное звание 海关关衔

таможенное извещение о поставке 海关提货单

таможенное мошенничество 海关瞒骗

таможенное наблюдение 海关监视

таможенное

оборудование, расположенное по обе стороны границы 跨境海关设备（类似于中国深圳湾口岸 "一地两检"）(Stradling customs facilities)

таможенное обследование 海关调查

таможенное оформление 海关通关；办理通关手续

таможенное оформление товаров и грузов 货物报关验放

таможенное правонарушение 违反海关法的行为

таможенное регулирование 海关规章；海关监管

таможенное сопровождение 海关押运

таможенное удостоверение на возврат таможенных пошлин 海关退税凭单

таможенно-логистический терминал 海关物流综合体

таможенные власти 海关机构

таможенные документы 海关文件

таможенные доходы 海关税收；海关收入

Таможенные конвенции о временном ввозе частных и коммерческих дорожных перевозочных средств, 1954 и 1956 гг. 《关于民用和商用公路车辆暂时进口的海关公约》（1954年和1956年）

таможенные лаборатории 海关实验室

таможенные льготы 海关便利待遇

таможенные органы 海关机关

таможенные пени 海关罚款

таможенные платежи 关税缴纳

таможенные процедуры 海关手续；通关手续

таможенные сборы за таможенное оформление 通关手续费

таможенные сборы за таможенное сопровождение товаров 海关押运费

таможенные сборы за таможенную очистку 结关费用

таможенные сборы за хранение товаров 海关仓储费

таможенные формальности 海关手续

таможенные формальности, предшествующие подаче декларации на товары 货物申报前的海关手续

таможенный аудит 海关审计

таможенный аукцион 海关拍卖

таможенный барьер 关税壁垒

таможенный бондовый склад 海关保税仓库

таможенный брокер 报关代理；报关代理人

таможенный документ 海关单证

таможенный досмотр 海关查验（彻底查验）

таможенный закон 海关法

таможенный инспектор 海关检查人员

таможенный кодекс 海关法典

Таможенный кодекс Союза 《联盟海关法典》（UCC）

таможенный контроль 海关监管

таможенный маклер 报关行

таможенный орган 海关机构

таможенный осмотр 海关查验（外形查验）

таможенный осмотр помещений и территорий 处所和区域的海关检查

таможенный официальный знак 海关官方标志

таможенный перевозчик 海关承运人

таможенный пост 海关站；办事处

таможенный представитель 海关代表；报关代理人

таможенный приходный ордер 海关缴款单

таможенный режим 海关制度；海关监管方式

таможенный риск 海关风险

таможенный сбор 海关规费

таможенный склад 保税仓库

таможенный склад для

хранения бондовых товаров 经批准的保税工厂（仓库）

таможенный склад заложенного товара 保税仓库

таможенный сопроводительный документ 海关随附单证

Таможенный союз 关税同盟

таможенный тариф 关税税率

таможенный тариф двойной 双重税率

таможенный терминал 出/入境海关

таможенный транзит 转关；转运

таможенный транзитный документ 转关单证

таможенный эксперт 海关专家（鉴定人）

таможня в месте ввоза 进口地海关

таможня в месте вывоза 出口地海关

таможня места назначения 指运地海关

таможня места отправления 起运地海关

таможня на месте погрузки 装货地海关

таможня прибытия 到达地海关

таможня происхождения 起运地海关

Тампа (США) 坦帕（美国）

Тампико (Мексика) 坦皮科（墨西哥）

Танга (Танзания) 坦噶（坦桑尼亚）

Танджунг (Индонезия) 丹戎不碌（印度尼西亚）

Танжер (Марокко) 丹吉尔（摩洛哥）

тара 包装

Таранто (Италия) 塔兰托（意大利）

тариф 税率

тариф запретительный 禁止性关税

тариф интегрированный 综合性关税

тариф на основе наибольшего благоприятствования 最惠国税率

тарифная дискриминация 税率差别待遇；关税歧视

тарифная дистанция, км 货物运价里程（千米）

тарифная квота 关税配额

тарифная классификация 税则归类

тарифные квоты на преференциальный ввоз (вывоз) 进（出）口关税配额

тарифные контингенты 关税限额

тарифные льготы, преференции 优惠关税

тарифные ограничения 关税壁垒

тарифный барьер 关税壁垒

Тартус (Сирия) 塔尔图斯（叙利亚）

твёрдая аккордная ставка 总费用率

твёрдая оферта 实盘；确盘

твёрдые отходы 固体废物

творог 乳渣

творожная масса 奶渣糊

творожный продукт 奶渣制品

творожный сырок 奶渣糕

тебаин 蒂巴因

Тегеран (Иран) 德黑兰（伊朗）

текст 正文

текущие платежи 即期付款

телеграмма 电报

Тель-Авив (Израиль) 特拉维夫（以色列）

Тема (Гана) 特马（加纳）

тендерометр 成熟度测定仪

теплопеленгатор 红外线测定仪

термин 术语

терминал ро-ро 滚装码头

термогигрограф 温湿计

термометр 温度计；寒暑表

термометр лабораторный электронный 实验室电子温度计

термометр сопротивления 电阻温度计

термометр цифровые (логгеры данных) 数字温度计

термостат 恒温器

термостат-сушилка 恒温干燥箱

территориальная применимость 适用领域

территориальные воды 领海；领水

территория 领土

тест на выявление нуклеиновой кислоты коронавируса нового типа 新冠病毒核酸检测

тест на этиологию 病原学检验

тестирование на коронавирус 新冠病毒核酸检测

тетрацикличный антидепрессант 四环抗抑郁药

техническая поддержка 技术协助

техническая экспертиза 技术鉴定

технические барьеры в торговле 技术性贸易壁垒（ТВТ）

технический регламент 技术规则

технологическое вспомогательное средство 加工助剂

технологическое средство 工艺用剂

технология блокчейн 区块链技术

тианептин（коаксил） 噻奈普汀（coaxil）

Тиба（Япония） 千叶（日本）

тигель 坩埚

тигельная печь 坩埚炉

тигельная электропечь 坩埚电炉

тигельные щипцы 坩埚钳

тип упаковки（укупорочных средств） 包装（封闭用品）类型

Типовой закон об электронной торговле 《电子商务示范法》

титр антител 抗体滴度

титратор автоматический 自动滴定仪

ТНК（транснациональная корпорация） 跨国公司

товар 商品；货物；物品

товар без упаковки 无包装商品

товар в несобранном или разобранном виде, в том числе в некомплектном или незавершенном виде 未组装件或者拆散件形式（不完整品或者未制成品形式）的货物

товар в свободное обращение 自由流通货物

товар в связках 捆包商品

товар двойного назначения 两用物项（军民两用的敏感物项和易制毒化学品）

товар для личного пользования 自用物

品

товар для личного пользования, доставляемые перевозчиком 承运人送达的自用物品

товар для личного пользования, перемещаемых через таможенную границу Союза физическими лицами 自然人通过联盟海关边界的自用物品

товар на плаву 在途货物（已装载于船上的货物）

товар на складе в таможне 保税货物

товар с высоким риском 高风险货物

товар с низким уровнем риска 低风险货物

товар того же класса или вида 同级别或者同种类货物（物品）

товар, перемещаемых для ликвидации последствий стихийных бедствий, аварий и катастроф 为消除自然灾害、事故和灾难后果而进出的物资

товар, перемещаемых по линиям электропередачи 输电线输送货物

товар, перемещаемых трубопроводным транспортом 管道运输货物

товар, пересылаемых в международных почтовых отправлениях 采用国际邮件寄递的货物（物品）

товарная накладная 装箱单

товарная номенклатура 商品目录

Товарная номенклатура внешнеэкономической деятельности (ТН ВЭД) 外经贸活动商品目录；商品编码

товарная оценка 商品估价

товарная позиция 贸易项；商品项目

товарная экспертиза 商品检验

товарная ярмарка 商品交易会

товарный демпинг 商品倾销

товарный знак 商标

товарный поезд 铁路货车

товарный склад 货场

товарообмен 易货贸易

товарооборот 贸易往来；商品流通
товаросопроводительная документация 运输单证；货运单据
товаросопроводительный документ 运输单证
товары тяжеловесные, громоздкие 沉重的货物
товары, ввезенные с определенной целью 为特定目的而进口的货物
товары, запрещённые для ввоза в страну 禁止进口商品
товары, запрещённые для вывоза в страну 禁止出口商品
товары, запрещённые или ограниченные 禁限物品
товары, запрещённые к обороту 禁止流通的货物
товары, изготовленные (полученные) из иностранных товаров 外国货物（物品）制造（获取）的货物（物品）
товары, которые приобрели статус товаров Союза 获得联盟商品地位的商品
товары, пломбированные таможней 海关加封货物
товары, подозреваемые в нарушении прав интеллектуальной собственности 涉嫌侵犯知识产权的货物
товары, полностью произведенные в данной стране 纯本国生产的货物
товары, пришедшие в негодность, испорченные или повреждённые 不能用的、损坏或损毁的货物
Токио (Япония) 东京（日本）
токсикология 毒理学
токсичные элементы 有毒元素
толщиномер 厚度计
тонизирующие напитки 滋补饮品
тонна 吨
тонна брутто 总吨
тоннаж 吨位
тоннаж брутто 总吨数
тоннажный марка 吨位标志
тоннажный налог 吨位税
тоннажный сбор 船舶

吨税

ТОО（товарищество с ограниченной ответственностью） 有限责任公司

топленое масло 炼过的黄油；重制乳酪

топленое молоко 煮沸乳

торговая акцептованная тратта 商业承兑汇票

торговая ассоциация 商会

торговая война 贸易战；商战

торговая компания 贸易公司

торговая компания-экспортер 出口贸易公司

торговая площадка 交易平台

торговая преференция 贸易特惠

торговая расписка в получении груза 货物收据

торговая тратта 商业汇票

торговля 商业；贸易

торговое соглашение 贸易协定

торговое судно 商船

торговые барьеры 贸易壁垒

торговые договоры 贸易条约

торговые контакты 贸易往来

торговые преференции 贸易特惠

торговые процедуры（международные торговые процедуры） 贸易程序（国际贸易程序）

торговые трения 贸易摩擦

торговый договор 贸易协定；商业合同

торговый контроль 贸易管制

торговый оборот 贸易额

торговый обычай 贸易惯例

торговый платёж （наличные）против документов 付款交单（CAD）

торговый посредник 中介机构

торговый протекционизм 贸易保护主义

торговый протокол 贸易议定书

торговый советник 商务参赞（专员）

торговый центр 商业中心

Торонто（Канада） 多伦多（加拿大）

точная оценка таможенных пошлин и других налогов на импорт 正确计征进口关税和其他税费

точно в срок (вовремя) 准时制 (JIT)

точно по графику 准时制 (JIT)

точные сведения о характеристиках товаров 货物特性描述

традиционные способы производства пищевой продукции 食品传统生产方法

трамповое судно 不定期货轮

транзакционные издержки (для совершения сделки) 交易成本；交易费

транзит 转运；转口；转关

транзит грузов 转关

транзит завершён 终止过境（办结过境手续）

транзит завершён 禁止过境

транзит разрешен 准予过境

транзит товаров 商品过境

транзитная почтовая сумка 过境邮袋

транзитная пошлина 过境税；转口税

транзитная страна 过境国

транзитная таможенная декларация 过境货物报关单

транзитная торговля 过境贸易；转口贸易

транзитное разрешение на вывоз товара с таможенного склада 从海关仓库出口货物的过境许可证

транзитные пошлины 过境税

транзитные грузоперевозки 过境运输

транзитный агент 过境运输代理人

транзитный грузовой манифест 过境货舱单

транзитный пассажир 转机旅客

транзитный персонал 过境人员

транзитный порт 中转港

транзитный склад 转口仓库

транзитный товар 过境货物

трансгенные организмы 转基因生物

трансграничная промышленная зона 跨境工业区

трансграничная сделка 跨境交易

трансграничная электронная коммерция 跨境电子商务

трансграничное признание 跨境认可

трансграничное пространство доверия 跨境信任空间

трансграничное сотрудничество 跨境合作

транспарентность 透明度

транспортировка 运输

транспортировочная информация 运输信息

транспортировочные данные 运输事项

транспортная упаковка（логистическая упаковка） 运输包装（物流包装）

транспортная единица 海关货运单位

транспортная компания 运输公司

транспортная накладная 提单

транспортная накладная 运单；装运通知

транспортная организация общего пользования 公共承运人

транспортная перевозка 搬运

транспортная цепь/цепочка 运输链

транспортная электронная запись 电子运输记录

транспортное оборудование 运输设备

транспортное средство 运输工具；车辆

транспортное средство международной перевозки 国际运输的运输工具

транспортно-экспедиционные инструкции 运送指示单

транспортные налоги и сборы, уплачиваемые за использование причала, дока, депо и склада 应付泊位、码头、堆场、仓库的运费及附加费

транспортные оси 运输枢纽

транспортные услуги 货运服务

транспортный (перевозочный) документ 运输单据（运输凭证）

транспортный поток 运输流量

транспортный сертификат экспедитора 货运代理运输凭证

транспортный терминал 物流中心

трассат 付款人（汇票）

тратта 汇票

требования Таможенного союза 关税联盟要求

трейдер 交易者

трейлерный груз 滚装货

трейлерный контейнер 滚装集装箱

тренировочные навыки 培训技能

третий секретарь 三等秘书

третья сторона 第三方

три гарантии "三包"（包修、包换、包退）

Триест (Италия) 的里雅斯特（意大利）

тримипрамин 曲米帕明

Тринкомали (Шри-Ланка) 亭可马里（斯里兰卡）

Триполи (Ливан) 的黎波里（黎巴嫩）

Триполи (Ливия) 的黎波里（利比亚）

трифтазин 曲夫他嗪

трициклические антидепрессанты 三环类抗抑郁药

Туамасина (Мадагаскар) 图阿马西纳（马达加斯加）

туберкулез 结核病

тугоплавкая пробирка 硬试管；耐火试管

туз 超声波检漏仪

Тулеа (Мадагаскар) 图利亚拉（旧称图莱亚尔）（马达加斯加）

Тулон (Франция) 土伦（法国）

Тунис (Тунис) 突尼斯市（突尼斯）

Турку (Финляндия) 图尔库（芬兰）

туша 胴体；屠体

тысяча кубических метров 千立方米

тягач 牵引车

тяжеловесные или громоздкие грузы 重物

тяжёлая вода 重水

тяжёлые наркотики 硬性毒品

Тяньцзинь (Китай) 天津（中国）

У

убежден, что 确信（一般用于序言）

убежище 避难所

убой 屠宰

убойное животное 屠宰用动物

убытие 离开（出境）

уведомление 通知；通知书

уведомление о выпуске товаров таможней 海关放行单

уведомление о доставке экспортного груза 出口交货通知

уведомление о заключении таможенной проверки 海关稽查结论通知书

уведомление о необходимости таможенного осмотра и пломбирования 海关查验和封存建议

уведомление о обратной доставке 延期交货通知单

уведомление о претензии 索赔通知

уведомление о прибытии (船舶) 抵港通知；到货通知

уведомление о прибытии 到货通知；到港通知书

уведомление о прибытии или отбытии 抵达和离开的通知

уведомление о прибытии судна 船舶抵港通知

уведомление о судовом надзоре и осмотре 船舶监管检查情况通知书

уведомление о штрафных санкциях 处罚通知书

уведомление об отгрузке 装船通知单；装运通知

уведомление об отправке накладной 托运单发货通知

уголовная ответственность 刑事责任

Уголовный кодекс 刑法

уголовный судебный процесс 刑事诉讼

угольная кислота 碳酸

угольный тигель 石墨

坩埚

удержания 扣除

удобный проезд 过境便利

удобство использования данных 数据可用性

удостоверение личности 身份证件

удостоверенная декларация о происхождении 经认证的原产地声明

узел перегрузки контейнеров с одного вида транспорта на другой 多式联运集装箱转运站（ICTF）

указания грузоотправителя 装运说明

указания о происхождении 原产地证明

уклонение инвалюты 逃汇

уклонение от таможенного контроля 逃避海关监管

уклонение от уплаты налогов 避税

уклонение от уплаты таможенных платежей 偷逃关税

уклоняться от уплаты налога 偷税；漏税

укрупнённый товар （集装箱）拼装货物

уксусная кислота 乙酸；醋酸

укупорочное средство 封闭装置

улей 蜂箱

ультра большой контейнеровоз 超大型集装箱船（ULCS）

ультравысокотемпературно-обработанное молоко 超高温加工奶

ультрамикровесы 超微量天平

ультрамикропипетка 超微移液管

ультрамикроспектрофотометр 超显微分光光度计

ультрапастеризованное молоко 超级巴氏杀菌奶

ультрафиолетовый фотометр 紫外光度计；紫外线测光仪

ультрахемископ 紫外光显微镜

уменьшение или отмена пошлин 关税减让

умеренные сборы 合理收费

умерщвление 宰杀

универсальный (многоцелевой) транспортный

документ   通用（多用途）运输单证

универсальный балкер   通用散货船

универсальный программный бизнес-язык（УБЯ）   通用商业语言（UBL）

унификация сведений   信息统一化

унифицированные деловые соглашения и контракты（УДСК）   统一的商业协议与合同（UBAC）

унифицированные правила и обычаи для документарных аккредитивов   信用证统一惯例

унифицированный язык моделирования   统一建模语言（UML）

уничтожение   销毁

уничтожение и（или）безвозвратная утрата товаров   损毁或/和灭失

унция   盎司

Уолфиш-Бей（Намибия）   沃尔维斯港（又称鲸湾港）（纳米比亚）

упакованная пищевая продукция   包装食品

упакованные товары   包装货物

упаковано под вакуумом   真空包装

упаковка   包装

упаковка товара   货物包装

упаковочный газ   包装气体

упаковочный лист   包装清单

упаковочный лист   装箱单

упаковочный лист грузовых единиц   集装箱装箱单；集装箱舱单

упаковочный материал   包装材料

уплотнитель   浓稠剂

уполномоченное лицо декларантов   报关全权代表

уполномоченный орган   授权机构；主管机构

уполномоченный таможенный орган   海关授权机关

уполномоченный экономический оператор（УЭО）   经授权的经营者（AEO）

управление документооборотом   文档管理

управление обмена международной почты   国际邮件互换局

управление по борьбе с контрабандой 缉私局

управление по инспекции 商品检验局

управление потоком документов 工作流

управление рисками 风险管理

управление таможенной деятельностью 海关管理

управление таможенными рисками 海关风险管理

управление цепями （системами） поставок （УЦП） 供应链管理（SCM）

управляющий складом 仓库管理者

упразднять 作废

упрощать 简化

упрощение и гармонизация таможенных процедур 海关制度的简化和协调

упрощение процедур торговли 贸易便利化

упрощение торговых процедур и документации 简化贸易手续和文件

упрощение/благоприятные условия 便利；便利条件

упрощенная и преференциальная очистка （товаров） 简化和优先结关

уравнительная пошлина 反补贴税

урегулирование на основе компромисса 仲裁协议

уровень риска 风险水平

уровень таможенных пошлин 关税水平

усиленный контроль или проверки 加强监管或检验

усилитель вкуса （аромата） 增味剂（增香剂）

ускоренные поставки 加急运输；加急交付

ускоренные процедуры для экспресс-перевозок 快件运输加急程序

условия платежа 付款条件

условия поставки 交付条款

условия складирования 储存条件

условия цены 价格条件

условно-беспошлинный

ввоз 特定免税进口
условный выпуск товаров 特定条件下放行
установка для программируемой дистилляции 程序滴定器
установление подлинности 身份认证
установленные маршруты 指定的路线
установленный 指定的
устер-прибор 条干均匀度试验机
устное заявление 口头申报
устный опрос 口头询问
устранение таможенных рисков 海关风险处置
устройство комплектования грузов 成组载货设备（ULD）
утвердить 核准

утверждающая инстанция 批准机关
утверждено таможней 经海关批准
утилизация 回收利用
утилизация пиротехнических изделий 烟花爆竹产品的废物处理
утилизация пищевой продукции 食品的回收利用
уточнение диагноза 确诊
УФ-кабинет 紫外安全柜
Учёт 清点
учётная ведомость 理货单
учётная система 登记系统；会计系统
учётный лист 理货单
учетчик 理货员
учитывая что 考虑到……（一般用于序言）
учреждение взимания налоги 征税部门

Ф

фабрика мысли 智库
файлы и документы 文件和单证
факс 传真
фактически уплаченный налог 实付税款
фактическое пересечение таможенной границы 实际进出境
факторы среды обитания 居住环境因素
фактурная стоимость/цена 发票价格
фальсификация товаросопроводительных документов 篡改随货凭证（文件）
Фарола (Албания) 发罗拉（阿尔巴尼亚）
фарфоровая ступка 瓷研钵
фарфоровый тигель 瓷坩埚
фарш 碎肉
фаршевые консервы 碎肉罐头
фаршированный полуфабрикат 碎肉半成品
фасованные товары в упаковках 预包装产品

Федеральная служба по ветеринарному и фитосанитарному надзору (Россельхознадзор) 俄联邦兽医和植物卫生检疫监督局（简称兽植局）
Федеральная служба по надзору в сфере защиты прав потребителей и благополучия человека (Роспотребнадзор) 俄联邦消费者权益保护与公益监督署（简称公益监督署）
Федеральная таможенная служба (ФТС) 俄联邦海关署（FCS）
Федеральное агентство по техническому регулированию и метрологии (Росстандарт) 俄联邦标准计量认证署
Федеральное казначейство 俄联邦国库
фейерверочное изделие

烟火制品
фенилпропаноламин 苯丙醇胺
фенилэтиламин 苯乙胺
фенирамин 苯那敏
фенобарбитал 苯巴比妥
фентанил 芬太尼
фенциклидин 苯环利定
ферма для разведения 养殖场
ферментные препараты 发酵剂
ферментные препараты для производства продуктов переработки молока 生产加工品的酶制剂
физическое лицо 自然人
фиксатор (стабилизатор) окраски 染色固着剂 (稳定剂)
фиксированный налог 固定税
Филадельфия (Филадельфия) (США) 费城 (全称费拉德尔菲亚) (美国)
филе 里脊肉; 鱼片
фильм 影片; 电影
фильтр для количественного анализа 定量分析滤纸
фильтр-влагоотделитель 过滤干燥器
фильтр-воронка 过滤漏斗
финансовая безупречность (отсутствие коррупции) 财务诚信
финансовая гарантия 财务担保
фитопатология 植物病理学
фитосанитария 植物检疫
фитосанитарное свидетельство (сертификат) 植物检疫证书
фитосанитарный контрольный пост 植物检疫站
фитосанитарный риск 植物检疫风险
фитосанитарный сертификат 植物检疫证书
флексинг-машина 弯曲试验机
флокулянт 絮凝剂
флуорофотометр 荧光计
флюпентиксол 氟哌噻吨; 盐酸三氟噻吨复康素
форма заявки на въезд

入港呈报单

форма и содержание запроса 请求协助的形式和内容

форма контроля 监管方式

формальности, связанные с таможенной очисткой 结关手续

формальность 正式手续

формат переговоров 谈判模式

формованный полуфабрикат 模压半成品

Формуляр-образец Организации Объединённых Наций для внешнеторговых документов (ФОООН) 联合国贸易单证样式 (UNLK)

формы таможенной контроля 海关监管形式

форс-мажор 不可抗力

форс-мажорные обстоятельства 不可抗力因素

фосфористая кислота 亚磷酸

фосфорная кислота 磷酸

фотоанализатор 光电分析器

фотоколориметр 光电比色计

фотометр видимого света 可见光光度计

фотометр для инфракрасных лучей 红外光度计

фотополярограф 极谱摄影仪

фракционирование 分馏

франке-судно 船上交货 (价)

франко баржа свободно от захвата и ареста 到舱价

франко бункер 舱底交货 (价)

франко вдоль борта судна 船边交货 (价)

франко граница 国境交货

франко завод 工厂交货

франко перевозчик 货交承运人

франко-аэропорт 起运地机场交货

франко-борт 离岸价格

франко-вагон 铁路交货价

франко-завод 工厂交货 (价)

франко-пристань 码头交货 (价)

франко-происхождение 原产地交货（价）

франко-рудник 矿山交货（价）

франко-склад 仓库交货（价）

Франкфурт (Германия) 法兰克福（德国）

франшиза 特许权

фрахт 运费

фрахт, оплачиваемый в месте назначения 到付运费

фрахт за предварительно согласованную сумму 总费用率

фрахтование 租船运输

фрахтовая декларация 运输货物申报

фрахтовая накладная 运费单

фрахтовый манифест 载货运费清单

фрахтовый сертификат 托运单

фрахтовый счёт 运费发票

Фредерисия (Дания) 腓特烈西亚（丹麦）

Фредрикстад (Норвегия) 腓特烈斯塔（挪威）

фригориметр 低温计

Фримантл (Австралия) 弗里曼特尔（澳大利亚）

Фритаун (Сьерра-Леоне) 弗里敦（塞拉利昂）

фруктовая и (или) овощная мякоть 果（蔬）肉

фруктовое и (или) овощное пюре 果（蔬）泥

фруктовый и (или) овощной нектар 果（蔬）蜜

фруктовый и (или) овощной сокосодержащий напиток 果（蔬）汁饮料

фрукты 水果

фтористо-водородная кислота 氢氯酸, 盐酸

фумигационное свидетельство 熏蒸证书

фумигация 熏蒸

функции государственных органов 国家机构职能

функциональная совместимость систем единого окна 单一窗口系统的功能兼容性

функциональная совместимость 互操作性

функциональная

эквивалентность 功能等同性
функционально необходимые компоненты при производстве продуктов переработки молока 生产乳制品必需的功能成分
фунт 磅
фурункулёз 疖病
фурье-спектрометр 傅立叶分光光度计
Фучжоу（Китай） 福州（中国）
фьючерсный контракт 期货合约

X

Хагатна (Гуам) 阿加尼亚（美国）

Хайфа (Израиль) 海法（以色列）

Хайфон (Вьетнам) 海防（越南）

Хакодатэ (Япония) 函馆（日本）

Халл (Великобритания) 赫尔港（英国）

Хальмстад (Швеция) 哈尔姆斯塔德（瑞典）

халяль 清真

Ханой (Вьетнам) 河内（越南）

Харбин (Китай) 哈尔滨（中国）

Хартум (Судан) 喀土穆（苏丹）

Хельсинки (Финляндия) 赫尔辛基（芬兰）

химреактивы 化学试剂

химическое отравляющее вещество 有毒化学品

хинин 奎宁

Хиросима (Япония) 广岛（日本）

Хихон (Испания) 希洪（西班牙）

хлорпротиксен 氯丙嗪（冬眠灵）

хлорфентермин 氯苯丁胺

ходатайствовать о пересмотре 申请复议

Ходейда (Йеменская Арабская Республика) 荷台达（也门）

ходовые товары 畅销货

хозяйство 经济；生产部门；农场，养殖场

холодец 果冻；肉冻；鱼冻；肉杂拌汤

холодильный склад 冷藏库

холодовая цепь обслуживания замороженных продуктов 冷链食品

Хон Гай (Вьетнам) 鸿基（越南）

Хошимин (Сайгон) (Вьетнам) 胡志明市（旧称西贡）（越南）

хранение 储存

хранение пиротехнических изделий 烟花爆竹产品的存放

хранить импортные товары на таможенных складах

把(进口货物)存入保税仓库中

хроматограмма-спектрофотометр 色谱分光光度计

хроматограф в жидкой фазе 液相色谱仪

хроматографы газовые 气相色谱

хрупкий товар 易碎货物

Хыннам(Северная Корея) 兴南(朝鲜)

Хьюстон(США) 休斯敦(美国)

Ц

целевая популяция 目标群体

целевой надзор 特定监测

целостность данных 数据完整性

цель таможенных органов РФ 俄联邦海关职责

цельное молоко 纯奶

цена (стоимость) транзакции 成交价格；交易价

цена за единицу 单价

цена по соглашению 协议价格

цена, подлежащую уплате 应付价格

цена, фактически уплаченная уплата 实付价格

ценная бумага 有价证券；可兑换货币

ценная бумага, номинированная в юанях 人民币有价证券

ценные бумаги в иностранной инвалюте 外汇票证

ценные вещи 贵重物品

ценный 贵重的

ценовая война 价格战

центнер 公担

центр искусственного осеменения 人工授精中心

Центр Организации Объединённых Наций по упрощению процедур торговли и электронным бизнесом (СЕФАКТ ООН) 联合国贸易便利化和电子商务中心 (UN/CEFACT)

центр по контролю и профилактике заболеваний 疾病预防控制中心

централизованный аудиторский документ 集中审单

централизованный пункт таможенного досмотра 海关集中查验机构

центрифуга лабораторная 实验室离心机

центрометр 针入硬度计

цепь поставок 供应链

циклобарбитал 环巴比

妥

Циндао (Китай) 青岛（中国）

Циньхуандао (Китай) 秦皇岛（中国）

цифровая информация 数字信息

цифровая платформа 数字平台

цифровая подпись 数字签名

цифровая таможня 数字海关

цифровая технология 数字技术

цифровая трансформация 数字转型

цифровая экономика 数字经济

цифровая экосистема 数字生态系统

цифровой актив 数字资产

цифровой сертификат 数字证书

цифровой фотоаппарат 数码相机

цифровые товары 数字商品

цифровые услуги 数字服务

Цюрих (Швейцария) 苏黎世（瑞士）

Ч

Чарльстон（США） 查尔斯顿（美国）

чартер 租船合同

чартерный коносамент 租船合同提单

чартерный порт 租船港；特许的进出口岸

части 零部件

частичная / неполная партия товара / груза 分批托运货载

частичная загрузка 分批货载

частичная оплата 部分付款

частичная отгрузка 分批装运

частичная предоплата 预付部分货款

частично обезжиренное сухое молоко 部分脱脂奶粉

частичное освобождение от налогов 部分免税；特殊减免

частичные убытки при морских перевозках 局部海损

частная авария 单独海损

частный 私人的

частный транспорт 私人运输工具

чек 发票；支票

чек дорожный 旅行支票

человек, который добивается непомерно высокой прибыли 牟取暴利的人

человеческие органы 人体器官

чёрные схемы, контрабанда 黑色通关；走私

чёрный брокер, контрабандист 黑色通关经纪人；走私分子

Чжухай（Китай） 珠海（中国）

Чжэнчжоу（Китай） 郑州（中国）

Чикаго（США） 芝加哥（美国）

Чимботе（Перу） 钦博特（秘鲁）

Чиребон（Индонезия） 井里汶（印度尼西亚）

чистая вместимость 净吨数

чистая прибыль 净利

чистая стоимость 净值
чистая тратта 光票
чистый вес 净重
чистый коносамент 清洁提单
чистый коносамент и документарная тратта 光票和跟单汇票
чистый переводной вексель 光票
Чита (Россия) 赤塔 (俄罗斯)
Читтагонг (Бангладеш) 吉大港 (孟加拉国)
член административно-технического персонала дипломатического представительства 外交代表机关行政技术人员
член дипломатического персонала дипломатического представительства 外交代表机关外交职员
член обслуживающего персонала дипломатического представительства 外交代表机关服务人员
член экипажа 船员
члены семей 家庭成员
чрезвычайная ситуация (ЧС) 紧急情况
Чрезвычайные ситуации в области общественного здравоохранения 公共卫生应急管理
чувствительность 敏感性
чума 瘟疫
чума мелких жвачных 小型反刍动物患的瘟疫
Чунцин (Китай) 重庆 (中国)
Чхонджин (Северная Корея) 清津 (朝鲜)
Чэнду (Китай) 成都 (中国)

Ш

Шанхай (Китай) 上海 (中国)

Шанхайский таможенный колледж 上海海关学院

Шаньтоу (Китай) 汕头 (中国)

шаровидная колба 球形烧瓶

Шекоу (Китай) 蛇口 (中国)

шёлковая лента 丝带

ширина железнодорожной колеи 铁道轨距

ширина колеи 轨距

широкогорлая колба 广口烧瓶

широкогорлый бутыль 广口瓶

ширпотреб 日用品

шкала 比率

шкаф сушильный 干燥箱

ШОС (Шанхайская организация сотрудничества) 上海合作组织 (SCO)

шприц 洗瓶；注射器

штангенциркуль с нониусом 游标卡尺

штапелеизмеритель 纤维长度测定仪

штатив 试管架

штатив для пипеток 移液管架

штивка, укладка груза 积载；货物积载

штраф за несоблюдение сроков таможенного декларирования 滞报金

штраф за опоздание 滞纳金

штраф, пени 罚款；滞纳金

штраф/неустойка за простой 滞期费

штрафные санкции 罚款；罚金

штрих-код 条码

штриховое кодирование товаров 货物加贴条码

штурманская расписка 大副收据；收货单

штучный вес 单件重量

Шэньчжэнь (Китай) 深圳 (中国)

щетка для колбы 烧瓶刷

Щецин (Польша) 什切青 (波兰)

Э

ЭДИФАКТ ООН
（Стандарт ООН для электронного обмена данными в управлении, торговле и на транспорте） 电子数据交换（EDI）的唯一全球标准（UN/EDIFACT）

эквивалентность санитарных мер 卫生措施的等效性

эквиваленты масла какао 类可可脂

экгонин 爱康宁；芽子碱；2,6-二甲基苯甲酰甲酯

экземпляр продукта 产品实例

экипаж 船员；海员

экологически безопасный грузовой автомобильный транспорт 环保安全公路货车

экономическая динамика 经济动态

экономические, социальные и финансовые интересы 经济、社会、财政利益

экосистема 生态系统

экспедирование（грузов） 货运代理

экспедитор 货运代理人

экспедитор, организующий сборные отправки 拼装运输经营人

экспедитор 货运代理；货运代理商

экспедиторская авианакладная 航空托运单

экспедиторский сертификат о получении груза 货运代理收货凭证

эксперт 专家；鉴定人

экспертиза 鉴定

экспертная организация 专家组织

эксперты и свидетели 专家和证人

эксплуатант 经营单位

экспорт 外销

экспорт манифеста 出口舱单

экспорт товаров；вывоз товаров 货物出口

экспорт 出口

экспортёр 出口商

экспортирующая страна 出口国

экспортная бонификация 出口退税

экспортная гарантия 出口担保

экспортная грузовая декларация 出口申报单

экспортная декларация 出口申报单

экспортная квота 出口配额

экспортная лицензия 出口许可证

экспортная очистка 出口清关

экспортная пошлина 出口税

экспортная сделка 出口交易

экспортная таможенная декларация 出口货物报关单

экспортная таможенная очистка 出口结关

экспортная торговая компания 出口贸易公司

экспортное таможенное оформление 出口结关

экспортное финансирование 出口融资

экспортные пошлины и налоги 出口关税及税费

экспортные, импортные и транзитные операции 进出口和转运业务

экспортный агент 出口代理商

экспортный брокер 出口经纪人

экспортный карантин 出口检疫

экспортный контроль 出口管制

экспортный лизинг 出口租赁

экспортный факторинг 出口保理

экспортный финансовый кредит 出口信贷

экспортный/импортный налог 进出口税

экспресс перевозки 加急运输

экспресс-доставка грузов, документов, посылок и почтовых отправлений 快件

экспресс-доставка курьерская доставка 快递

экспресс-перевозчик 快递承运人

экспресс-почта 快件

экстренные карантинные

фитосанитарные меры 植物检疫应急措施
электрограф 示波器
электролит 电解质
электромеханические изделия 机电产品
электромешалка 电动搅拌器
электромикроскоп 电子显微镜
электронная версия 电子版本
электронная декларация 电子申报；电子报关单
электронная доска объявлений таможни 海关电子公告栏
электронная коммерция 电子商务
электронная подпись 电子签名
электронная пресса 电子出版物
электронная счёт 电子发票
электронная таможня 电子海关
электронная торговля 电子商务
электронное архивирование 电子存档
электронное правительство 电子政务
электронное сообщение 电子报文；电子通信
электронное таможенное декларирование 电子报关单
электронные деловые операции 电子商务
электронный бизнес 电子商务
электронный вид документа 文件的电子形式
электронный документ 电子文件
электронный интегратор 电子积分仪
электронный канал 电子渠道
электронный обмен данными (ЭОД) 电子数据交换
электронный обмен информацией 电子数据交换
электронный платёж 电子支付
электронный почтовый штемпель (ЭПШ) 电子邮戳 (EPM)
электронограф 电子衍射仪
электропечь графитации 石墨电炉
электропирометр 电阻高温计
электроплитка 电炉

электрофотоколориметр 光电比色计

элементы данных 数据元

элементы национального механизма единого окна 单一窗口国家体系要素

элеометр 油比重计

элеутерококк 西伯利亚人参

элюат 洗出液

элюэнт 洗提液

эмергентная болезнь 突发疫病

эмерджентная болезнь 突发疫病

эмульгатор 乳化剂

эмульгирующая соль 乳化盐

энергопотребление 能源消耗

эпидемии за рубежом 国外疫情

эпидемиологическая единица 流行病学单元

эпидемиологическое обследование 流行病学调查；流调

эпидемическая вспышка (групповое заболевание) 流行病爆发；群体性疾病

эпидемия 疫情；流行病

эпидемия оспы 天花

эпидемия холеры 霍乱

эпидемия чумы 鼠疫

эпизоотическое заболевание 动物流行病

эпизоотическое состояние 疫病情况；防疫状况

эпизоотологическая единица 流行病学单元

э-платёж 电子支付

эрготамин 麦角胺

Эренхот (Китай) 二连浩特 (中国)

эриометр 羊毛细度测定器

эротический 色情的

эстазолам 艾司唑仑

эстакада 栈桥

этаминал-натрий 戊巴比妥钠

этикетка 标签

этикетка с защитой от подделок 防伪标签

этилморфин 乙基吗啡

этиловый эфир 乙醚

этилэкгонин 乙基爱康宁

этнический китаец с гражданством другого государства 外籍华人

э-торговля 电子贸易

эфедрин 麻黄碱

эффективность 效率

Ю

ЮНЕСКО (Организация Объединённых Наций по вопросам образования, науки и культуры) 联合国教科文组织 (UNESCO)

юридически обязательные инструменты 具有法律效力的文件

юридические документы 法律文件

юридический адрес 法定地址

юридическое лицо 法人

юстиция 司法

Я

яд 毒物
якорная стоянка 锚地
Янгон (Мьянма) 仰光 (缅甸)
Яньтай (Китай) 烟台 (中国)
ярд 码
ящур 口蹄疫

汉俄部分

A

阿贝尔折光仪 рефрактометр Аббе

阿尔法PVP（盐）；卡西酮类精神兴奋剂；"第二代丧尸浴盐"弗拉卡（α-PVP） альфа PVP（соль）

阿尔法贝塔放射仪 альфа-бета радиометр

阿米替林 амитриптилин

阿莫巴比妥（estimal） амобарбитал（эстимал）

阿片类药物；鸦片制剂的 опиаты

阿扎芬 азафен

埃居（欧洲货币单位） ЭКЮ（Европейская валютная единица）

艾司唑仑 эстазолам

艾滋病（获得性免疫缺陷综合征） СПИД（синдром приобретенного иммунного дефицита）

爱康宁 экгонин

安非拉酮 амфепрамон

安非他命；安非他明 амфетамин

安乃近 анальгин

安培表 амперметр

安全 безопасность

安全国际公路运输系统 безопасный TIR

安全和无害 безопасность и безвредность

按交货进度分期付款 оплата в рассрочку согласно графику доставки

盎司 унция

奥匹拉莫 опипрамол

奥氏体计 аустенитометр

B

巴比妥 барбитал

巴比妥钠 барбитал-натрий

巴比妥酸盐；巴比妥衍生物 барбитурат

巴氏高温杀菌型罐头 пастеризованные консервы

巴氏灭菌器 автоклав для пастеризации；пастеризатор

巴氏杀菌奶 пастеризованное молоко

把（进口货物）存入保税仓库中 хранить импортные товары на таможенных складах

罢工；暴动；民变险 страхование от рисков забастовок, восстания и волнения страны

白蛋白 альбумин

白关（合法通关） белые схемы

白金坩埚 платиновый тигель

白血病 лейкоз

班轮运输 линейная перевозка；рейсовые перевозки

搬运 транспортная перевозка

版权、专利、商标和品牌、特许经营权、自然资源和其他类型所有权的使用费 денежное вознаграждение за использование авторских прав, патентов, торговых марок и брендов, франшиз, природных ресурсов и других видов собственности

办结海关手续 очистка от таможенных формальностей

办理出境手续 выполнить формальности по выезду

办理海关手续 выполнять таможенные формальности

办理护照签证手续 обработка паспортных визовых процедур

办理入境手续 выполнять

формальности по въезду

半成品 полуфабрикат

半导体温度计 полупроводниковый щип температуры измерения (ПИТ)

半熏的肠类制品 полукопченые колбасные изделия

棒式温度计 палочный термометр

磅 фунт

包裹；小包 пакет; посылка

包裹清单 список пакетов

包裹限值 ограниченная стоимость посылки

包装 упаковка; тара

包装（封闭用品）类型 тип упаковки (укупорочных средств)

包装材料 упаковочный материал

包装货物 упакованные товары

包装件数及种类 количество и тип пакетов

包装气体 упаковочный газ

包装清单 упаковочный лист

包装容器费用 расходы на тару

包装食品 упакованная пищевая продукция

包装说明 инструкция по упаковке

包装重量；皮重 вес упаковки

饱和酸 насыщенная кислота

宝石 драгоценный камень

保存数据 сохранение данных

保兑信用证 подтвержденный аккредитив

保函（银行保证函）гарантийное письмо

保护关税 охранительная пошлина

保护贸易政策 протекционистская торговая политика

保护性关税 покровительственные пошлины; протекционистский тариф

保健治疗型食品 пищевая продукция диетического лечебного питания

保密性 конфиденциальность

保湿剂（保湿物质）

влагоудерживающие агенты (влагоудерживающие вещества)

保税 финансовая гарантия

保税仓库 бондовый склад; таможенный склад; таможенный склад заложенного товара; склад для хранения не оплаченных пошлиной грузов

保税港区 бондовая портовая зона

保税工厂 завод, освобожденный от таможенных пошлин

保税货物 бондовый груз; груз размещенный на склад временного хранения (СВХ или ТЛС); находящийся на таможенном складе, нерастаможенный груз; товар на складе в таможне

保税货物; 保税商品 бондовый товар

保税加工监管方式 таможенная процедура переработки на таможенной территории

保税区 бондовая зона

保税商品承运人 перевозчик бондового товара

保税物流中心（A型） Беспошлинный логистический центр (А)

保税物流中心（B型） Беспошлинный логистический центр (Б)

保税运输制度 бондовый режим перевозки грузов

保税制度 бондовая система

保险 страхование

保险单; 保单 страховой полис; ковернот

保险费 страховые платежи

保险公司 страховая компания

保险价值 застрахованная стоимость

保险凭证 свидетельство о страховании

保险人 страховщик

保险人发票 счёт страховщика

保险由买方负责 страхование - ответственность

покупателя
保险证书 страховой сертификат
保障措施关税 специальная пошлина
保障计划实现的组织体系 организационный механизм, обеспечивающий реализацию плана
保障人员及货物往来 обеспечения перевозок пассажиров и грузов
保证安全的情况下 при условии обеспечения безопасности
保证金 денежный залог; гарантийный фонд
保质期 срок годности
报复性措施 карательные меры
报复性关税 карательный тариф
报关; 向海关申报 (出口或进口) декларировать на таможне (для экспорта или импорта)
报关代理; 报关代理人 таможенный брокер; таможенный представитель; брокер таможенный (представитель)
报关单; 海关申报单 таможенная декларация
报关单撤销 отозвать декларацию
报关全权代表 уполномоченное лицо декларантов
报关人; 申报人 декларант
报关行 таможенный маклер; таможенное агентство; таможенный брокер; агент по таможенной очистке грузов
报价单 список извещения цены
报税单 декларация налоговая
报税油库 налоговая декларация нефтебаза
报验重量 заявленный вес
暴动险 страхование от рисков восстания
爆发 вспышка
爆炸器材 взрывные устройства
爆炸性武器弹药 оружие и боеприпасы взрывоопасности
《北美自由贸易协定》(1992) Соглашение о североамериканской свободной торговли

备忘录 меморандум
备用物料 вспомогательный материал
背负式运输（铁路列车运输载货汽车） контрейлерная перевозка
背书 индоссамент
背书人 индоссант
被保险人；授保人 страхователь
被隔离一周 соблюдать карантин на неделю
被解除隔离 выпуск из карантина
被膜剂 глазирователь
被迫移民 вынужденный переселенец
被请求的机构 запрашиваемая администрация
被请求方 запрашиваемая сторона
本公约 настоящая конвенция
本国货币 национальная валюта
本国货币信用证 аккредитив национальной валюты
本合同一式三份 документ в трех экземплярах
本协定项下的互助请求 запросы о помощи в соответствии с настоящим соглашением
苯巴比安 фенобарбитал
苯丙胺（中枢神经刺激剂） амфетамин
苯丙醇胺 фенилпропаноламин
苯二氮 бензодиазепины
苯海拉明 димедрол
苯环利定 фенциклидин
苯甲酰爱康宁 бензоилэкгонин
苯那敏 фенирамин
苯乙胺 фенилэтиламин
比率 шкала
比色皿 кювет
闭环 полный цикл
避风港；船舶抛锚停泊处 спасительная гавань
避光 беречь от солнечных лучей
避免 избегать
避难所 убежище
避税 уклонение от уплаты налогов
边防部队 войска пограничной охраны
边防检查站 пограничный контрольный пункт
边角余料 отходы производства

边界，国界 граница
边境保护 пограничная охрана
边境措施的特殊要求 особые требования в отношении пограничных мер
边境管制 пограничный контроль
边境海关 пограничная таможня
边境互市贸易 пограничные перевозки
边境机构合作 сотрудничество пограничных органов
边境检查站 пограничный пункт
边境交货（DAF） поставка до границы
边境口岸 приграничный пункт пропуска через государственную границу
边境贸易 приграничная торговля
边境兽医检查站 пограничный контрольный ветеринарный пункт（ПКВП）
边境隧道 пограничный туннель
边境小额进出口货物 мелкие импортные и экспортные товары на границе
边境小额贸易 мелкомасштабная приграничная торговля
变更商品名称 изменить название продукта
变量；变更 вариантность
变卖处理 реализовывать；реализовать
变味风险 риск изменения вкуса
便利 упрощение；благоприятные условия
标记；唛头 маркировка
标签 этикетка
标识 идентификация
标准 стандарт
标准化 стандартизация
标准化文件 стандартизированный вид документов
标准氢电极 стандартно-водородный электрод
标准取样容器 стандартный контейнер для взятия проб

标准乳 нормализованное молоко

标准石蕊试纸 индикаторная лакмусовая бумага

标准提单 стандартный коносамент

标准箱 стандартный контейнер

表明；表现出 отмечаться

濒危物种允许进出口证明 сертификат на ввоз и вывоз разрешения на вымирающие виды

冰激凌 мороженое

冰鲜的 охлаждённый льдом

冰鲜的肉 охлажденное мясо

冰鲜的内脏食品 охлажденные субпродукты

丙咪嗪 имипрамин

丙嗪 пропазин

病理材料 патологический материал

病例 случай

病例界定 дефиниция случая

病亡人数 летальные случаи

病原学检验 тест на этиологию

病源区 очаг заболевания

病灶；发源地 очаг

波美比重计 ареометр Боме

驳船 лодка (судно) для перегрузки; судно для перегрузки

驳船港 баржевый порт

驳货 баржа

补偿 компенсация

补偿产品 компенсирующие продукты

补偿关税 таможенная пошлина компенсационная

补偿贸易 компенсационная торговля

补偿协议 компенсационное соглашение

补充 дополнение; дополнить

补充缴税义务 субсидиарная обязанность по уплате таможенных пошлин, налогов

补充申报 дополнительная декларация

补税 возмещение налога

不饱和酸 непредельная кислота
不必要的延误 ненужные задержки
不定期货轮 трамповое судно
不兑换货币 валюта замкнутая
不合规格货物 забракованные товары
不洁提单 накладная с оговорками о повреждении товара при получении
不可撤销的要价 безотзывная оферта
不可撤销信用证 безотзывный аккредитив; подтвержденный аккредитив
不可抵赖性 неотвергаемость
不可抵赖性；不可否认性 неоспоримость
不可兑换货币 замкнутая валюта
不可抗力 форс-мажор
不可抗力因素 форс-мажорные обстоятельства
不可抗力灾害、事故 непреодолимая катастрофа
不可转让电子运输记录 необоротная транспортная электронная запись
不可转让海运运单 необоротная накладная морской перевозки
不可转让提单 необоротный коносамент или грузовая накладная
不可自由兑换货币 валюта неконвертируемая
不能用的、损坏或损毁的货物 товары, пришедшие в негодность, испорченные или поврежденные
不清洁提单（承运人加批的提单） нечистый коносамент; коносамент с оговорками
不完整申报 неполное таможенное декларирование
不违背 без ущерба для чего
布鲁塞尔关税税则分类目录 Каталог тарифной классификации Брюсселя
布鲁塞尔海关商品名录 Брюссельская

таможенная номенклатура (БТН)

布鲁氏菌 бруцелла

布氏漏斗 воронка бюхнера

布托啡诺 буторфанол

部分付款 частичная оплата

部分免税；特殊减免 частичное освобождение от налогов

部分脱脂奶粉 частично обезжиренное сухое молоко

部分脱脂凝乳或炼乳 концентрированное или сгущенное частично обезжиренное молоко

C

财产　имущество
财务诚信　финансовая безупречность (отсутствие коррупции)
采购订单确认书　подтверждение поручения на закупку
采用国际邮件寄递的货物 (物品)　товар, пересылаемых в международных почтовых отправлениях
参赞　советник
餐用甜味剂　столовый подсластитель
残损货物　повреждённая груз
残损检验证书　инспекционный сертификат на повреждённый груз
残损鉴定　повреждённая экспертиза
仓库保证书　складское свидетельство
仓库管理者　управляющий складом
仓库寄存方　депонент (склада)
仓库交货 (价)　франко-склад
舱底交货 (价)　франко бункер
舱口　люк
藏匿货物　спрятать товары
草案初稿　первый проект; предварительный проект
草签　парафировать
测量计量　картографирование дозы
测碳仪　карбограф
测微仪；千分尺　микроизмеритель
查缉和检查设备　оборудование для перехвата и обнаружения
查验　досмотр; осмотра
查验标记　контрольная отметка
查验货物　проверка товара; досмотр товаров; осмотр товаров
查验货物申报　проверка

декларации на товары

查验清单 досмотровая роспись

查验用房 досмотровые помещения

差别关税 дискриминационная таможенная пошлина

差别税率 дифференцированный тариф

掺杂 засорение

产地 источник

产地不明 неизвестное месторождение

产地检验证书 инспекционный сертификат происхождения

产品 продукт

产品充分加工的标准 критерии достаточной переработки товара

产品返销 перепродажа продукции

产品实例 экземпляр продукта

产品召回 отзыв продукции

常规稽查 привычная таможенная проверка

常设机构 постоянный орган

常驻办事机构 постоянный административный орган

常驻代表 постоянный представитель

常驻代表机构 постоянное представительство; агент-резидент

常驻的；永久性的 постоянный

常驻联合国代表团 Постоянное представительство при Организации Объединённых Наций

常驻专家 постоянный специалист

场站经营人 оператор депо

场站收据 доковая расписка

畅销货 ходовые товары

唱片 грампластинка

超出免税范围 выйти за пределы снижения налога

超纯水仪 прибор для получения особо чистой воды

超大货物 негабаритный груз

超大型集装箱船（ULCS） ультра большой контейнеровоз

超过合理数量 более чем разумная сумма

超级巴氏杀菌奶

超级高温加工奶 ультравысокотемпературно-обработанное молоко

超声波检漏仪 туз; течеискатель ультразвуковой

超声波探伤仪 рефлектоскоп

超微量天平 ультрамикровесы

超微移液管 ультрамикропипетка

超显微分光光度计 ультрамикроспектрофотометр

超限物品 негабаритный товар

超载货物 перегруженный груз

超重的 сверхтяжёлый

超重行李 перевес багажа

车辆标识 идентификация транспортных средств

车辆维修 ремонт транспортных средств

车辆自动标识（AVI） автоматическое распознавание транспортных средств (AOT)

撤销 аннулировать ультрапастеризованное молоко

撤销订货单 отмена заказа

撤销归类预先决定 отзыв предварительного решения о классификации товара

撤销合同 аннулировать контракт

撤销检疫生物疫区 локализация очага карантинного объекта

沉重的货物 товары тяжеловесные, громоздкие

称量漏斗 воронка-весы

成本 себестоимость

成本、保险费加运费，到岸价 стоимость, страхование и фрахт

成本加运费 стоимость и фрахт

成交价格；交易价 цена (стоимость) транзакции; стоимость сделки

成年旅客 взрослые путешественники

成品油 рафинированное масло

成熟度测定仪 тендерометр

成员国 страна-член

成组载货设备（ULD） средство пакетирования грузов;

устройство комплектования грузов

呈验货物　предъявление товаров таможенной службе

诚实性（无腐败行为）　безупречность (отсутствие коррупции)

承兑　акцепт

承兑汇票　акцептованный вексель; акцептованная тратта

承兑交单　документ против акцепта

承兑人　акцептант

承兑信用证　акцептный кредит

承兑远期汇票　акцептовать долгосрочный вексель

承兑支票　акцептированный чек

承运人；运输者　перевозчик

承运人标识　идентификация перевозчика

承运人交货地点　место доставки указанным перевозчиком

承运人名称　наименование перевозчика

承运人送达的自用物品　товар для личного пользования, доставляемые перевозчиком

承运人执照　разрешение на осуществление перевозок

程序　процедура

程序；方式；方法　порядок

程序滴定器　установка для программируемой дистилляции

澄清剂　осветлитель

虫害　повреждение насекаемыми

抽查　выборочная проверка

抽样　выборка; делать выборку; отбор проб (образцов)

酬金　вознаграждение

出（入）境海关　таможенный терминал

出发机场　аэропорт отправления

出发日期　дата выезда

出港船舶检疫证书　карантинный сертификат для исходящих судов

出港费　плата за выезд порта

出境地　место убытия

出境旅客　исходящие

пассажиры

出境旅客行李物品申报单 декларация о багаже выезжающего пассажира

出口 экспорт; вывоз

出口保理 экспортный факторинг

出口舱单 экспорт манифеста

出口代理商 агент по экспорту; экспортный агент

出口担保 экспортная гарантия

出口地海关 таможня в месте вывоза

出口关税及税费 таможенная пошлина вывозная; экспортные пошлины и налоги

出口管制 экспортный контроль

出口国 страна-экспортёр; экспортирующая страна

出口国主管机关 компетентный орган страны-экспортера

出口货物报关单 экспортная таможенная декларация; декларация на товары для экспорта

出口货物通关区域 зона оформления экспортных грузов

出口加工 обработка вне таможенной территории; обработка для экспорта

出口加工区 (EPZ) зона экспортной переработки (ЗЭП); зона переработки продукции на экспорт

出口价格计算 расчёт экспортной цены

出口检疫 экспортный карантин

出口交货通知 уведомление о доставке экспортного груза

出口交易 экспортная сделка

出口结关 экспортное таможенное оформление; экспортная таможенная очистка; экспортная очистка; разрешение таможни на экспорт

出口经纪人 брокер по экспорту; экспортный брокер

出口贸易公司 внешнеторговая

компания; торговая компания-экспортёр; экспортная торговая компания

出口配额　экспортная квота

出口融资　экспортное финансирование

出口商　экспортёр

出口申报单　экспортная декларация; экспортная грузовая декларация

出口税　экспортная пошлина

出口特区　особая экспортная зона

出口统计表　статистический документ（экспорт）

出口退税申请人　заявитель возврата налогов на экспортную продукцию

出口退税证明联签发　совместная выдача сертификата о возврате налогов на экспортную продукцию

出口外汇管制申报单　декларация валютного контроля（экспорт）

出口限制　ограничение на экспорт

出口信贷　экспортный финансовый кредит

出口许可　разрешение на вывоз/экспорт

出口许可申请书　заявление на разрешение на вывоз/экспорт; заявка на выдачу экспортной лицензии

出口许可证　экспортная лицензия

出口转运　перевалка на экспорт

出口租赁　экспортный лизинг

出库单　наряд на вывоз со склада

出入境手续;过境手续　пограничные процедуры; процедуры пересечения границы

出土文物　археологические находки

出血性败血症　геморрагическая септицемия

出证官员　ответственное должностное лицо за

初步调查 дознание

初步谈判 первоначальные переговоры

初孵雏 суточные птенцы

初级产品 первичная продукция

除臭 дезодорация

除去杂质；无害处理 обезвреживание

储存 хранение

储存条件 условия складирования

处罚决定 решение о наказании

处罚通知书 уведомление о штрафных санкциях

畜牧场 животноводческая ферма；пасбище

畜牧学家 скотовод

畜群 поголовье；стадо

传播途径 способ распространения

传播者 распространитель

传感器 датчик

传染病 инфекционная болезнь；инфекционное заболевание

传染期 период заразности

传染性有害生物 засоряющий вредный организм

传真 факс

船边交货（FAS） доставка груза к борту судна；свободно вдоль борта судна（FAS）；франко вдоль борта судна

船边提货 наряду с доставкой

船舶 судно；суда

（船舶）吃水线 ватерлиния

（船舶）抵港通知；到货通知 уведомление о прибытии

（船舶）改航 изменить маршрут

（船舶）检疫证书 санитарный патент

船舶舱单；船舶理货单 декларация судового груза；судовой манифест

船舶抵港通知 уведомление о прибытии судна

船舶吨税 тоннажный сбор

船舶港务费；入港费

портовые сборы

船舶国籍登记 регистрация гражданства судна

船舶国籍证 свидетельство о гражданстве судна

船舶监管检查情况通知书 уведомление о судовом надзоре и осмотре

船舶检验报告 отчёт об исследовании судна

船舶总申报单 генеральная декларация на корабль

船方不负担装卸费（FIO) свободно от расходов по погрузке и разгрузке

船货保险单 полис страхования грузов

船籍 национальная принадлежность судна

船籍港 регистрационный порт

船上交货（FOB) свободно на борту (FOB); франке-судно

船上用品 корабельный запас

船务代理人 судовой агент

船用物品 предметы судового снабжения

船员 член экипажа; экипаж

船运公司 судоходная компания

船运货物 карго; груз (судна, корабля)

垂直搬运 вертикальная грузообработка

垂直装卸方式（使用起重设备装载和卸载多式联运单元) вертикальный метод погрузки и выгрузки; Ло-Ло

纯本国生产的货物 товары, полностью произведенные в данной стране

纯奶 цельное молоко

纯凝乳或炼乳 концентрированное или сгущенное цельное молоко

重铬酸 двухромовая кислота

瓷坩埚 фарфоровый тигель

瓷研钵 фарфоровая ступка

慈善的 благотворительный

磁盘 магнитный диск

从价关税 адвалорные

пошлины и налоги

从价税 налог на стоимость

从价税率 налоговая ставка

从量税 специфическая пошлина

粗筛 грубое сито

篡改运输文件 фальсификация товаросопроводительных документов

催化剂 катализатор

磋商 консультация

D

达成以下协议 договориться о нижеследующем
打孔器 пробиватель; пробойка
大幅增长 колоссальный прирост
大件货物 крупногабаритный груз
大流行病 пандемия
大麻 конопля; марихуана
大麻二酚 каннабидиол
大麻酚 каннабинол
大麻及其衍生物 конопля и производные
大麻素 каннабиноиды
大数据 большие данные
大型和小型有角牲畜牛传染性胸膜肺炎 контагиозная плевропневмония крупного и мелкого рогатого скота
大修作业 операция по капитальному ремонту
大众传媒 Средства массовой информации (СМИ)
大宗散装商品 массовые товары
逮捕或扣留人员 арест или задержание лица
代理权；代理 агент
代码表 классификаторы; списки кодов (в классификаторах)
代收银行 банк-инкассатор
带骨头的肉 мясо на кости
带骨头的肉类半成品 мясокостный полуфабрикат
带乳脂替代物的冰激凌 мороженое с заменителем молочного жира
贷记（贷方）通知书；付款通知书 кредит нота; кредитовое авизо
待运通知 извещение о готовности к отправке
担保 обеспечение
单独关境 отдельная таможенная граница
单独海损

индивидуальные убытки при морских перевозках; частная авария

单价 цена за единицу

单件重量 штучный вес

单据行 строка документа

单一窗口 единое окно

单一窗口用户 пользователь единого окна

单一窗口环境 среда единого окна

单一窗口体系 механизм единого окна

单一窗口体系结构 архитектура механизма единого окна

单一窗口系统的功能兼容性 функциональная совместимость систем единого окна

单一关税 единая ставка; единообразная ставка; единый тариф

单一货物代码 (UCR) единый номер грузовой партии

单一数据提交门户网站 (SSP) Портал единовременного представления данных (ПЕПД)

单元；单位 единица

单证 документы

单证分发通知书 извещение о распределении документов

单证稽查 камеральная таможенная проверка

淡水雨淋险 страхование от дождя в пресной воде

弹药 боеприпасы

蛋黄酱 майонез

党委 партийный комитет; партком

党委委员 член парткома

党委纪检组组长 начальник группы по проверке дисциплины парткома

档案原件 исходный файл

到舱价 (FIB) франко баржа свободно от захвата и ареста

到达；抵达 прибыть

到达地海关 таможня прибытия

到达和离境申报 декларация о прибытии или отбытии

到达前处理 предварительная обработка

到付运费 фрахт, оплачиваемый в месте назначения

到货时限 срок доставки

到货通知；到港通知书 извещение о прибытии; уведомление о прибытии

到期日 дата погашения

倒扣法 метод вычитания

盗版光盘 пиратский диск

得到海关批准 получить разрешение таможни

地磅；桥秤 автовесы; весовая платформа

地方海关（局）региональная таможня; региональное таможенное управление

地方性法规 законоположения местного значения

地拉嗪 дипразин

地理信息系统（GIS）Географическая информационная система（ГИС）

地吗啡 дезоморфин

地区、法检产品和法检标的物的植物检疫状况 карантинное фитосанитарное состояние территории, подкарантинной продукции, подкарантинного объекта

地区名称证书 сертификат регионального наименования

地昔帕明 дезипрамин

登记手续 порядок регистрации

低成本高效率 с низким расходами и высоким эффективностями

低风险货物 товар с низким уровнем риска

低温恒温器 криостат

低温计 фригориметр

低温温度计 кататермометр

抵达（进境）прибытие

抵达地 место прибытия

抵达和离开的通知 уведомление о прибытии или отбытии

抵达前结关 предварительная очистка

抵消关税 компенсирующая таможенная пошлина

抵押关系终止 прекращение отношений залога

抵押品 предмет залога

第三方 третья сторона

第三方检测机构 сторонняя контролирующая организация

第三方物流（3PL） логистика третьей стороны

第三国企业名录 реестр предприятий третьих стран

蒂巴因 тебаин

缔约各方 каждая из договаривающихся сторон

缔约双方 договаривающиеся стороны；обе договаривающиеся стороны

点；条；款（法律用） пункт

电报 телеграмма

电导计 диагометр；кондуктометр

电动搅拌器 электромешалка

电弧炉 дуговая электропечь

电汇付款 оплатить электронным платежом

电解液；蓄电池用酸 аккумуляторная кислота

电解质 электролит

电离辐射 ионизирующее излучение

电炉 электроплитка

电偶高温计 пирометр

电商平台 платформа для электронной коммерции

电线运输 перемещение по линиям электропередачи

电影设备 кинооборудование

电子版本 электронная версия

电子报关单 электронное таможенное декларирование；электронная декларация

电子报文；电子通信 электронное сообщение

电子标签；射频识别 радиочастотная идентификация

电子出版物 электронная пресса

电子存档 электронное архивирование

电子发票 электронная

счёт

电子海关 электронная таможня

电子积分仪 электронный интегратор

电子交互主体 субъекты электронного взаимодействия

电子贸易 э-торговля

电子签名 электронная подпись

电子渠道 электронный канал

电子商务 электронный бизнес; электронные деловые операции; электронная коммерция; электронная торговля

电子商务示范法 типовой закон об электронной торговле

电子摄谱仪 бета-спектрограф

电子数据交换 электронный обмен данными (ЭОД); электронный обмен информацией

电子数据交换（EDI）唯一全球标准（UN/EDIFACT） Стандарт ООН для электронного обмена данными в управлении, торговле и на транспорте (ЭДИФАКТ; ЭДИФАКТ ООН)

电子天平 весы лабораторные электронные

电子通信的发起者 составитель электронного сообщения

电子通信的收件人 адресат электронного сообщения

电子文件 электронный документ

电子文件的纸质复印件 бумажная копия электронного документа

电子文件信息基础设施 общая инфраструктура документирования информации в электронном виде

电子显微镜 электромикроскоп

电子衍射仪 электронограф

电子银行 банкинг; интернет-банкинг; электронный банк

电子邮戳（EPM） электронный почтовый штемпель (ЭПШ)

电子运输记录 транспортная электронная запись
电子运输记录传输 передача оборотной транспортной электронной записи
电子政务 электронное правительство
电子支付 оплата в электронном виде; электронный платёж; э-платёж
电子支付系统 система электронных платежей
电阻高温计 электропирометр
电阻温度计 термометр сопротивления
调查 изучение
调查局 Бюро расследований
丁巴比妥 буталбитал
丁丙诺啡 бупренорфин
订舱清单; 货物订舱表 перечень забуксированных грузов
订舱确认书; 租船确认书 подтверждение на фрахтование тоннажа
订舱申请 заявка на фрахтование
订舱注册号 регистрационный номер фрахтования
订单 заказ
订单确认书 подтверждение заказа
订单状态跟踪 отслеживать статус заказа
订购单 поручение на закупку
订货付款 оплата при заказе
订货合同 договор заказа
订货人; 订货商 заказчик
定居卡 (绿卡) вид на постоянное жительство
定居中国的外国侨民 иностранные граждане, проживающие в Китае
定量分析滤纸 фильтр для количественного анализа
定量风险评估 количественная оценка риска
定期航班 регулярный рейс
定期货轮 регулярный грузовой пароход
定期检查 периодическая проверка
定期客轮 регулярный пассажирский пароход

定期申报；分阶段申报 периодическое таможенное декларирование

定时器 регляж

定性风险评估 качественная оценка риска

东道国 принимающая страна；страна-хозяин

东方经济论坛（2015 年由俄罗斯总统普京签署总统令决定，每年在符拉迪沃斯托克举行，以促进远东地区经济发展和国际合作）Восточный экономический форум（ВЭФ）

东南亚国家联盟（ASEAN）Ассоциация государств Юго-Восточной Азии（АСЕАН）

动物 животное

动物标识 идентификация животных

动物标识系统 система идентификации животных

动物福利（一种保护动物权利的原则）благосостояние животного

动物检疫 карантин для животных

动物检疫证书 сертификат карантина животных

动物类别 партия животных

动物流行病 эпизоотическое заболевание

动物卫生状况 зоосанитарный статус

动物源性食品原料 продовольственное（пищевое）сырьё животного происхождения

动物追溯 отслеживание животных

冻肉 замороженное мясо

胴体；屠体 туша

毒理学 токсикология

毒品贩子；毒贩 наркоторговец

毒品走私集团 группировка контрабанды наркотиков

毒物 яд

独立机构 независимый орган

端到端数据处理 сквозная обработка данных

短吨 короткая тонна

短量风险 риск потери

веса

短期旅客 краткосрочные путешественники

短卸 недостача груза

短卸货物证书 сертификат недостачи груза

短装 недопогрузка; непогруженный (недопущенный, недопоставленный) товар

堆装货物 навалочный груз

对进出口货物或与之有关的海关手续费 платежи и сборы за таможенное оформление, применяемые при импорте и экспорте или в связи с ними

对开信用证 взаимный аккредитив

对人类的有害影响 вредное воздействие на человека

对外加工装配 внешняя обработка и сборка

对外加工装配合同登记备案 регистрация и оформление договоров внешней обработки и сборки

对外加工装配合同核销 проверка контракта на внешнюю обработку и сборку

对外加工装配进出口货物监管 контроль внешней обработки и сборки импортные и экспортные товары

对外检疫 зарубежный карантин

对外开放 открыт для внешнего мира

对外开放政策 политика расширения общения с внешним миром

对外贸易 внешняя торговля

对外贸易活动 внешнеэкономическая деятельность (ВЭД)

对外贸易限制 ограничение во внешней торговле

对外贸易信贷 внешнеторговый кредит

对外贸易银行；外贸银行 внешнеторговый банк

对外贸易政策 внешнеторговая политика

对外贸易仲裁 внешнеторговый арбитраж

对周围环境有危险的传

染病 инфекционные заболевания, представляющие опасность для окружающих

吨 тонна (т.)

吨位 тоннаж

吨位标志 тоннажный марка

吨位税 тоннажный налог

炖煮的肉类产品 вареные продукты из мяса

炖煮和烤制的肉类产品 варено-запеченные продукты из мяса

炖煮和熏制的香肠制品 варено-копченое колбасное изделие

多边公约 многосторняя конвенция

多边贸易 многосторняя торговля

多边贸易谈判 (MTN) многосторонние торговые переговоры (МТП)

多次入境签证 многоразовая въездная виза

多次使用的容器 многооборотная тара

多哈工作方案 Дохийская рабочая программа (ДРП)

多价酸；多元酸 многоосновная кислота

多虑平 доксепин

多式联运 бесшовная мультимодальная работа; мультимодальные перевозки; смешанные перевозки

多式联运单证 (MTD) документ комбинированной перевозки; документ смешанной перевозки

多式联运集装箱 контейнер для комбинированной перевозки

多式联运集装箱转运站 узел перегрузки контейнеров с одного вида транспорта на другой

多式联运商 оператор смешанных перевозок

多式联运设备 интермодальное оборудование

多式联运提单 коносамент смешанной перевозки

多式联运托运人重量证书 (FIATA-SIC)

весовой сертификат грузо-отправителя для смешанной перевозки (ФИАТА-СТС)

多通道前处理系统 комплекс пробоподготовки многооперационный

多西拉敏 доксиламин

多因素分析 многофакторный анализ

多征的税款 завышенный налог

E

俄联邦标准计量认证署
Федеральное агентство по техническому регулированию и метрологии (Росстандарт)

俄联邦国库
Федеральное казначейство

俄联邦国家边界建设局
агентство по обустройству государственной границы (Рosгранстрой)

俄联邦海关署
Федеральная таможенная служба (ФТС)

俄联邦兽医和植物卫生检疫监督局（简称兽植局） Федеральная служба по ветеринарному и фитосанитарному надзору (Россельхознадзор)

俄联邦消费者权益保护和公益监督署
Управлеине Федеральной Службы по надзору в сфере защиты прав потребителей и благополучия человека (Роспотребнадзор)

俄联邦消费者权益保护与公益监督署（简称公益监督署）
Федеральная служба по надзору в сфере защиты прав потребителей и благополучия человека (Роспотребнадзор)

俄罗斯格洛纳斯导航系统 Глобальная навигационная спутниковая система (ГЛОНАСС)

俄罗斯海关学院
Российская таможенная академия

俄罗斯紧急情况部
Федеральное министерство, имеющее подведомственные аварийно-спасательные и противопожарную службы (МЧС России)

额外费用

дополнительные расходы

额外风险 добавочные риски

儿童果（蔬）汁产品 соковая продукция из фруктов и（или）овощей для детского питания

儿童食品 пищевая продукция для детского питания

二次原料乳 вторичное молочное сырьё

二等秘书 второй секретарь

F

发病率 заболеваемость
发放许可证（外贸） лицензирование（во внешней торговле）
发货人 грузоотправитель; отправитель груза; консигнант
发货人声明 декларация грузоотправителя
发货通知书；装船通知 извещение об отправке груза
发酵剂 ферментные препараты
发霉风险 риск заплесневения
发盘；报盘；报价；发价 оферта
发票 инвойс; счёт-фактура; чек
发票价格 фактурная стоимость/цена
发起国 страна-инициатор; страна, взявшая на себя инициативу
发射光谱仪 спектрометр
发送方指示 инструкция отправителя
发运单 отгрузочный лист
发运方 сторона-отправитель
发运令 ордер на отправку
发运日期 дата отправки
发展中国家特殊与差别待遇（SDT） специальный и дифференцированный режим для наименее развитых стран
罚款；滞纳金 штраф; пени; штрафные санкции
法典 кодекс
法定代表；法定代理人 законный представитель
法定担保 законное обеспечение
法定地址 юридический адрес
法定的免税限额 законная скидка с налога
法定检验 обязательная проверка
法定税率 законная

налоговая ставка

法定通报疫病；强制申报疾病 болезнь обязательной декларации

法检标的物 подкарантинные объекты

法检产品 подкарантинная продукция

法检产品的所有人 собственник подкарантинной продукции

法令；法规 законы и приказы

法律；法规 закон и право

法律文件 юридические документы

法律要素 правовой элемент

法人 юридическое лицо

砝码 контргруз

翻新 обновиться

反补贴税 антисубсидийные пошлины；компенсационная пошлина；уравнительная пошлина

反倾销法 антидемпинговый закон

反倾销税 антидемпинговая пошлина；таможенная пошлина антидемпинговая

犯罪；犯罪活动 совершить преступление

犯罪分子；罪犯 преступник

犯罪行为 преступное действие；преступное поведение

范围 сфера

方舱医院 модульный инфекционный госпиталь

防潮 беречь от влаги

防虫包装 антиинсектицидная упаковка

防风（中药） корень сапожиковии растопыренной；лазурник растопыренный

防腐剂 антисептика；консервант

防护服 защитная одежда

防护温度计 бронированный термометр

防护装备 защитное снаряжение（ЗС）

防结块剂

антикомкователь

防伪标签　этикетка с защитой от подделок

防疫隔离　профилактика и изоляция эпидемий

防止　предотвращать

防治有害生物　борьба с вредным организмом

放弃；委付　бросать

放弃权利、要求　отказаться от всех претензий

放弃收归国有监管方式　таможенная процедура отказа в пользу государства

放弃物品；遗弃物品　брошенные предметы

放射色谱仪　радиохроматор

放射性的　радиоактивный

放射性废物　радиоактивные отходы

放射性核素　радионуклид

放射性检测　радиоактивный анализ

放射性探伤仪　радиак

放射性污染　радиоактивное загрязнение

放射性物品　радиоактивное вещество

放行　выпуск

放行供境内消费（一般进口贸易）　выпуск для внутреннего потребления

放行货物　выпуск (товаров или грузов)

放行进入自动流通　выпуск в свободное обращение

放行决定　решение о пропуске

放行装运　разрешение на отгрузку

（飞机）机长　командир самолёта

飞机上交货价　стоимость поставки на самолете

非班轮运输　нелинейная перевозка

非法贩运　незаконный оборот

非法贸易　контрабандная торговля；запрещенная торговля

非关税壁垒（NTB）　нетарифный барьер（НТБ）

非关税措施　нетарифная мера

非关税调节措施　мер нетарифного регулирования

非贸易性货物

非贸易性物品 неторгуемые товары
非农产品市场准入 (NAMA) доступ на рынки несельскохозяйственной продукции; переговоры по NAMA
非肉类成分 немясной ингредиент
非乳成分 немолочные компоненты
非商业性交易 некоммерческая сделка
非商业性进口 некоммерческий импорт
非商业样品 образец, не имеющий коммерческой стоимости
非商业支付 некоммерческие платежи
非诉讼纠纷解决方式 альтернативное разрешение спора
非洲猪瘟 африканская чума свиней
非自动许可 неавтоматическое лицензирование
肺鼠疫 лёгочная чума
费用 расходы
费用的偿还 возмещение расходов
费用的分摊（负担） разделение затрат
分隔 компартментализация
分光光度计 спектрофотометр
分级筛 сито-классификатор
分类器；分选器 классификатор
分离运输行李 несопровождаемый багаж
分馏 фракционирование
分馏烧瓶 колба для дробной
分批载货 частичная загрузка
分批交货 доставка товаров в рассрочку
分批托运载货 частичная/ неполная партия товара / груза
分批装船 грузить судно партиями
分批装运 частичная отгрузка
分期 рассрочка
分期付款 платёж в рассрочку
分区；区划 зонирование
分析；化验, 验定 анализ
分析器 анализатор
分析天平 аналитические

весы
分析证书（COA） свидетельство о проведенном анализе; сертификат об анализе
分液漏斗 сортировочная воронка
分子筛 молекулярное сито; сита лабораторные контрольные
芬太尼 фентанил
芬太尼衍生物 производные фентанила
吩噻嗪衍生物 производный фенотиазин
酚酞试纸 фенолфталеиновая индикаторная бумага
粉尘 порошковая пыль
粉料 мука; Гранулированный материал
粉碎机 измельчитель
风险 риск
风险档案（risk profiles） профиль риска
风险范围 область риска
风险分析 анализ риска
风险管理 управление рисками
风险管理系统 система управления рисками
风险交流；风险沟通；风险通报 информирование о риске
风险评估 оценка риска
风险评估和管理体系 система анализа и управления рисками
风险水平 уровень риска
风险验证 идентификация риска
风险指标 индикатор риска
风险最小化措施 меры по минимизации рисков
封闭用品 укупорочное средство
封志 пломба; печать; пломбирование
疯牛病 коровье бешенство
蜂场 пасека
蜂箱 улей
蜂恙虫病 Акарапидоз пчел
伏特计 вольтметр
服务器 сервер
服务水平协议 Соглашение об уровне обслуживания
氟哌噻吨；盐酸三氟噻吨
复康素 флюпентиксол
符合；遵守 соответствовать
符合标准的运输标志 ъирка о соответствии требованиям при

перевозке; наклейка о соответствии требованиям при перевозке

辐射　радиация

辅料　материал добавки

腐殖酸　гуминовая кислота

付款额　сумма платёж

付款交单（CAD）торговый платеж (наличные) против документов

付款人　плательщик; трассат

付款日期　дата платежа

付款条件　условия платежа

付款协议　платёжное соглашение

付款银行　банк-плательщик

付款指示　платёжная инструкция; распоряжение о платеже

附加税　дополнительный налог

附加条款　дополнительный пункт

附件　приложение к документу

附录　приложение

附页（说明书）листок-вкладыш

附则　дополнительный правило

复查，复检　вторичная проверка

复出口；再出口　реэкспорт

复进口；再进口　реимпорт

复出口海关监管方式　таможенная процедура реэкспорта

复出口货物　реэкспортируемый товар

复出口植物检疫证书　реэкспортный фитосанитарный сертификат

复合关税；复税；混合税　смешанная пошлина

复合税率　комплексный тариф

复进口报关　декларация реимпорта

复进口海关监管方式　Таможенная процедура реимпорта

复进口许可证　лицензия на реимпорт

复议　вторичное обжалование

复议诉讼权利　право на обжалование постановления по делу об административном правонарушении; право на апелляцию

复印机 копировальное устройство
复原乳 восстановленное молоко
复杂多变的国际形势 сложная и изменчивая международная обстановка
副本 копия; дупликат
副参赞 заместитель советника
赋形剂 наполнитель
傅立叶分光光度计 фурье-спектрометр
富集乳 обогащённое молоко

G

改变货物特性 изменить характеристик товаров

改动 изменение

改善投资环境 улучшать среду инвестирования

盖片 защитное стекло; покровное стекло

概率取样 вероятностная выборка

坩埚 плавильник; тигель

坩埚电炉 тигельная электропечь

坩埚炉 тигельная печь

坩埚钳 тигельные щипцы

柑橘类水果细胞 клетки цитрусовых фруктов

感官指标 органолептические показатели

感染 заражение

感染；传染 инфекция

感染传播率（Ro 值） коэффицент распространения инфекции

感染区 зараженная зона

感染途径 путь инфекции

感染新冠病毒 заразиться коронавирусом

干的腌肉制品 сыровяленые продукты из мяса

干动物蛋白 сухие животные белки

干货 сухой товар

干货船 сухогрузный транспорт

干腊肠 сыровяленое колбасное изделие

干奶皮 сливки сухие

干奶渣 сухой молочный остаток; судовой творог

干牛奶乳清 сыворотка молочная сухая

干涉仪 интерферометр

干湿计 психрограф

干脱脂奶渣 сухой обезжиренной молочный остаток

干燥器 влагопоглотитель

干燥箱 шкаф сушильный

干制产品 сухой продукт

港口 порт

港口标志 портовая маркировка

港口费用单证 документы на портовые

港口管理局 администрация порта

港口社区系统（PCS） система портового сообщества

港口社区系统运营商 оператор системы портового сообщества

港口自由经济区 портовая СЭЗ

港务局 Администрация порта; портоуправление; портовое бюро

高层谈判 переговор на высоком уровне

高风险货物 товар с высоким риском

高速网络 высокоскоростной интернет

高汤 бульон

高新技术开发区 зона освоения новых высоких технологий

高新技术园区 парк новых и высоких технологий

高压灭菌器 автоклав

高压灭菌室 автоклавная

隔离（居家隔离） изоляция （самоизоляция）

个人文物复制品出境监管 контроль за вывозом копий личных культурных реликвий

个人中心（办理网络事务用）；个人办公室 личный кабинет

个人自用物品 личные вещи; личные предметы

给予礼遇 проявить любезность

根据法定权力 в соответствии с установленными законом полномочиями

跟单程序 процедура документооборота

跟单托收 документарное инкассо

跟单托运人 документарный грузоотправитель

跟单信用证 документарный (товарный) аккредитив

跟单信用证申请书 заявка на товарный аккредитив

工厂交货（EXW） франко-завод

工厂证明书 сертификат об изготовлении

工业废料 промышленный отход

工艺用剂 технологическое средство

工作语言　рабочие языки
工作组　рабочая группа
公报，公告；简报；通信　бюллетень
公布　опубликовать
公担　центнер
公共安全　общественная безопасность
公共保税仓库　всеобщий бондовый склад
公共承运人　общественный перевозчик；транспортная организация общего пользования
公共卫生　общественное здравоохранение
公共卫生监测　социально-гигиенический мониторинг
公共卫生条例　Правила общественного здравоохранения
公共卫生突发事件　чрезвычайные ситуации в области общественного здравоохранения
公共政策　публичная политика
公海　открытое море
公开拍卖　открытый аукцион
公里；千米　километр
公路和铁路车辆轮渡跳板　комбинированный автомобильный и железнодорожный мост
公路货物运输托运单；公路运单　автодорожная накладная
公路拖运　грузовые автомобильные перевозки
公路运输车辆　автотранспортное средство
公路运输代理人　агент по перевозке грузов автомобильным транспортом；посредник по грузовой автоперевозке
公路运输货物清单　бордеро；Манифест АГГ；перечень грузов, перевозимых автомобильным транспортом
公顷　гектар（га）
公司代表　представитель фирмы
公私合作伙伴关系（政府和社会资本合作）　государственно-частное партнерство
公务签证　служебная виза
公务用品；办公用品　канцелярские товары

公务员　государственный служащий
公钥　открытый ключ
公钥基础设施　инфраструктура открытого ключа (ИОК)
公正　беспристрастность
公证书　нотариальный акт; нотариальный документ
公证制度　нотариат; система нотариата
功率计　динамометр
功能等同性　функциональная эквивалентность
供应　поставка
供应链　цепь поставок
供应链管理 (SCM)　управление цепями (системами) поставок (УЦП)
供应商　поставщик
共同边界　общая граница
共同的; 共有的　общий
共同关心的问题　вопрос, представляющий общий интерес для обеих сторон
共同海关税则　общий таможенный тариф
共同海损　общая авария
共同走私　всеобщая контрабанда
钩损风险 (装卸作业中的损失风险)　риск потерь при погрузочно-разгрузочных работах
购货价　покупная цена
购买　закупка
购买—运输—付款模型　Модель Покупка-Доставка-Оплата
估价; 估值　оценивать; оценить
估价发票　счёт предварительный
估价和原产地联合证明书　совместное свидетельство об оценке и происхождении
估价人; 验估人; 验估员 (指海关负责进出口商品检验与估价的工作人员)　оценщик
古玩, 古董; 珍品　антиквариат
谷物　зерно
骨头　кость
骨制加工产品　продукт переработки кости
固冰浮桥通道　льдоукрепляющая понтонная переправа
固定税　фиксированный налог
固定住, 止动作用; 固定术, 制动术; 宰前麻醉　иммобилизация
固体废物　твёрдые

отходы

固体废物进口许可证 лицензия на ввоз твёрдых отходов

顾问 консультант-советчик

顾问工作 консультирование

关键控制点清单 перечень критических контрольных точек

关境 таможенная территория

关境内商品加工许可证 лицензия на переработку товаров на таможенной территории

关税 пошлина; таможенная пошлина

关税保护制度 система тарифной защиты

关税保险 страхование пошлины

关税壁垒 таможенный барьер; тарифные ограничения; тарифный барьер

关税的延期支付 кредит таможенный

关税调节措施 меры таможенно-тарифного регулирования

关税改革 реформа тарифов

关税及贸易总协定 (GATT) Генеральное соглашение по тарифам и торговле (ГАТТ)

关税及税费 пошлины и налоги

关税减让 уменьшение или отмена пошлин

关税缴纳 таможенные платежи

关税联盟要求 требования Таможенного союза

关税配额 квота тарифная; пошлинный контингент; тарифная квота

关税水平 уровень таможенных пошлин

关税税率 таможенный тариф

关税同盟 Таможенный союз

关税同盟企业名录 реестр предприятий Таможенного союза

关税退补 возвращение и уплата таможенного налога

关税退还 возврат таможенной пошлины

关税限额 тарифные контингенты

关税协定 соглашение о таможенных тарифах

关税约束 связанная ставка пошлин

关税滞纳 несвоевременная уплата налогов

关税追征 дополнение таможенной пошлины

关铁通 Партнёрство таможенных органов и железнодорожных операторов (СТОР)

《关于货物实行国际转运或过境运输的海关公约》(简称TIR公约) Таможенная конвенция о международной перевозке грузов с применением книжки МДП (конвенция МДП)

《关于货物暂准进口的ATA报关单证册海关公约》(简称ATA公约) Таможенная Конвенция о карнете ATA для временного ввоза товаров (Конвенция АТА)

《关于简化和协调海关业务制度的国际公约》(《京都公约》) Международная конвенция об упрощении и согласовании таможенных процедур (Киотская конвенция)

《关于商用和民用公路车辆暂时进口的海关公约》(1954年和1956年) Таможенные конвенции о временном ввозе частных и коммерческих дорожных перевозочных средств, 1954 и 1956 гг.

官方监控计划 официальная профилактическая программа

官方兽医 официальный ветеринарный врач

官方兽医监管 официальный ветеринарный контроль

官方行情 официальная конъюнктура

管道镜；光学孔径检查仪 бороскоп

管道运输 перемещение трубопроводного транспорта

管道运输货物 товар, перемещаемых трубопроводным транспортом

灌装货物 наливной груз

罐头 консервы

光电比色计 фотоколориметр; электрофотоколориметр

光电分析器 фотоанализатор

光度计 люминометр
光票 чистая тратта; чистый переводной вексель
光票和跟单汇票 чистый коносамент и документарная тратта
光学读数分析天平 анализ-весы с оптическим отсчётом
广告品 рекламные материалы
广告品及表演用物品 рекламно-демонстрационный материал
广口瓶 широкогорлый бутыль
广口烧瓶 широкогорлая колба
归类错误 неверная классификация
归类决定 решения о классификации товаров
归类决定的解释 разъяснение о классификации отдельных видов товаров
归类预裁定 предварительные решения о классификации товаров; принятия предварительных решений о классификации товаров
规费；费用 сборы
规章；制度 порядок
轨道衡；车辆秤，地磅 вагонные весы
轨距 ширина колеи
贵重的 ценный
贵重物品 ценные вещи
滚装货 трейлерный груз
滚装货船（Roll-on、roll-off） ролкер, ро-ро
滚装集装箱 трейлерный контейнер
滚装码头 терминал ро-ро
滚装式 бескрановая погрузка
滚装运输（Ro-Ro） горизонтальный метод погрузки и выгрузки（Po-Po）
国籍证书 свидетельство о гражданстве
国际奥林匹克委员会（简称国际奥委会，IOC） Международный олимпийский комитет
国际标准贸易分类（SITC） Международная стандартная торговая классификация

（МСТК）；
Стандартная международная торговая классификация（СМТК）

国际博览会 международная выставка

国际初审报告（IPER） заключение международной предварительной экспертизы

国际初审单位（IPEA） орган международной предварительной экспертизы

国际船舶和港口设施保安规则（ISPS） Международный кодекс по охране судов и портовых сооружений（ОСПС）

国际法准则 нормы международного права；международно-правовые нормы

国际公路运输 международный автомобильный транспорт

国际公路运输证 Разрешение на международные автомобильные транспорты

国际公约 международный договор

国际惯例 международная практика

国际过境运输 международная транзитная перевозка

《国际海运危险货物规则》（简称 IMDG 规则） Международный кодекс морской перевозки опасных грузов（МКМПОГ）

国际航空机场 международный аэропорт

国际航空邮件 международная авиапочта

国际合作 международное сотрудничество；международное взаимодействие

国际红十字会 Международный комитет Красного Креста；Международный Красный крест（МКК，МККК）

国际货币基金组织 Международный

валютный фонд (МВФ)
《国际铁路货物联运协定》（SMGS） Соглашение о международном железнодорожном грузовом сообщении (СМГС)
国际货运代理人 международный грузовой экспедитор
国际货运代理协会联合会（FIATA） Международная федерация экспедиторских ассоциаций (ФИАТА)
《国际货运规则》 Правила международных грузовых перевозок (ПМГП)
《国际集装箱安全公约》 Международная конвенция по безопасным контейнерам (КБК)
国际贸易 международная торговля
国际贸易法 международный торговый закон
国际贸易惯例 практика международной торговли
国际贸易商品名录 Международные товарные номенклатуры
《国际贸易术语解释通则》（INCOTERMS） Правила Международной торговой палаты (МТП) для использования торговых терминов в национальной и международной торговле (Инкотермс)
国际贸易税则 налогообложениемеждународных торговых операций
国际贸易与商务 международная торговля и коммерция
国际贸易证书 международный торговый сертификат
国际民航飞机 международный гражданский самолет
国际兽医证书 международный ветеринарный сертификат
国际条约 международные договоры

国际铁路联运 международные транзитные железнодорожные перевозки

《国际铁路危险品运输规则》(RID) Правила международной перевозки опасных грузов по железным дорогам (МПОГ)

《国际铁路运输公约》(COTIF) Конвенция о международной перевозке грузов железнодорожным транспортом (КОТИФ; КМЖП)

国际铁路运输海关申报单 международная таможенная декларация МЖДП

国际文本 международные акты

国际文件 международные документы

国际新秩序 новый международный порядок

国际信息交换 международный информационный обмен

国际形势 международная обстановка

国际性会议 международная конференция

国际邮件 международное почтовое отправление (МПО)

国际邮件互换局 управление обмена международной почты

国际运输的运输工具 транспортное средствр международной перевозки

《国际植物保护公约》(IPPC) Международная конвенция по карантину и защите растений (МККЗР)

国家法定注册 государственная регистрация в соответствии с законодательством

国家服务 государственная услуга

国家公路交通管理局 Государственная автомобильная инспекция (ГАИ)

国家公务人员 госслужащий

国家机构职能 функции государственных

органов

国家流程 государственные процедуры

国家贸易和运输便利化委员会（NTTFC） Национальный комитет по упрощению торговых и транспортных процедур（НКУТТП）

国家兽医检验员 госветинспектор

国家税务总局 Главное государственное налоговое управление

国家外汇管理局 Государственное управление валютного контроля

国家卫生监督 ведомственнный санитарный надзор

国家卫生流行病学规定和标准（简称卫生规定） государственный санитарно-эпидемиологические правила и нормативы（санитарные правила）

国家卫生流行病学监督 государственный санитарно-эпидемиологический надзор

国家行业技术规范和标准 национальные отраслевые технические нормы и стандарты

国家预算收入 доход федерального бюджета

国家植物检疫监督 государственный карантинный фитосанитарный контроль（надзор）

国家植物检疫监督证书 акт государственного карантинного фитосанитарного контроля（надзора）

国家总卫生医师 главный государственный санитарный врач

国境交货 франко граница

国库 государственная казна；государственный бюджет

国民待遇 национальный режим

国民生产总值（GDP） Валовая национальная продукция（ВНП）

国内仓库 внутренний склад

国内承运人 внутренний перевозчик

国内法 внутригосударственное законодательство

国内海关监管仓库 внутренний таможенный склад (ВТС)

国内航权（空运） каботаж (воздушный)

国内汇兑 внутренний валютный обмен

国内货运站 внутренний грузовой терминал

国内价格 внутренняя цена

国内生产总值（GDP） валовой внутренний продукт (ВВП)

国内市场 внутренний рынок

国内卫生保护 санитарная охрана территории

国内卸货地点 внутреннее место разгрузки

国内疫情 внутренняя эпидемия

国内运输；国内段营运 внутренние перевозки; внутренний транспорт

国外代理商 иностранный агент

国外销售代理 зарубежный торговый агент

国外疫情 эпидемии за рубежом

国有企业 госпредприятие; государственное предприятие

果（蔬）蜜 фруктовый и (или) овощной нектар

果（蔬）泥 фруктовое и (или) овощное пюре

果（蔬）肉 фруктовая и (или) овощная мякоть

果（蔬）汁产品 соковая продукция из фруктов и (или) овощей

果（蔬）汁产品的封存 консервирование соковой продукции из фруктов и (или) овощей

果（蔬）汁产品的污染 загрязнение соковой продукции из фруктов и (или) овощей

果（蔬）汁饮料 фруктовый и (или) овощной сокосодержащий напиток

果冻 холодец

果汁 сок
过境便利 удобный проезд
过境国 транзитная страна
过境货物 транзитный товар
过境货物报关单；申报单 транзитная таможенная декларация; декларация на товары для таможенного транзита
过境货物舱单 транзитный грузовой манифест
过境贸易；转口贸易 транзитная торговля
过境人员 транзитный персонал
过境税；转口税 транзитная пошлина
过境许可证（从海关仓库出口货物） транзитное разрешение на вывоз товара с таможенного склада
过境邮袋 транзитная почтовая сумка
过境运输 международный транзит; транзитные грузоперевозки
过境运输代理人 транзитный агент
过境自由 свобода транзита
过滤干燥器 фильтр-влагоотделитель
过滤漏斗 фильтр-воронка
过期（失效）的证书 неэффективное свидетельство
过期的签证 просроченная виза
过期提单 просроченный коносамент
过氧化氢 первтин

H

哈尔滨（中国） Харбин (Китай)

哈尔姆斯塔德（瑞典） Хальмстад (Швеция)

哈科特港（尼日利亚） Порт-Харкорт (Нигерия)

哈利法克斯（加拿大） Галифакс (Канада)

哈瓦那（古巴） Гавана (Куба)

还原果汁 восстановленный сок

海法（以色列） Хайфа (Израиль)

海防（越南） Хайфон (Вьетнам)

海关 таможенная служба

(海关) 识别标识 средства идентификации

(海关) 暂准进口 временный допуск (ввоз)

海关保管没收货物的仓库 склад для хранения конфискованных товаров

海关保税仓库 таможенный бондовый склад

海关保证金 гарантии (надежность) таможенного обеспечения

海关边境；关境 таможенная граница

海关编码 код Товарной номенклатуры

海关便利待遇、设施 таможенные льготы; офисы и другое таможенное оборудование

海关仓储费 таможенные сборы за хранение товаров

海关仓库监管方式 Таможенная процедура таможенного склада

海关仓库所有者 владелец таможенного склада

海关查验（外形查验） таможенный осмотр

海关查验（彻底查验） таможенный досмотр

海关查验规则 правила таможенного осмотра

海关查验和封存建议 уведомление о необходимости таможенного осмотра и пломбирования

海关查验区 зона таможенной проверки

海关查验文件和材料 документы и сведения, необходимые для таможенного контроля

海关场所 здание таможни

海关承运人 таможенный перевозчик

海关承运人许可证 лицензия на осуществление деятельности в качестве таможенного перевозчика

海关程序；海关监管方式 таможенная процедура; таможенный режим

海关从价税 таможенная пошлина адвалорная

海关大尉 капитан таможенной службы

海关代表；报关代理人 таможенный представитель

海关代码修订 пересмотр таможенного кодекса

海关担保制度 режим таможенной гарантии

海关单据表格 бланк таможенного документа

海关单证 таможенный документ

海关单证结构和格式 структура и формат таможенных документов

海关的职权和现有资源 компетентность и доступные ресурсы таможенной власти

海关电子公告栏 электронная доска объявлений таможни

海关调查 таможенное обследование

海关对外贸易统计 таможенная статистика внешней торговли

海关发票 таможенная фактура

海关罚款；滞纳金 таможенные пени

海关法 таможенное законодательство; таможенный закон

海关法的适用与执行 применение и обеспечение

соблюдения таможенного законодательства
海关法典 таможенный кодекс
海关法律框架 нормативно-правовая база таможенного контроля
海关放行单 уведомление о выпуске товаров таможней
海关风险 таможенный риск
海关风险布控管理系统 система управления рисками таможенного контроля
海关风险处置 устранение таможенных рисков
海关风险管理 управление таможенными рисками
海关风险信息 информация о таможенных рисках
海关封志 таможенная пломба
海关附近边境指定区域缉私 борьба с контрабандой в специально отведенных местах на границе возле таможни
海关附近沿海沿边规定地区 обозначенный участок вдоль побережья возле таможни
海关估价 таможенная оценка
海关估价方法 методы таможенной оценки
海关估价协定 Соглашение о таможенной стоимости
海关关徽 таможенная эмблема
海关关衔 таможенное звание
海关关衔制度 система таможенных званий
海关关员 должностное лицо таможенных органов
海关官方标志 таможенный официальный знак
海关管理 управление таможенной деятельностью
海关规费 таможенный сбор
海关规章；海关监管 таможенное регулирование
海关合作理事会（CCC）

Совет таможенного сотрудничества

海关合作理事会秘书处 Секретариат Совета таможенного сотрудничества

海关核准路线 маршрут, одобренный таможенной службой

海关货物报表 отчёт о грузе для таможенных целей

海关货物报关单 грузовая таможенная декларация (ГТД)

海关货运单位 транспортная единица

海关机构 таможенные власти; таможенный орган

海关基础设施 таможенная инфраструктура

海关缉私警察 таможенная полиция по борьбе с контрабандой

海关稽查；海关检查 таможенная проверка; контроль после выпуска товаров

海关稽查对象 объект таможенной проверки

海关稽查结论 заключение таможенной проверки

海关稽查结论通知书 уведомление о заключении таможенной проверки

海关稽查权力 право таможенной проверки

海关稽查实施 осуществление таможенной проверки

海关稽查证明 свидетельство таможенной проверки

海关稽查组 группа таможенной проверки

海关集中查验机构 централизованный пункт таможенного досмотра

海关加封货物 товары, пломбированные таможней

海关间定期交换信息 обмен информацией между таможенными органами на регулярной основе

海关监管 таможенный контроль

海关监管库设立许可证 лицензия на учреждение таможенного склада

海关监管区（域） зона таможенного контроля; таможенная зона

海关监管区外商品加工许可证 лицензия на переработку товаров вне таможенной территории

海关监管下的商品加工许可证 лицензия на переработку товаров под таможенным контролем

海关监管形式 форма таможенной контроля

海关监视 таможенное наблюдение

海关检查人员 таможенный инспектор

海关检查站；关卡 пост таможенного досмотра

海关鉴定 таможенная экспертиза

海关缴款单 таможенный приходный ордер (ТПО)

海关经纪人许可证 лицензия на осуществление деятельности в качестве таможенного брокера

海关立即放货申报单 декларация о немедленном таможенном высвобождении

海关瞒骗 таможенное мошенничество

海关拍卖 таможенный аукцион

海关配额 таможенная квота

海关人身检查 личный таможенный досмотр

《海关商品估价公约》(1950) Конвенция об определении таможенной ценности товаров

海关上将 генарал-полковник таможенной службы

海关上尉 старший лейтенант таможенной службы

海关上校 полковник таможенной службы

海关上准尉 старший прапорщик таможенной службы

海关少将 генерал-майор таможенной службы

海关少尉 младший лейтенант таможенной службы

海关少校 майор таможенной службы

海关申报 таможенное декларирование； таможенная заявка

海关审计 таможенный

аудит

海关实验室 таможенная лаборатория

海关事务 таможенное дело

海关事务通报 информирование по вопросам таможенного дела

海关事务磋商 консультирование по вопросам таможенного дела

海关收据 таможенная квитанция

海关收入 таможенные доходы

海关手续；通关手续 таможенная процедура; таможенные формальности

海关授权机关 уполномоченный таможенный орган

海关数据自动化系统（ASYCUDA） автоматизированная система таможенных данных（АСИКУДА）

海关税费 таможенные платежи

海关税收 таможенные доходы

海关税则目录 таможенная номенклатура

《海关税则商品分类目录公约》 Конвенция о классификации товаров таможенных тарифов

海关随附单证 таможенный сопроводительный документ

海关特殊监管区域 специальная зона таможенного контроля

海关提货单 таможенное извещение о поставке

海关通关；办理通关手续 таможенное оформление

海关统计 таможенная статистика

海关退税凭单 таможенное удостоверение на возврат таможенных пошлин

海关退税证明 дебентура

海关外汇条例 Таможенно-валютные правила

海关文件 таможенные документы

海关无纸化报关程序 процедуры

海关系统 таможенная система

海关项；用于海关目的的货物单位 единица товара для таможенных целей

海关协调制度 гармонизация таможенных правил

海关行政命令、裁决或决定 таможенное административное постановление, определение или решение

海关学院 таможенная академия

海关巡逻艇 дозорный таможенный катер

海关押运 таможенное сопровождение

海关押运费 таможенные сборы за таможенное сопровождение товаров

海关业务统计 статистика таможенных операций

海关印章 таможенная печать

海关运输报表 отчёт о перевозке для безбумажного таможенного декларирования таможенных целей

海关站；海关办事处 таможенный пункт/пост

海关征收滞报金收据 квитанция об уплате сбора за просрочку декларации

海关政策 таможенная политика

海关职责 цель таможенных органов

海关制度；海关监管方式 таможенный режим

海关制度的简化和协调 упрощение и гармонизация таможенных процедур

海关制服 таможенная форма

海关中将 генерал-лейтенант таможенной службы

海关中尉 лейтенант таможенной службы

海关中校 подполковник таможенной службы

海关专家（鉴定人）таможенный эксперт

海关专家结论 заключение таможенного эксперта

海关专业统计 таможенная

统计 statistika spetsial'naya

海关准尉 прапорщик таможенной службы

海关总署 Главное таможенное управление КНР

海关作业 таможенная операция

海关作业现场 место совершения таможенных операций

海里 морская миля

海陆联运 смешанная наземно-морская перевозка

海洛因 героин

海商法 морское право

海上保险 морское страхование

海事报告 морской отчёт

海事的；海上的 морской

海损 морская авария

海损理算人 аварийный комиссар; диспашер

海损条款 оговорка об авариях

海外华侨 зарубежный китайский

海外侨商 иностранные китайские бизнесмены

海洋经济区 морская экономическая зона

海洋运输，海运；远洋运输 морская перевозка

海洋资源 морские ресурсы

海运承运人 морской авианосец

海运港口 морской порт

海运货物 морской груз

海运联程提单；联运提单 сквозной коносамент

海运履约方 морская исполняющая сторона

海运提单 морской коносамент

海运运单 морская накладная

害虫 насекомые-вредители

含胶原蛋白的原料加工产品 продукт переработки коллагенсодержащего сырья

含胶原蛋白原料 сырьё коллагенсодержащее

含肉的半成品 мясосодержащий полуфабрикат

含肉的产品 мясосодержащий продукт

含乳成分罐头 молочные составные консервы

含乳复合产品

含乳复合产品 молочный составной продукт

含乳罐头 молокосодержащие консервы с заменителем молочного жира

含乳品 молокосодержащий продукт

含糖脱脂炼乳 сгущенное с сахаром обезжиренное молоко

含添加物的食品 обогащённая пищевая продукция

航班舱单 авиационный полетный лист; манифест полета

航空货运 авиаперевозка грузов

航空器总申报单 общая декларация воздушного судна

航空托运单 экспедиторская авианакладная; домашняя авианакладная

航空险；空运险 страхование авиации

航空运输；空运 авиаперевозка

航空总运单（MAWB） основная (мастер) авианакладная

航线 судоходная линия

航运关税 морской транспортный тариф

毫米 мм (миллиметр)

合成药物 синтетические виды наркотиков

合法出口 легальный вывоз

合法进口 легальный ввоз

合法贸易 легальная торговля

合法性 законность

合格评定 оценка соответствия

合格评定程序 процедура оценки соответствия

合格证书 сертификат соответствия

合计件数 общее количество штук

合理收费 умеренные сборы

合理数量 разумное количество

合同 контракт

合同的货币条款 валютные условия контракта

合同规定的质量 качество контракта

合同规定的转运月份 месяц передачи, указанный в договоре

合同号码 номер контракта
合同条款 положение контракта
合同细则 договорные условия
合同责任 контрактная ответственность
合资经营企业 совместное предприятие
合资经营区 зона совместного предпринимательства
合资企业 совместное предприятие (СП)
合作；协作 сотрудничество
合作经营 кооперативное хозяйствование
核查 проверка；аудит
核查并核销 рассмотрение и устранение
核磁共振摄谱仪 спектрометр ядерного магнитного резонанса
核对清单 проверка список
核实 проверить
核算指标 расчётная показатель
核心构件 ключевые компоненты
核注 списание
核准 утвердить
盒式录音带 аудиокассета
黑色通关；走私 чёрные схемы, контрабанда
黑色通关经纪人；走私分子 чёрный брокер, контрабандист
恒湿器 гигростат
恒温干燥箱 термостат-сушилка
恒温器 термостат
烘箱 духовка；духовой шкаф
红景天 родиола розовая
红铃虫 розовый червь хлопчатника
红色条款 красная оговорка
红色条款信用证 аккредитив с красной оговоркой
红色通道 красный коридор
红外分光光度计 ИК-спектрофотометр
红外光度计 фотометр для инфракрасных лучей
红外光谱仪 ИК-спектрограф
红外线测定仪 теплопеленгатор
虹吸管 сифон

后续管理 последующий контроль

后续稽查；审计 последующий аудит

厚度计 толщиномер

候机大楼 пассажирский аэровокзал

候置处 скотоприёмник

猴痘 обезьянья оспа

呼吸机 аппарат искусственной вентиляции легких（аппарат ИВЛ）

互操作性 интероперабельность（компьютерных систем）；функциональная совместимость

互换照会 обмен нотами

互惠待遇 право взаимного благоприятствования

互惠的 взаимовыгодный

互惠关税 взаимовыгодные пошлины

互惠贸易 взаимовыгодная торговля

互惠协定 взаимовыгодное соглашение

互惠关税协定 соглашение о взаимовыгодной пошлине

互联互通 взаимосвязанность；взаимная связь и взаимное сообщение

互谅互让 взаимопонимание и взаимная уступчивость

互免签证协议 соглашение о безвизовом режиме

护照持有人 владелец паспорта

护照签发机关 орган выдачи паспортов

护照有效期届满 срок действия паспорта истекает

护照有效期延长至 срок действия паспорта продлен до какого времени

滑动的 скользящий

滑动税率 скользящий тариф

化学试剂 химреактивы

化验证明书 сертификат анализа

怀疑 сомневаться

环巴比妥 циклобарбитал

环保安全公路货车 экологически безопасный грузовой

автомобильный транспорт

环保部 Министерство охраны окружающей среды

环保项目 природоохранный проект

环境保护 защита окружающей среды

环境污染 загрязнение окружающей среды

缓冲区 буферная зона

换轨站 станция смены колесных пар; перегрузочная станция

换文（函） обмен нотами (письмами)

黄金交易 золотая торговля

黄曲霉毒素风险 риск афлатоксина

黄热病 жёлтая лихорадка

黄油 сливочное масло

蝗虫 саранча

灰色清关 серая растаможка

灰色通关代理人 серый брокер

回收利用 утилизация

汇率 валютный курс

汇票 вексель; тратта

会晤议程 повестка дня собрания; повестка заседания

会议纪要 протокол заседания

会议厅；会场 зал заседания

贿赂海关关员 подкуп таможенников

混合货物托运 смешанная отправка; смешанная партия товаров; сборная отправка грузов

混合信贷 смешанный кредит

混合型食品 пищевая продукция смешанного состава

混装 смешанная упаковка

混装货物 консолидированный товар; смешанный груз

活鱼 рыба живая

火漆 сургуч

火漆印 сургучная печать

火腿罐头 ветчинные консервы

火险 страхование от огня

货币 валюта; деньги; денежное обращение

货币汇票 валюта тратта

货币监管 валютный контроль

货币违法行为 валютные преступления

货场 товарный склад

货代仓库收据 складская расписка экспедитора

货到付款（COD） наложенный платёж; оплата при доставке

货到付款金额 сумма оплаты при доставке; сумма наложенного платежа

货交承运人（FCA） франко перевозчик

货流；供应流 грузопоток

货位 грузовое место

货物 груз；товар

货物、物品通过关境边界的地点 место перемещения товаров через таможенную границу

货物、物品原产地预载定 предварительные решения о происхождении товаров,

货物、物品原产地证书 сертификат о происхождении товара

货物（运输工具载运的商品、产品、货物） груз (товары/продукты/фрахт, перевозимые при помощи транспортных средств.)

货物检疫证明 карантинное свидетельство

货物包装 упаковка товара

货物保险 страхование груза

货物报单的审核 проверка грузовой декларации

货物报关验放 таможенное оформление товаров и грузов

货物标识 идентификация товаров

货物舱单；载货清单 грузовой манифест

货物出口 экспорт товаров；вывоз товаров

货物的进口、出口、转运、过境、移动或存储 прибытие и убытие товаров, перевалка товаров, перемещение или временное хранение товаров и таможенный транзит

货物放行 выпуск товаров

货物分类 категория товара

货物感染 заражение (товара)

货物供应合同 договор поставки товара

货物和旅客的往来 импорт и экспорт товаров и пассажиров

货物和运输工具查验 досмотр товаров и транспортных средств

货物加贴条码 штриховое кодирование товаров

货物监管证书 свидетельство о контроле товаров

货物监管证书申请书 заявка на свидетельство о контроле товаров

货物交付 доставка груза

货物进出关境 перемещение товаров через таможенную границу

货物进口 ввоз товаров

货物控制权 право контроля над грузом

货物扣留 задержание груза

货物临时存储 временное хранение товара

货物留置权（保留货物以确保收到运费的权利） право удержания груза в обеспечение получения платежа за фрахт

货物流动方向 направления перемещения товаров

货物描述 описание груза

货物明细 подробные данные о грузе

货物明细单 спецификация груза; спецификация товаров

货物清关 таможенная очистка груза/товаров

货物入库 поступление товара на склад

货物申报 грузовая декларация

货物申报单 декларация на товары

货物申报前的海关手续 таможенные формальности, предшествующие подаче декларации на товары

货物收据 грузовая

квитанция; расписка в получении товаров; торговая расписка в получении груза; расписка в получении груза

货物特性 точные сведения о характеристиках товаров

货物通用清单 общий список грузов

货物退回 возврт груза

货物完税价格确定及其运用方法 методы определения таможенной стоимости товара и порядок их применения

货物携运人 лица, перемещающие товары

货物信息预报系统（ACIS） система предварительного уведомления о передвижении грузов（АКИС）

货物延迟 задержка груза

货物原产地（国） происхождение товара; страна происхождения товаров

货物原产地声明 декларация о происхождении товара

货物运价里程（千米） тарифная дистанция, км

货物运输; 货运 грузовой транспорт; грузовые перевозки; перевозка грузов; грузоперевозка

货物暂准进口单证册（简称 ATA 单证） карнет ATA; книжка ATA

货物装卸作业机构 организация, обрабатывающая груз

货物总申报单 общая декларация

货样 образцы товара; проба

货运报表 отчёт о грузоперевозках

货运船舶 грузовое судно

货运代理 экспедирование（грузов）

货运代理人 грузовое транспортно-экспедиционное агентство; экспедитор;

перевозчик
货运代理人发给出口商的通知书 извещение экспедитором экспортера
货运代理人发给进口代理的通知书 извещение экспедитором агента импортера
货运代理人发票 счёт фактура экспедитора; счёт экспедитора
货运代理商 экспедитор; транспортный агент
货运代理收货凭证 экспедиторский сертификат о получении груза
货运代理佣金 комиссия экспедитора
货运代理运输凭证 транспортный сертификат экспедитора
货运单 грузовая накладная
货运服务 транспортные услуги
货运公司 компания-фрахтователь
货运量 объём грузовых перевозок
货运手续 грузовые операции
货运信息管理系统 информационная система грузового сообщества
货运整合 комплектация мелких отправок в сборные отправки
货运周转量 грузооборот
货主；货物所有人 владелец
获得国际实验室认可合作组织认证的实验室名录（ILAC）Перечень лабораторий, получивших разрешение на использование знака（ILAC）
获得进口许可证 получить импортную лицензию
获得联盟商品地位的商品 товары, которые приобрели статус товаров Союза
获取解释 получение объяснений
霍乱 холера
豁免 освободить

J

机场；航空站 аэропорт

机电产品 электромеханические изделия

机对机（M2M）通信 связь между машинами（M2M）

机器；机床；车辆 машина

机械去骨肉 мясо механической обвалки（до обвалки）

机械设备 механическое оборудование

机组人员；船员 состав экипажа；список экипажа

积分仪 интегратор

积载；货物积载 штивка, укладка груза

基本豁免；基本免税额 базовое освобождение

基本上同意 в основном согласны

基本生物安全条件 основные условия биобезопасности

基础设施 инфраструктура

缉毒犬 собака-детектор наркотиков

缉私；反走私 борьба с контрабандой

缉私海关 оперативная таможня

缉私局 управление по борьбе с контрабандой

缉私人员 сотрудник по борьбе с контрабандой

稽查 проверка；аудит；контроль на основе методов аудита；контроль после выпуска товаров

稽查补税 возмещение налога на аудит

稽查程序 порядок таможенной проверки

稽查方法 метод таможенной проверки

激化；激活 активизироваться

激励 стимулировать；простимулировать

极谱摄影仪 фотополярограф

极谱仪 полярограф

即期付款 текущие платежи

即期汇票 вексель（тратта）на предъявителя

急性病毒性呼吸道感染 острая респираторная вирусная инфекция (ОРВИ)

(疾病的) 潜伏期 инкубационный период

疾病发生并扩散 возникновение и распространение заболеваний

疾病流行率；动物疫病发生率；患病率 превалентность

疾病系统防治制度 диспансеризация

疾病预防控制中心 центр по контролю и профилактике заболеваний

集体保护主义 коллективный протекционизм

集中审单 централизованный аудиторский документ

集中受理点 координационный центр

集装箱 контейнер; фрахтовый контейнер

集装箱空箱 пустой контейнер

集装箱拼装货物 укрупнённый товар

(集装箱) 重箱 загруженный контейнер

集装箱安全倡议 (CSI) Инициатива по обеспечению безопасности контейнерных перевозок

集装箱舱单 контейнерный манифест (упаковочный лист грузовых единиц)

集装箱场站 (CFS) контейнерная грузовая станция (КГС); контейнерная фрахтовочная станция

集装箱堆场 контейнерная станция; контейнерный двор

集装箱港 контейнерный порт

集装箱化 контейнеризация

集装箱货物 контейнерный груз

集装箱货运；集装箱运输 контейнерная перевозка

集装箱货运管理自动化系统 автоматизированная система управления перевозкой грузов в

集装箱联营 контейнерный пул

集装箱码头 контейнерный терминал

集装箱载货清单 список загруженных в контейнер товаров; список загрузки контейнера

集装箱装箱单 упаковочный лист грузовых единиц

脊髓灰质炎 полиомиелит; гейне-медина болезнь

计费重量 оплачиваемый вес

计量器 дозатор

计算 рассчитывать

计算机 компьютер

计征关税；征税 взимать пошлину

技术规则 технический регламент

技术鉴定 техническая экспертиза

技术协助 техническая поддержка

《技术性贸易壁垒协议》（简称TBT协议）Соглашение по техническим барьерам в торговле (СТБ)

技术性烟花爆竹产品 пиротехническое изделие технического назначения

季节性关税 таможенная пошлина сезонная

剂量计 дозиметр

继承 наследовать

继续有效 продолжать оставаться в силе

寄生虫病 паразитарная болезнь

寄售单位 единица в товарной партии; единица консигнации

加盖印章 поставить печать

加工出口区 район по переработке и экспорту

加工处理 переработка; обработка

加工贸易 обрабатывающая торговля

加工贸易保税货物转内销 передача товаров для переработки на продажу на внутреннем рынке

加工贸易保税企业监管 контроль за таможенными предприятиями в перерабатывающей торговле

加工贸易核销 обработка торговли списании

加工贸易稽查 обработка торговой инспекции

加工贸易进出口货物监管 контроль за импортом и экспортом товаров в перерабатывающей торговле

加工贸易手册 книга давальческой торговли

加工贸易银行保证金台账制度 система банковских счётов о гарантийном фонде процессинговой торговли

加工助剂 технологическое вспомогательное средство

加急托运货物 срочная партия груза; срочная поставка

加急运输 ускоренная поставка; экспресс перевозки

加强监管或检验 усиленный контроль или проверки

加强接种；再接种 ревакцинация

加入 вступление; вступить

加入购物车 отложить товар в корзину

加入种群研究 вошедшая в исследование популяция

加算法 метод сложения

加算法计算完税价格 метод определения таможенной стоимости на основе сложения стоимости

加贴海关封志 ставить таможенные пломбы

夹杂物 примесь

家禽 домашняя птица

家庭成员 члены семей

甲醇 метанол

甲基爱康宁 метилэкгонин

甲基苯丙胺；甲基安非他命；去氧麻黄素（冰毒的有效成分） метамфетамин

甲基红 метилрот

甲基蓝 метил-синь

甲喹酮 метаквалон

甲酸；蚁酸 муравиная кислота

甲氧麻黄酮 мефедрон

钾 калий

假币 поддельные деньги

假证 подложный документ

价格补充加算 дополнительные начисления к цене

价格条件 условия цены

间接进口 непрямой импорт

肩章 погон

监测 надзор; мониторинг

监督检查员 инспектор-аудитор

监管程序 надзорные процедуры

监管对象 объект контроля

监管方式 форма контроля; таможенная процедура

监管方式代码 код вида контроля

监管依据 основание контроля

监视；监控 монитор; наблюдение

检查台 станция контроля

检查员 инспектор

检查走私嫌疑人身体 проверить личный обыск подозреваемого в контрабанде

检出有害生物 выявление (вредного организма)

检验 досмотр

检验后放行 выпуск после проверки

检验检疫 инспектирование и карантин

检验结果 результаты проверки

检验证明；检验单 акт досмотра

检验证书 инспекционный сертификат; свидетельство об осмотре

检验证书申请书 заявка на выдачу свидетельства об инспекции

检疫；法检检疫；临时隔离 карантин

检疫处理 карантинное лечение

检疫传染病 карантинная болезнь

检疫船 карантинное судно

检疫措施 карантинное мероприятие

检疫地浮筒 карантинный понтон

检疫对象 карантинный объект

检疫对象的防控 борьба с карантинным объектом

检疫对象入侵 акклиматизация

检疫对象疫区 очаг карантинного объекта
检疫法规 карантинное правило
检疫隔离期 Период карантина
检疫机关 карантинная служба
检疫监督 карантинный надзор
检疫锚地 карантинная якорная стоянка
检疫旗 жёлтый флаг; карантинный флаг
检疫申请书 карантинное заявление
检疫有害生物 карантинный вредный организм
检疫员 карантинный инспектор
检疫站 карантинная станция
减少支出 сокращать расходы
简化 упрощать
简化和优先结关 упрощенная и преференциальная очистка（товаров）
简化流程 процедура сокращения
简化贸易手续和文件 упрощение торговых процедур и документации
简易申报 краткая декларация
见票即付汇票；即期汇票 предъявительский тратта
见票即付信用证 аккредитив с оплатой траттами на предъявителя
见证人 свидетель
件数 количество грузовых мест
健康 здоровье
鉴定 экспертиза
鉴定结果；鉴定结论 результаты экспертизы；заключение экспертиза
鉴定文书 акт экспертиз
鉴定证明 аттестационный документ（сертификат）
鉴定证书 аттестационное свидетельство
将酸浓缩 концентрировать кислоту
将酸稀释 разводить кислоту
将原料加工成成品 перерабатывать сырьё в готовую продукцию
浆果汁 морс

讲台 трибуна

交单付款 платёж после предъявления документов

交单预付 аванс под залог документов

交付 платить

交付方式 способ поставки (товаров)

交付条款 условия поставки

交付证明 подтверждение доставки груза

交换意见 обмениваться (обмен) мнениями

交货 доставка

交货地点 место доставки товара

交货方 сторона-получатель

交货付现；货到付款 наложенный платеж

交货港；交货口岸 порт доставки

交货日期 дата поставки товара

交货时间 срок поставки товара

交货说明 инструкция по поставке

交货通知 извещение о поставке

交易 сделка

交易成本；交易费 стоимость оформления сделки; транзакционные издержки (для совершения сделки)

交易平台 торговая площадка

交易者 трейдер

胶凝剂 желирующий агент

搅拌器 ворошилка

搅棒 мешалка

缴纳税款后将商品从海关取出 вывести товар с таможни после уплаты налогов

疖病 фурункулёз

疖病（鲑鱼和鲤鱼科） аэромоноз лососевых и карповых рыб

接收日期 дата получения

接受 принятие

接受货物 приём товаров; приём грузов

接受申报 принять декларацию

接种疫苗 вакцинировать

节（文本用） раздел

结关（清关）地点 место завершения таможенного оформления

结关；清关 таможенная очистка

结关部门 отдел

结关单；出港呈报单 документ об очистке таможенной очистки
结关许可证 разрешение растаможивания
结关证书 сертификат таможенной очистки
结合酸 связанная кислота
结核病 туберкулез
结转 зачёт
截止日期 дата истечения
解冻的内脏 размороженные субпродукты
解冻的肉 размороженное мясо
解释上的分歧 случай разночтений
借调 прикомандирование
金额 сумма
金属制品 металлическое изделие
金相显微镜 металломикроскоп
金砖国家（BRICS）（巴西、俄罗斯、印度、中国、南非） БРИКС (Группа из пяти стран: Бразилии, России, Индии, КНР, ЮАР)
尽可能地 насколько можно
紧急情况 чрезвычайная ситуация (ЧС)
进出关境 входить и выходить на границу
进出境航空器监管 контроль за входящими и исходящими воздушными судами
进出境汽车登记注册 регистрация автомобилей въезд и выезд
进出境证件 документ на выезд и въезд из страны
进出口关税配额 тарифные квоты на преференциальный ввоз (вывоз)
进出口关税条例 Положения о таможенных пошлинах на импортно-экспортные товары
进出口和转运业务 экспортные, импортные и транзитные операции
进出口商品检验法 Закон об инспекции импортно-экспортных товаров
进出口手续费 сборы и формальности,

связанные с импортом и экспортом

进出口税 налог на экспорт/импорт; экспортный/импортный налог

进出口许可证 лицензия экспортная/импортная

进口 импорт; ввоз

进口保证金 импортный депозит

进口报关 декларирование импортных товаров

进口补偿税 компенсационные импортные сборы

进口成本 ввозная стоимость товара; стоимость импорта

进口代理公司 импортная агентская фирма

进口地海关 таможня в месте ввоза

进口的成套散件 компоненты товара, ввозимые отдельными товарными партиями

进口的未组装件和拆散件 компоненты товара, ввозимые отдельными товарными партиями в несобранном или разобранном виде

进口个税的延期缴纳 просрочка уплаты налога на импорт

进口关税 ввозные таможенные пошлины; импортная пошлина

进口关税及税费 импортные пошлины и налоги

进口国 страна-импортёр

进口后检疫 карантин после ввоза

进口环节税；从价税 налог

进口环节植物检疫（监管） карантинный фитосанитарный контроль（надзор）при ввозе

进口货物（物品）包装费用 расходы на упаковку ввозимых товаров

进口货物报关单 импортная таможенная декларация; декларация на товары для внутреннего потребления; декларация на товары для импорта

进口加工 импортная переработка;

обработка на таможенной территории

进口交易 импортная сделка

进口结关 импортная таможенная очистка

进口捐赠物资监管 контроль за ввозом подаренных материалов

进口商 импортер

进口商代理 агент (представитель) по импорту

进口商品交易价格计算完税价格 метод определения таможенной стоимости по цене сделки с ввозимыми товарами

进口申报书 импортная декларация

进口渗透率 проникновение импорта

进口条例 импортное регулирование

进口统计表 статистический документ (импорт)

进口外汇管制申报单 декларация валютного контроля (импорт)

进口限制 ограничение на импорт

进口许可证 импортная лицензия; лицензия на импорт

进口预算效率 бюджетная эффективность импорта

进口租赁 импортный лизинг

进料加工保税工厂 импортированная переработка таможенного бондового завода

浸出汁；原汁 диффузионный сок

禁毒 запрещение наркотиков

禁限物品 товары, запрещённые нные или ограниченные

禁止、限制物品 изделия, подпадающие под действие запрета、 ограничений

禁止出口 запрет на экспорт

禁止出口商品 запрещённый экспорт товаров; товары, запрещённые для вывоза в страну

禁止放行 выпуск запрещён

禁止过境 транзит запрещён

禁止和限制 запреты и ограничения

禁止进口 ввоз запрещён; запрет на импорт

禁止进口决定 решение о запрете ввоза

禁止进口商品 товары, запрещённые для ввоза в страну; запрещённые товары к ввозу

禁止流通的货物 товары, запрещённые к обороту

禁止申报 запрещено декларировать

禁止性关税 запретительная таможенная пошлина; тариф запретительный

禁止转运 запретить транзит

《京都公约（修订版）》（《关于简化和协调海关制度的国际公约》）Пересмотренная Киотская конвенция (Международная конвенция об упрощении и гармонизации таможенных процедур)

经办人 должностное лицо

经过外交任命的海关专员 дипломатически аккредитованные таможенные атташе

经海关查验后放行 выпуск после таможенного досмотра

经海关批准 утверждено таможней

经济、社会、财政利益 экономические, социальные и финансовые интересы

经济；生产部门；农场，养殖场 хозяйство

经济特区 специальная экономическая зона

经济政策措施 меры экономической политики

经批准的保税工厂（仓库）таможенный склад для хранения бондовых товаров

经请求 по запросу

经认证的原产地声明 удостоверенная декларация о происхождении

经审核的原产地证明 сертификат происхождения, прошедший аудит

经授权的经营者（AEO）уполномоченный

экономический оператор (УЭО)
经营单位 эксплуатант
精炼 рафинация
精神兴奋剂 психостимулятор
精神药物 психоактивное вещество; психотропное вещество
精神药物和强效物质 психотропные и сильнодействующие вещества
精神药物进出口许可证 лицензия на импорт и экспорт психотропных препаратов
警告标志 предупредительный знак
警犬；服务犬 служебная собака
净登记吨位 регистровый нетто тоннаж
净吨数 чистая вместимость
净化 обезвреживание
净利 чистая прибыль
净值 чистая стоимость
净重 вес нетто; нетто; чистый вес
酒度计 виномер
酒精比重计 алкоголометр; спиртометр
酒精灯 спиртовка
酒精炉 спиртовая горелка
酒精温度计 алкогольный термометр
酒内醇量计 винометр
拘押；逮捕 арестовать
居民卫生流行病学安全 санитарно-эпидемиологическое благополучие населения
居住环境因素 факторы среды обитания
局部范围（贸易优惠）协议 соглашение о частичном режиме; соглашение с частичным охватом
局部海损 частичные убытки при морских перевозках
巨型企业 гигант
拒付通知书 авизо об отказе от оплаты
拒收货物 отказываться от товара
具有法律效力的文件 юридически обязательные инструменты
具有新冠病毒抗体 наличие антитела к

ковиду-19

具有治疗和预防性功效的食品 пищевая продукция для диетического лечебного и диетического профилактического питания

军用物资 воинский груз

均质机 гомогенизатор

K

咖啡因 кофеин
卡马西平 карбамазепин
开拆海关封志 снять таможенную пломбу
开放式股份公司 ОАО (открытое акционерное общество)
开放式开发流程（ODP) открытый процесс разработки
开放政策 открытая политика
开户行 банк, открывший счёт
开始生效 вступить в силу
开始卸货 начинать выгрузки
凯氏定氮自动消化器 автоматизированная установка для разложения по Кьельдалю
康斯坦萨（罗马尼亚）Констанца (Румыния)
抗固结剂（抗结团剂）; 防结块剂 антислеживающий агент
抗结剂 антагонист
抗生素 антибиотик
抗体 антитело
抗体滴度 титр антител
抗微生物制剂; 抗菌剂 антимикробный агент
抗氧化剂 антиокислитель
抗疫 борьба с эпидемией
抗组胺药 антигистаминные препараты
考古文物 археологические ценности
考虑到……（一般用于序言）учитывая что
烤制的肉类产品 жареные продукты из мяса
烤制的香肠制品; 烤肠 жареное колбасное изделие
科技数据 научно-технические данные
科学设备 научное оборудование
科学仪器 научный прибор
科研考察团 научно-исследовательская

экспедиция
颗粒状乳渣　зерненый творог
可编程双室炉　программируемая двухкамерная печь
可撤销信用证　отзывный аккредитив
可待因　кодеин
可见光光度计　фотометр видмого света
可接受的卫生保护水平　приёмлемый уровень санитарной защиты
可接受风险　приёмлемый риск
可卡因　кокаин
可乐定　клофелин
可替宁　котинин
可疑的　подозрительный
可疑旅客　подозрительный пассажир
可预测性　возможность прогнозирования; предсказуемость
可转让单证　оборотный документ
可转让的 FIATA 多式联运提单（FIATA-FBL）　оборотный коносамент смешанной перевозки ФИАТА
可转让电子运输记录　оборотная транспортная электронная запись
可转让提单　коносамент оборотный; оборотный коносамент
可转让信用证　переводной аккредитив
可转让运输单证　оборотный транспортный документ
可转让运输单证持有人　держатель оборотного транспортного документа
可自由兑换的货币　валюта обратимая, свободно конвертируемая, свободно конвертируемая валюта（СКВ）
克拉　карат
刻度瓶　градуированная колба
客舱　салон самолёта
客车　автобус
客船　пассажирское судно
客服中心　колл-центр（call-центр）
客户服务；客服　служба работы с покупателями

客机 авиалайнер
客运；旅客运输 перевозка пассажиров
空吨位 свободный тоннаж
空间分配 выделенное пространство
空气比重计 аэрометр
空气自动采样器 автоматические пробоотборники воздуха
空运单（AWB） авиагрузовая накладная；авианакладная
空运港 воздушный порт
空运货物 авиационный груз
空运清单 список авиаперевозок
空运提单 воздушная транспортная накладная
空载运输 движение порожняком；незагруженный транспорт
控制方 контролирующая сторона
控制下交付 контролируемая доставка
控制下交付麻醉药品和精神药物 контролируемые поставки наркотических средств и психотропных веществ
口岸 пункт пропуска
口蹄疫 ящур
口头申报 устное заявление
口头询问 устный опрос
扣除 удержания
扣除法计算完税价格 метод определения таможенной стоимости на основе вычитания стоимости
扣除皮重 скидка с веса на тару
扣留；拘留；逮捕 арест
扣留人犯 гражданский арест
扣留物品凭单 ордер на задержание предметов
扣押财产 арест на имущество
扣押船舶 арест судна
扣押货物 наложить арест на товары
寇热（Q热） риккетсиоз（лихорадка）Q；болезнь Деррик-Бюрне；пневмориккетсиоз

库存单 номенклатура текущего запаса
库存监管 инвентарный контроль; контроль за запасами
库存物品 инвентарное количество товаров
夸脱 кварта
跨国公司 транснациональная корпорация (ТНК)
跨境电子商务 трансграничная электронная коммерция
跨境工业区 трансграничная промышленная зона
跨境海关设备 таможенное оборудование, расположенное по обе стороны границы
跨境合作 трансграничное сотрудничество
跨境交易 трансграничная сделка
跨境认可 трансграничное признание
跨境信任空间 трансграничное пространство доверия
跨领域流程 кросс-отраслевые процессы
跨欧洲交通运输网络 (TEN) Европейская транспортная сеть (ETC)
会计报告 бухгалтерская отчётность
会计核算 бухгалтерский учёт
会计系统 учётная система
快递 экспресс-доставка; курьерская доставка
快递承运人 экспресс-перевозчик
快递服务 служба срочной доставки
快递邮件 почтовое отправление экспресс-почтой
快递员 курьер
快件 экспресс-доставка грузов, документов, посылок и почтовых отправлений; экспресс-почта
快件运输加急程序 ускоренные процедуры для экспресс-перевозок
快速放行制度 режим быстрой пропуска
快速检测系统 система быстрого обнаружения
狂犬病 бешенство; водобоязнь

矿山交货（价） франко-рудник

框架合同 базисная сделка; рамочный контракт; параллельная сделка

亏舱费 мертвый фрахт

奎宁 хинин

昆虫 насекомое

捆包商品 товар в связках

L

来料加工 переработка давальческого сырья
来料加工商品 давальческие товары
来料加工原料 давальческое сырьё
来样加工 изготовление по представленному образцу
来样加工内销 изготовление по представленному образцу для продажи на внутреннем рынке
蓝舌病 блутанг
劳埃德船舶保险公司 Ллойда корпорация
劳拉西泮 лоразепам
劳氏寄存器 Ллойда регистр
酪蛋白；(干) 酪素 казеин
酪乳 пахта
酪酸盐 казеинат
类可可脂 эквиваленты масла какао
类似货物、物品 однородные товары
累进税率 прогрессивная налоговая ставка
冷藏和冷冻的鱼类制品 рыбная продукция охлажденная и мороженная
冷藏货舱 грузовой рефрижераторный камера
冷藏集装箱 рефрижераторный контейнер
冷藏库 холодильный склад
冷冻 замороженное
冷冻的肉块 замороженные блок из мяса
冷冻的肉类产品 замороженная мясная продукция
冷冻的肉类内脏 замороженный блок из субпродуктов
冷冻货物 замороженный товар
冷链食品 холодовая цепь／цепь обслуживания замороженных продуктов
冷凝漏斗 воронка-конденсатор

冷凝器 конденсатор
厘米 см (сантиметр)
离岸价格 франко-борт
离境地 место убытия
离开（出境） убытие
离心管 пробирка центрифуги
离子色谱仪 ионный хроматограф
梨形瓶 грушевидная колба
里脊肉；鱼片 филе
理货 подсчёт по биркам товаров
理货单 тальманский лист; учётная ведомость; учётный лист
理货公司 тальманский фирма
理货员 тальман; учетчик; стивидор
理货证明书 сертификат о штивке
历年 календарный год
历史文物 исторический памятник
历史珍宝 исторические ценности
利润 прибыль
利他林 риталин
利息 проценты
利用人体器官走私毒品 использование человеческих органов для контрабанды наркотиков
隶属关系 подведомственные отношения
隶属于 подчиняться
连带缴税义务 солидарная обязанность по уплате таможенных пошлин, налогов
联合背书 совместный индоссамент
联合公报 совместное коммюнике
联合国（UN） Организация Объединённых Наций (ООН)
联合国安全理事会常任理事国 Постоянный член Совета Безопасности ООН
联合国成员国 страна-член ООН
联合国国际麻醉品管制署（简称联合国禁毒署） Международная ассоциация по борьбе с наркоманией и нарко-бизнесом (МАБНН)
联合国教科文组织（UNESCO） Организация Объединённых Наций по вопросам

образования, науки и культуры（ЮНЕСКО）

《联合国禁止非法贩运麻醉药品和精神药物公约（1988）》 Конвенция ООН о борьбе против незаконного оборота наркотических средств и психотропных веществ 1988 года

《联合国精神药物公约（1971）》 Конвенция о психотропных веществах（Венская конвенция 1971 г.）

联合国粮食及农业组织（FAO） Продовольственная и сельскохозяйственная организация ООН（ФАО）

联合国贸易便利化和电子商务中心（UN/CEFACT） Центр Организации Объединённых Наций по упрощению процедур торговли и электронным бизнесом（СЕФАКТ ООН）

联合国贸易单证样式（UNLK） Формуляр-образец Организации Объединённых Наций для внешнеторговых документов（ФОООН）

联合国贸易和运输地点代码（UN/LOCODE） Классификатор ООН для торговых и транспортных пунктов（ЛОКОД ООН）

联合国贸易数据交换目录（UNTDID） Справочник по обмену торговыми данными Организации Объединённых Наций（СОТДООН）

联合国贸易数据元目录（UNTDED） Справочник элементов внешнеторговых данных Организации Объединённых Наций（СЭВДООН）

联合国商品贸易统计数据库（COMTRADE） База статистических данных Организации Объединённых Наций по торговле товарами（КОМТРЕЙД）

联合国世界粮食计划署（WFP） Всемирная продовольственная программа ООН（ВПП ООН）

联合检查 совместный контроль

联合口岸 совместный пункт пропуска

联合声明；联合公报 совместное заявление; совместное коммюнике

联合运输 интермодальная перевозка; смешанная перевозка

联络渠道 каналы связи

联盟关境 Таможенная территория Союза

联盟海关法典（UCC） Таможенный кодекс Союза

联盟框架下总流程 общий процесс в рамках Союза

联盟数据模型 Модель данных Союза

联盟信息系统一体化 интегрированная информационная система Союза

联营集装箱 контейнеры, переданные в пул

联运体系 интермодальность

炼过黄油 топленое масло

炼油厂 нефтеперегонный завод

两 лян

两用物项（军民两用的敏感物项和易制毒化学品） товар двойного назначения

谅解备忘录 меморандум о взаимопонимании

量杯 измерительная кювета; мерный стакан

量瓶 бюкса; мерная колба

量筒 мерный бачёк

劣质 низкого качества

列入日程 включить в повестку дня

裂谷热 лихорадка долины Рифт; лихорадка Рифт-Валли

烈性毒药 сильнодействующий яд

邻接权；相关权 смежные права

林业害虫 лесные вредители

林业专家 лесовод

临床表现 клиническое проявление

临时报关单；不完全报关单 временная или неполная декларация

临时存储仓库 склады временного хранения

临时存储场地 место временного хранения

临时措施 временная мера

临时代理人 временно исполняющий обязанности; врионачальника

临时定期申报 временное периодическое таможенное декларирование

临时关税 временная таможенная пошлина

临时花费 временные затраты

临时进口（出口） временный ввоз (вывоз)

临时居留 временное пребывание

临时限制措施 временные ограничения

磷酸 фосфорная кислота

零部件 части

零担货物 меньше груза

零售 продавать в розницу

零售价格 розничный цена

领导人, 首脑, 首长; 章, 篇（法律用） глава

领港员; 引航员 лоцман

领馆服务人员 работник обслуживающего персонала консульских учреждений

领馆工作人员 работник консульского учреждения

领馆雇员 консульский служащий консульских учреждений

领馆馆长 глава консульского учреждения

领馆领事官员 консульское должностное лицо консульских учреждений

领海 территориальное море

领海; 领水 территориальные воды

领空 воздушное пространство

领事发票 консульская фактура

领事商务 консульская сделка

领事申报 консульская декларация

领事邮袋 консульская вализа

领土 территория

另行安排 прийти к отдельной договоренности

另一方 другая сторона

流行病爆发（群体性疾病） эпидемическая вспышка（групповое заболевание）

流行病学单元 эпидемиологическая единица; эпизоотологическая единица

流行病学调查；流调 эпидемиологическое обследование

硫酸 серная кислота

卢布 рубль; валюта Российской Федерации

卤氢酸 галоидоводородная кислота

陆地交通工具 дорожное транспортное средство

陆空联运 сквозная перевозка по воздухе и суше

陆路运输 наземная перевозка; сухопутный транспорт; сухопутная перевозка

陆生法典 Нназемный кодекс

陆生手册 Наземное руководство

录音录像制品；音像制品 аудио- и видеопродукция

鹿根 левзея

路径多元化 диверсификация маршрутов

路线 маршрут; путь следования

露天场地 открытая площадка

卵 икринка

轮渡班轮 паромно-линейные

旅检现场关员 должностное лицо места досмотра пассажиров

旅客 пассажир

旅客清单 контрольный список для пассажиров; полетный лист на людей

旅客申报单 пассажирская таможенная декларация

旅客须知 справка для пассажиров

旅行证件 проездной документ

旅行支票 дорожный чек

履行合同 исполнение контракта

履行义务 исполнение обязательства

履约保函 поручительская

гарантия；
поручительский бонд
律师　адвокат
绿色通道　зелёный коридор
氯苯丁胺　хлорфентермин
氯吡醇　клопиксол
氯丙嗪　аминазин
氯丙嗪（冬眠灵）　хлорпротиксен
氯米帕明　кломипрамин

M

麻黄碱　эфедрин
麻醉　анестезирование
麻醉品　наркотические средства
马奶　кумыс
马奶产品　кумысный продукт
马普替林　мапротилин
码　ярд
码头仓库　портовый склад
码头交货（价）　франко-пристань
码头经营人；码头经营者　оператор терминала
吗啡　морфий
埋藏；掩埋；墓地　захоронение
买方；购方　покупатель
买方代理　агент по закупке
买方信贷　кредит покупателя
麦角胺　эрготамин
麦角酸二乙基酰胺（强效精神药物）　кислота
麦纳麦（巴林）　Манама（Бахрейн）
麦斯卡林；三甲氧苯乙胺　мескалин
卖方；售方　продавец
满载；最大负载　полная нагрузка
毛细管　кипиллярные трубки
毛细管比色计　капиллятор
毛重　вес брутто；бруммо
锚地　якорная стоянка
贸易保护主义　торговый протекционизм
贸易壁垒　торговые барьеры
贸易便利化　содействие торговле；упрощение процедур торговли
贸易便利化国际标准　Международные стандарты для упрощения процедур торговли
贸易程序（国际贸易程序）　торговые процедуры（международные торговые процедуры）
贸易额　торговый оборот
贸易法　закон о

贸易 торговле

贸易公司 торговая компания

贸易管制 ограничение свободы торговли；торговый контроль

贸易惯例 торговый обычай

贸易互利条约或协定 взаимовыгодный торговый договор или соглашение

贸易摩擦 торговые трения

贸易逆差；贸易赤字 дефицит торгового баланса；пассивный торговый баланс

贸易歧视 дискриминация в торговле

贸易顺差 активный торговый баланс；положительный торговый баланс

贸易特惠 торговая преференция

贸易条约 торговые договоры

贸易往来；商品流通 торговые контакты；товарооборот

贸易项 товарная позиция

贸易协定 торговое соглашение；торговый договор

贸易议定书 торговый протокол

贸易优惠协定项下 в рамках льготных условий

贸易自由化 либерализация торговли

贸易总额 общая сумма торговли

媒介 переносчик

美沙酮 метадон

美元 доллар（долл.）

美洲蜂幼虫腐臭病 Американский гнилец пчел

美洲自由贸易区（FTAA） зона свободной торговли стран Америки（АЛКА）

门到门交接 доставка товаров от двери до двери

门对门运输的集装箱货物 Контейнерные перевозки "от двери до двери"

米 метр（м.）

米安色林 миансерин

米氮平 миртазапин

免费 бесплатно

免费开源软件（FOSS） программное обеспечение с

免检 освобождение от проверки

免缴关税、进口环节税 освобождение от уплаты таможенных пошлин, налогов

免税 беспошлинный

免税放行 безпошлинный/безналоговый выпуск

免税货物进口 ввоз беспошлинных товаров

免税进口 беспошлинный ввоз; беспошлинный импорт; ввоз с освобождением от уплаты таможенных пошлин, налогов

免税贸易监管方式 таможенная процедура беспошлинной торговли

免税品 беспошлинные товары

免税区；自由海关区 свободная таможенная зона

免税区仓库 склад на свободной таможенной зоне

免税商店 магазин беспошлинной торговли; магазин свободной торговли

免税商店设立许可证 лицензия на учреждение магазина беспошлинной торговли

免税通道（绿色通道） коридор беспошлинной торговли (зелёный коридор)

免税证 документ на освобождение от уплаты налогов

免税证明 свидетельство об освобождении от пошлины

免验放行 выпуск без осмотра

免疫 иммунизация

免疫接种 вакцинация

免疫酶分析 ИФА (иммуноферментный анализ)

面粉处理剂 вещество для обработки муки

秒表 секундомер

灭虫 дезинфестация

灭鼠；灭虫 дератизация

灭鼠措施 дератизационные мероприятия

民用物品 гражданская продукция

敏感性

чувствительность
明细单　спецификация
模式　модальность
模压半成品　формованный полуфабрикат
没收　изъятие; конфискация; конфисковать
没收或扣押财产　арест и изъятие имущества
没收货物、运输工具、文件和其他物品　изъятие товаров, транспортных средств, документов и иных предметов
牟利　извлекать выгоду
牟取暴利的人　человек, который добивается непомерно высокой прибыли
木材　древесина
木材报价单　стокнот (stocknote)

木材比重计；木材测容器　ксилометр
木质包装材料　древесные упаковочные материалы
目标群体　целевая популяция
目的地　место назначения
目的地管制声明　заявление о контроле места назначения
目的地国　страна назначения
目的地交货（DAP）　поставка в месте назначения
目镜　окуляр
目录　индекс; список; показатель
目视检查　визуальный осмотр
目视仪　визуальный прибор

N

那可丁 наркотин
纳布啡 нальбуфин
纳洛啡 налорфин
纳税人识别号（税号） идентификационный номер налогоплательщика
纳税争议 налоговый спор
奶的复合成分 составные части молока
奶酪 сыр
奶酪乳清；奶渣乳清；酪蛋白乳清 молочная сыворотка подсырная, творожная или казеиновая
奶酪制品 молокосодержащий продукт с заменителем молочного жира, произведенный по технологии сыра
奶皮 сливки
奶油冰激凌 сливочное мороженое
奶渣糕 сырок；творожный сырок
奶渣糊 творожная масса
奶渣制品 творожный продукт
难民 беженец
囊尾蚴病 цистицеркоз；финноз
内部运输通知单 наряд на внутреннюю транспортировку
内地的；内陆的 внутренний
内地海关；内陆海关 внутренняя таможня
内河港 порт внутренних рек
内河航运 внутреннее судоходство；речное судоходство/перевозки по внутренним рекам
内河运单 речная накладная
内径规；内径千分尺；内卡钳 нутромер
内陆港 континентальный порт
内销结关 очистка для внутреннего потребления
内脏 субпродукты
能力建设 наращивание потенциала；

повышение квалификации

能源消耗 энергопотребление

能源效率标识；能效标识 маркировка энергоэффективности

尼古丁 никотин

黏度计 вискозиметр；вязкометр

牛病毒性腹泻 вирусная диарея крупного рогатого скота

牛（羊）蚤 бычий（овечий）клещ

牛肺疫 повальное воспаление лёгких рогатого скота

牛结节性皮肤病 нодулярный дерматит крупного рогатого скота；кожная буторчатка；кожно-узелковая сыпь；узелковая экзантема

牛奶冰激凌 молочное мороженое

牛奶黄油 масло из коровьего молока

农学家 агроном

农药 агрохимические препараты；ядохимикаты；сельскохозяйственные препараты；пестициды

浓稠剂 уплотнитель

浓度计 концентратомер

浓酸 крепкая кислота

浓缩果（蔬）泥 концентрированное фруктовое и（или）овощное пюре

浓缩果汁 концентрированный сок

浓缩浆果汁 концентрированный морс

浓硝酸 концентрированная азотная кислота

疟疾 малярия

O

欧共体统一单证（SAD） единый административный документ（ЕАД）

欧盟（EU） Европейский союз; Евросоюз（ЕС）

欧亚经济联盟（EAEU） Евразийский экономический союз（ЕАЭС）

欧亚经济联盟对外经济活动统一商品目录 Единая Товарная номенклатура внешнеэкономической деятельности Евразийского экономического союза.

欧亚经济联盟法院 Суд Евразийского экономического союза

欧亚经济委员会 Евразийская экономическая комиссия

《欧洲国际公路运输危险货物协定》（ADR） Европейское соглашение о международной дорожной перевозке опасных грузов（ДОПОГ）

《欧洲国际铁路干线协定》（AGC） Европейское соглашение о международных магистральных железнодорожных линиях（СМЖЛ）

P

拍卖 аукцион
拍卖商品 аукционные товары
排放物 выбросы
哌非嗪 пипофезин
胚胎采集点 пункт отбора эмбрионов
培训技能 тренировочные навыки
培养瓶 колба культивирования
赔偿 возмещать
配对细胞 гамета
配额 квота
配额税 пошлина в пределах квоты
配额制 квотирование
喷他佐辛 пентазоцин
硼酸 борная кислота
碰损、破碎险 страхование от поломки
批发价格 оптовый цена
批准机关 утверждающая инстанция
批准进口 одобрение импорта
批准文件 разрешительные документы
批准文书 ратификационная грамота
皮重 вес (масса) тары
毗邻关境 граничная таможенная граница
蜱虫 клещ
偏差 смещение
骗取；欺骗 выманить
票面金额 номинальная сумма
拼箱货（LCL） мелкая отправка, недостаточная для полной загрузки контейнера
拼装货物 консолидация грузов/товаров
拼装货运 сборная отправка
拼装运输经营人 консолидатор; экспедитор, организующий сборные отправки
品红（常见染料）азалеин
品牌 марка
品质检验证书 сертификат инспекции

о качестве товаров; сертификат качества

平等互利 равенство и взаимная выгода

平底瓷漏斗 воронка-нутч

平底烧瓶 плоскодонная колба

平方码 квадратный ярд

平方米 квадратный метр

平方英尺 квадратный фут

平均放行时间 среднее время выпуска товара

平均价格 средняя цена

平均结关时间 среднее время очистки товара

平均皮重 средний вес тары

平台 платформа

平行进口 параллельный импорт

评估 оценка

评估关税和其他税 оценка размеров пошлин и налогов

凭单付款；交货付现；交单付现 документы за наличный расчёт

泊位经营人 оператор причала

破损的包装 повреждённая упаковка

扑热息痛 парацетамол

扑杀；焚毁 стэмпинг аут

扑杀政策 санитарный убой

葡萄酒 вино

普遍优惠制；普惠制（GSP） всеобщая система преференций; общая система преференций

普惠制原产地证书 сертификат происхождения по форме всеобщей системы преференции

普罗梅多尔 промедол

普通杂货 общий продукт

Q

期货合约 фьючерсный контракт

期满 исчисление сроков

期望……（一般用于序言）；为了 в целях

期限和终止 срок действия и прекращение действия

其他材料 другие материалы

其他费用 другие расходы, в сумме

歧视性关税 дискриминационная таможенная пошлина

企业 предприятие

企业与企业间电子商务（B2B） бизнес для бизнеса

企业与消费者间电子商务（B2C） бизнес для потребителя

启动应急响应机制 ввести режим экстренного реагирования

启运国 страна отправления

起泡剂 пенообразователь

起诉 возбудить уголовное дело; судебное преследование

起诉要求赔偿损失 подать иск о возмещении ущерба

起运地海关 таможня места отправления; таможня происхождения

起运地机场交货 франко-аэропорт

起征点 необлагаемый минимум

气量瓶 бутыль-газометр

气体比重计 воздухомер

气体流量计 расходомер газа

气相色谱 газовый хроматограф

气相色谱仪 газохроматограф

契约，合同；条约；协定 договор

千吨 килотонна

千分尺 калибр-пластинка；микрометр

千分卡尺 пальмер

千克 килограмм（кг）

千立方米 тысяча кубических метров

千米 километр (км)

千升 килолитр (кл)

牵引车 тягач

铅封号 номер пломбы

铅封钳子 пломбировочные тиски

铅室硫酸 камерная серная кислота

签订合同 подписать контракт

签发地点 место выпуска

签发进出口货物证明书 выдача сертификатов на импортные и экспортные товары

签发可转让电子运输记录 выдача оборотной транспортной электронной записи

签发日期 дата выдачи; дата выписки

前程承运人接收地点 место получения, указанное для последующего перевозчика

前程运输承运人 перевозка до погрузки на основные средства транспорта

潜在危险物质 потенциально опасные вещества

欠税 таможенная задолженность

强酸 сильная кислота

强效物质 сильнодействующие вещества

强制性体检 обязательные медицинские осмотры

蔷薇苯胺 розанилин

羟基丁酸钠 оксибутират натрия

侨资企业 зарубежное китайское предприятие

撬开 вскрывать

侵犯知识产权 нарушение прав на интеллектуальную собственность

侵害行为 причинение вреда

氢氯酸；盐酸 фтористо-водородная кислота

倾销 демпинг

清除检疫对象种群 ликвидация популяции карантинного объекта

清点；清查；清理；登记；盘存；盘点 инвентаризация; учёт

清稿；清样 чистовая копия; чистовой экземпляр

清关费用 таможенные

сборы за таможенную очистку

清关后稽查 аудит после таможенной очистки

清关手续 формальности, связанные с таможенной очисткой

清关证书 сертификат об очистке

清洁提单 коносаментчистый

清理；消除；取消；销毁 ликвидация

清真 халяль

情报；信息；数据 информация；сведения

情事所迫货物无法运输通知书 извещение о возникновении препятствий для перевозки（груза）

请求的执行 выполнение запросов

请求方 запрашивающая сторона

请求方的正式签注证明 официальное одобрение стороны-заявителя

请求机构 запрашивающая администрация

请求协助的形式和内容 форма и содержание запроса

琼脂 агар-агар

球形烧瓶 шаровидная колба

区块链 блокчейн；технология блокчейн

区域 зона；регион

区域化 регионализация

《区域全面经济伙伴关系协定》（RCEP） Всестороннее региональное экономическое партнёрство（ВРЭП）

曲夫他嗪 трифтазин

曲颈甑 реторта

曲米帕明 тримипрамин

取棉器 ватосбрасыватель

取消 отмена；снятие

取消关税和非关税壁垒 снятие тарифных и нетарифных барьеров

取样器 заборник；пробник

取长补短 перенимать друг друга положительное для восполнения своих недостатков

去除农药残留 дегазация

去骨肉 обваленное мясо

去活力化 девитализация

去甲可卡因

норкокаин; норкокаэтилен
去内脏的鱼 потрошеная рыба
去皮木材 древесина, свободная от коры
权力寻租行为 рентоориентированное поведение
权威机构颁发的证书 сертификат выдан компетентным органом
全部损失 полный ущерб
全程费率（TIR） сквозная ставка фрахта, тариф прямой или сквозной перевозки грузов
全俄货币分类表 Общероссийский классификатор валют (ОКВ)
全球电子商务 глобальная электронная коммерция
全球电子商务宣言 Декларация о глобальной электронной торговле
全球规模 глобальный масштаб
全球贸易优惠制度 Глобальная система торговых преференций (ГСТП)
全球研究 глобальное изучение
全权 полные полномочия
全权代表 полномочный представитель
全套单据 инкассовые документы
全险；全额保险 полное страхование
全脂奶粉 сухое цельное молоко
确信（一般用于序言） убежден, что
确诊 уточнение диагноза
群发性非传染病（中毒） массовые неинфекционные заболевания (отравления)
群体 популяция
群体免疫 коллективный иммунитет; популяционный иммунитет

R

人身检查　личный обыск

人员往来　пассажиропоток; трансграничное перемещение физических лиц

S

商标　товарный знак

商标法　закон о товарных знаках

商船　торговое судно

商定价格　согласовать цену

商品；货物；物品　товар

商品编码　ТН ВЭД（товарная номенклатура внешнеэкономической деятельности）

商品估价　товарная оценка

商品归类　Классификация товаров

商品归类预裁定公示　гласность предварительных решений о классификации товаров

商品过境　транзит товаров

商业合同　торговый договор

商品检验　товарная экспертиза；бракераж груза

商品检验局　управление по инспекции

商品交易会　товарная ярмарка

商品进口许可　импортное разрешение

商品描述　описание товара

《商品名称及编码协调制度》　Гармонизированная система наименований товаров и кодирования

《商品名称及编码协调制度国际公约》（简称 HS 公约）　Международная конвенция о гармонизированной системе описания и кодирования товаров；Конвенция о ГС

商品目录　индекс товаров；товарная номенклатура

商品品种　ассортимент товара

商品退换　возврат и замена товара

商品外观　вид товара

商务参赞（专员） торговый советник

商务英语 деловой английский язык

商业；贸易 торговля

商业承兑汇票 торговая акцептованная тратта

商业单据 коммерческий документ

商业发票 коммерческий счёт; коммерческий счёт-фактура

商业发票资料单 таблица фактурирования

商业汇票 торговая тратта

商业机构对行政机构业务 бизнес-администрирование (B2B)

商业利益 коммерческие интересы

商业秘密 деловая тайна; коммерческая тайна

商业模式 коммерческая модель

商业欺诈 коммерческое мошенничество

商业文件；商业票据 коммерческий документ

商业银行保证金台账制度 процессинговая система маржинальной книги торгового банка

商业中心 торговый центр; молл

商用车队 коммерческое сопровождение

商用电码 коммерческий код

上海海关学院 Шанхайский таможенный колледж

上海合作组织（SCO） Шанхайская организация сотрудничества (ШОС)

上缴国库 взнос в государственный бюджет

上述货物 вышеуказанные товары

上述条款 вышеуказанные положения

上诉程序 апелляционная процедура; производство по апелляции; процедура обжалования; процедура подачи и рассмотрения апелляции

上诉权 право подачи

上诉人 апеллянт
烧杯 бокал
烧瓶 колба
烧瓶刷 щётка для колбы
奢侈品 предметы роскоши
设备交货报告（EIR） обменная карта для приема-сдачи контейнеров, уточняющая их состояние в момент передачи
射电分光计 радиоспектрометр
射频标识（RFID） радиочастотная идентификация (РЧИД)
射线探伤仪 радиодефектоскоп
涉嫌侵犯知识产权的货物 товары, подозреваемые в нарушении прав интеллектуальной собственности
申报金额 заявленная сумма
申报日期 дата подачи декларации
申报数量；报验数量 заявленное количество
申请（未完税的货物）临时存入保税仓库 подавать заявление на временный депозит на таможенном складе
申请复议 ходатайствовать о пересмотре
申请书；声明 заявление
申请退税 подавать заявление о возврате налога
申诉 апелляция
身份证件 удостоверение личности；ID；личные документы
深度测微计 микометр-глубомер
审核商品归类准确性 проверка правильности классификации товаров
审计；查账；稽查 аудит
审批部门 орган лицензирования
渗漏风险 риск утечки
升 литр（л.）
升级改造作业 операция модернизации
生产加工品的酶制剂 ферментные

生产检查 препараты для производства продуктов переработки молока
生产检查 производственный контроль
生产任务通知书 инструкция по изготовлению
生产日期 дата изготовления
生产乳制品必需的功能成分 функционально необходимые компоненты при производстве продуктов переработки молока
生产商 производитель
生产设备 производственное оборудование
生产生活废料 производственные и бытовые отходы
生产线 производственная линия
生活用烟花爆竹产品 пиротехническое изделие бытового назначения
生奶油 сырые сливки
生乳 сырое молоко
生态系统 экосистема
生脱脂乳 сырое обезжиренное молоко
生物安保计划 план биологической безопасности
生物安全隔离区 компартмент
生物安全计划 план по биобезопасности
生物防治 биологическая борьба; биометод
生物防治媒介 агент биологической борьбы
生物防治媒介检疫 карантин (для агента биологической борьбы)
生物防治媒介进口许可 импортное разрешение для агента биологической борьбы
生物防治媒介种群 акклиматизация агента биологической борьбы
生物活性食用添加剂 биологически активные добавки к пище (БАД)
生物群落计数器 биоценометр
生物杀虫剂 биологический пестицид; биопестицид
生物制品

биологические продукты

生鸦片 сырой опиум

生烟熏肉制品 сырокопчёные продукты из мяса

生烟熏香肠 сырокопчёное колбасное изделие

生长季节 вегетационный сезон

声级计 звукомер

声强计 акустиметр

圣诞节 Рождество

失效 сила перестала быть силой

湿度；水分检测 влажность

湿度计 влагомер；гигрометр

湿球温度计 влажный термометр

石墨电炉 электропечь графитации

石墨坩埚 угольный тигель

石蕊试纸 лакмус

石油 нефть

石油产品 нефтяной продукт

石油进口税 налог на импорт нефти

石油脑 бензинол

石油输出国 нефтеэкспортирующая страна；страна-экспортёр нефти

石油输出国组织（简称欧佩克，OPEC） Организация стран-экспортеров нефти (ОПЕК)

识别标记 опознавательный знак

实付价格 цена, фактически уплаченная уплата,

实付税款 фактически уплаченный налог

实际进出境 фактическое пересечение таможенной границы

实际净重 реальный вес нетто

实际皮重 действительный вес тары

实际重量 реальный вес

实盘；确盘 твёрдая оферта

实施；生效 осуществление

实施规程 процедуры реализации

实施进口的国家；进口国 импортирующая страна；страна-импортер

实施严格的隔离措施 ввести жесткие карантинные меры

实行行政互助 осуществлять административную взаимопомощь
实行自我隔离制度 действие режима самоизоляции
实验室 лаборатория
实验室电子温度计 лабораторный электронный термометр
实验室离心机 лабораторная центрифуга
实质性的损害 реальный ущерб
食品 пищевая продукция
食品标签 маркировка пищевой продукции
食品成分（成分） компонент пищевой продукции; пищевой ингредиент; компонент
食品传统生产方法 традиционный способ производства пищевой продукции
食品的安全性 безопасность пищевой продукции
食品的创意名称 придуманное название пищевой продукции
食品的回收利用 утилизация пищевой продукции
食品的鉴别 идентификация пищевой продукции
食品的可追溯性 прослеживаемость пищевой продукции
食品的生产日期 дата изготовления пищевой продукции
食品的有效期 срок годности пищевой продукции
食品对人体健康的危害 вредное воздействие на человека пищевой продукции
食品加工企业 предприятие по переработке продуктов питания
食品检疫证书 карантинное свидетельство продуктов питания
食品进入市场流通 выпуск в обращение пищевой продукции
食品配料 пищевой ингредиент
食品批次 партия пищевой продукции
食品生产流程 процесс производства

（изготовления) пищевой продукции

食品识别标志的信息 информация об отличительных признаках пищевой продукции

食品卫生标准 санитарные нормы продуктов питания

食品卫生法 закон о гигиене питания

食品原料 продовольственное (пищевое) сырьё

食用动物胶；食用明胶 желатин пищевой

食用生物活性添加剂 биологически активные добавки к пище (БАД)

食用添加剂 пищевая добавка

食用香料 ароматизатор пищевой

食用性动物 продуктивные животные

使（船）驶离码头 отогнать (судно) от причала

（使馆、领事馆）随员；专员 атташе

使合理化 рационализировать

使用（腌）肥猪肉块制成的产品 продукт из шпика

使用电离和非电离辐射源 использования источников ионизирующего и неионизирующего излучения

使用价值 пищевая ценность

使用网络 воспользоваться интернетом

使用者 пользователь

示波器 осциллоскоп；электрограф

世界海关组织（WCO) Всемирная таможенная организация (ВТамО)

世界海关组织《全球贸易安全和便利标准框架》（2005) Рамочные стандарты безопасности и упрощения мировой торговли ВТамО

世界旅游组织（UNWTO) Всемирная туристская организация (ВТО)

世界贸易中心 Всемирный торговый центр (ВТЦ)

世界贸易组织（WTO)

世界贸易组织（BTO）Всемирная торговая организация (ВТО)
世界卫生组织（WHO）Всемирная организация здравоохранения (ВОЗ)
世界银行 Всемирный банк (ВБ)
世界知识产权组织（WIPO）Всемирная организация интеллектуальной собственности (ВОИС)
市场 рынок
市场流通 обращение на рынке
市场行情 конъюнктура рынка
市场准入 допуск на рынок
事故保险 страхование от несчастного случая
事后评估 ретроспективная оценка
事先申请 предварительная заявка
试点项目 пилотный проект
试管 пробирка
试管架 штатив
试剂瓶 реактивная склянка
试样缩分器 порционер
适用关税 применяемый тариф
适用领域 территориальная применимость
适于儿童食用的半成品 полуфабрикаты для детского питания
适于儿童食用的均质罐头 гомогенизированные консервы для детского питания
适于儿童食用的肉类罐头 мясные консервы для детского питания
收货人 адресат; грузополучатель; консигнатор; получатель
收货人标志 знак (метка) консигнатора; метка (знак) грузополучателя
收集 сбор
手签名 расшифровка подписи
守法贸易商 законопослушные участники торговой деятельности
首席调度官 главный сотрудник по управлению

перевозками

受票方 получатель счёта

受委托方 исполняющая сторона

受限制物品 ограниченные вещи

授权 полномочие

授权（主管）机构 уполномоченный орган; орган（власти）

授权人 лицо, обладающее полномочии в отношении товаров

授权书；委托书 документ уполномочия

兽药残留 остатки ветеринарных（зоотехнических）препаратов

兽医 ветеринар; ветеринарный врач

兽医法定机构 статуарный ветеринарный орган

兽医机构 ветеринарная служба

兽医检查（监督） ветеринарный контроль（надзор）

兽医检验的统一要求 единые ветеринарные требования

兽医检疫 ветеринарный надзор

兽医检疫的规则和标准 ветеринарные правила и нормы

兽医检疫证书 ветеринарное свидетельство; ветеринарный сертификат

兽医没收 ветеринарный конфискат

兽医实验室 ветеринарные лаборатории

兽医卫生措施 ветеринарно-санитарные меры

兽医卫生检验 ветеринарно-санитарная экспертиза; ветсанэкспертиза

兽医用药 лекарственные средства для ветеринарного применения

兽医主管部门 ветеринарные власти

书面通知 письменное уведомление

书面形式 письменная форма

疏松剂 разрыхлитель

输电线输送货物 товар,

输入病例　завозные случаи

输入数据　вводные данные

蔬菜　овощи

熟酸乳　ряженка

属于自用合理数量范围内　в разумных пределах для самостоятельного использования

鼠疫　чума; чумной

鼠疫杆菌　бацилла чумы

术语　термин

树林；森林；木材；木料　лес и лесоматериал

数据　данные

数据报文　сообщение данных

数据管道　конвейер данных

数据可用性　удобство использования данных

数据挖掘　отбор данных

数据完整性　целостность данных

数据隐私　неприкосновенность данных

数据元　элементы данных

数据元目录　справочник элементов данных

数据载体　носитель данных

数据真实性　подлинность данных

数量检验证书　инспекционный сертификат количества

数量明细表　ведомость количества

数量统计　статистика количества

数量限制；配额　количественные ограничения/квоты

数码配件　гаджет (gadget)

数码相机　цифровой фотоаппарат

数字服务　цифровые услуги

数字海关　цифровая таможня

数字技术　цифровая технология

数字经济　цифровая экономика

数字平台　цифровая платформа

数字签名　цифровая подпись

数字商品　цифровые товары

数字生态系统　цифровая экосистема

数字温度计 термометр цифровые (логгеры данных)
数字信息 цифровая информация
数字证书 цифровой сертификат
数字转型 цифровая трансформация
数字资产 цифровой актив
双边贸易 двусторонняя торговля
双边贸易统计数据 статистика двусторонней торговли
双边协定 двустороннее соглашение
双方 стороны
双氢可待因；二氢可待因 дигидрокодеин
双通道制度 система двойного коридора
双循环 двойная циркуляция
双重征税 двойной налог
双重税率 таможенный тариф двойной
水产养殖 аквакультура
水产养殖产品；水产养殖对象 объекты аквакультуры
水产养殖场 предприятие аквакультуры
水尺计重 датчик протечки воды
水貂阿留申病 Алеутская болезнь норок
水分分析仪 анализатор влажности
水分检测 инспектирование влажности
水果 фрукты
水客 лодочник
水平仪 нивелир
水生动物 водные животные
水生动物产品 продукты из водных животных
水生动物卫生状况 статус здоровья водных животных
水生动物资源 водные биологические ресурсы
水生法典 Кодекс по водным животным
水生手册 Руководство по водным животным
水翼船 судно на подводных крыльях
水银石英照射器 облучатель ртутно-кварцевый
水银温度计 ртутный термометр
水域 водосборный

бассейн

水准仪 ватерпас

水渍险；单独海损险 страхование с включением частной аварии

税费 налоги и сборы

税款起征点 налоговый порог

税款押金 денежный залог налоги

税率 тариф

税率的重新调整 регулирование тарифов

税目 статья налога

税务局 налоговая служба

税务申报单（增值税）налоговая декларация （налог на добавленную стоимость）

税则归类 тарифная классификация

税则号列 колонка Налогового кодекса

税则委员会 комиссия налогообложении

顺差 активный баланс

顺序 порядок

司法 правосудие； юстиция

司法机构 судебная власть

司法协助 правовая （юридическая）

помощь

司可巴比妥 секобарбитал

丝带 шёлковая лента

私人的 частный

私人运输工具 частный транспорт

私钥 личный ключ

死亡 смерть

四环抗抑郁药 тетрацикличный антидепрессант

饲料 корм

饲料成分 кормовой ингредиент；кормовые добавки

饲料和饲料添加剂 корма и кормовые добавки

松尺蠖 сосновая пяденица

松天蛾 сосновый бражник

搜寻 искать

诉讼 обжалование

速冻食品 быстрозамороженные продукты

酸 кислота

酸度调节剂 регулятор кислотности

酸酐 безводная кислота （ангидрид кислоты）

酸奶（半流体的发酵乳制品饮料）кефир

酸奶冰激凌

酸奶产品 кисломолочное мороженое
酸奶产品 кисломолочный продукт
酸奶皮油 кислосливочное масло
酸奶皮油膏 кислосливочная масляная паста
酸奶油 сметана
酸牛奶（用乳酸菌素发酵而成的） йогурт
酸牛乳（饮料） ацидофилин
酸乳 айран; простокваша
酸乳；熟酸奶（文火加热处理的） варенец
随船监管 бортовой надзор
随货单证 грузосопроводительный документ
随机查验 выборочность таможенного контроля
随机供货 выборочные поставки
随身行李 сопровождаемый багаж
随行配偶 сопровождающий супруг
随行物品 ручная кладь
碎块的半制品 кусковой полуфабрикат
碎块食品的罐头 кусковые консервы
碎肉 фарш
碎肉半成品 рубленый мясной полуфабрикат; фаршированный полуфабрикат
碎肉罐头 рубленые консервы; фаршевые консервы
损毁或/和灭失 уничтожение и (или) безвозвратная утрата товаров
损失 авария
损失风险 риск потерь
索赔通知 уведомление о претензии
索赔有效期 срок действия претензии

T

塔酸　башенная кислота

炭疽病　антракноз; сибирская язва

探伤器；故障检验器　дефектоскоп

碳酸　угольная кислота

逃避海关监管　уклонение от таможенного контроля

逃汇　уклонение инвалюты

特别监视　специальное наблюдение

特别提款权　специальные права заимствования

特别优惠　специальные скидки

特定关税　таможенная пошлина специфическая

特定监测　целевой надзор

特定减免税　специальное предоставление налоговой льготы

特定免税进口　условно-беспошлинный ввоз

特定条件下放行　условный выпуск товаров

特惠　преференциальная льгота

特殊风险　специальные виды риска

特殊关税　специальные импортные налоги

特殊海关监管方式　специальная таможенная процедура

特殊进口许可证　специальное импортное разрешение

特殊税率　исключительные тарифы

特许权　право на специальное разрешение; франшиза

特许权使用费　лицензионный платёж; роялти

特异性　специфичность

特种关税　таможенная пошлина специальная

特种货物　особые товары

特种装备　специальные средства

提单　транспортная

提单；提货单；运货证 коносамент
提单号码 номер коносамента
提单日期 дата коносамента
提高海关监管效率 оптимизации проведения таможенного контроля
提高或特殊（额外）的费用 повышенный расход или чрезвычайные расходы (дополнительные расходы)
提供协助 оказывать помощь
提货 получать груз
提货单 накладная; ордер на выдачу товара
提货和交货 сбор грузов у клиентов и их доставка перевозчику
提前递交申报资料 предварительное представление информации
提请兽医检验 предъявить ветнадзору
提取货物样品或/和试样 отбор проб и (или) образцов товаров
提取货样 взять образцы товара
体积；容积；容量 объём; кубатура
体检（进行医学检查） приходить медосмотр
天敌 естественный враг
天花 оспа
天平；秤 весы
天然存在 естественно присутствующий
天然调味加香物 вещество вкусоароматическое натуральное
天然果（蔬）芳香剂 натуральные ароматообразующие фруктовые или овощные вещества
天然浓缩果（蔬）芳香剂 концентрированные натуральные ароматообразующие фруктовые или овощные вещества
甜味剂 подсластитель
条（法律用）статья
条干均匀度试验机 устер-прибор
条例 положение
条码 штрих-код
调味加香剂 препарат вкусоароматический
调味加香物 вещество вкусоароматическое

调味加香物质（香料）天然来源 натуральные источники вкусоароматических веществ (ароматизаторов)

铁道轨距 ширина железнодорожной колеи

铁路 железная дорога

铁路货车 товарный поезд

铁路交货价 франко-вагон

铁路提单；铁路托运单 железнодорожная накладная

铁路运输 железнодорожный транспорт

停靠点 пункт остановки

停靠港 причальный порт

停止运输决定 решение о приостановке движения

通报 нотификация；извещение

通风柜 вытяжной шкаф

通关手续费 сборы за таможенное оформление

通关文件和材料 документы и сведения, необходимые для таможенного оформления

通过外交途径 по дипломатическим каналам

通行证 пропуск

通信技术 коммуникационная технология

通用（多用途）运输单证 универсальный (многоцелевой) транспортный документ

通用散货船 универсальный балкер

通用商业语言（UBL） универсальный программный бизнес-язык (УБЯ)

通用许可证 лицензия генеральная

通知 официальное извещение

通知（用照会通知） нотификация

通知；通告 сообщение

通知；通知书 уведомление

同等作准 иметь одинаковую силу

同级别或者同种类货物（物品） товар того

же класса или вида
同类商品交易价格计算完税价格 метод определения таможенной стоимости по цене сделки с однородными товарами
同位素探伤仪 изоскоп
统计 статистика
统计的 статистический
统计费 статистический сбор
统一编码；海关编码 гармонизированный код
统一的商业协议与合同（UBAC） унифицированные деловые соглашения и контракты（УДСК）
统一国家数据结构 единая архитектура государственных данных
统一建模语言（UML） унифицированный язык моделирования；язык UML
偷税；漏税 уклоняться от уплаты налога
偷逃关税 уклонение от уплаты таможенных платежей
投保提单 коносамент застрахованный

透明度 прозрачность；транспарентность
突发疫病 эмергентная болезнь；эмерджентная болезнь
图示；图标；图解 график；диаграмма
图像分析仪 анализатор изображений
途中丢失 потерять в пути
屠宰 убой
屠宰产品 продукт убоя
屠宰场 бойня
屠宰用动物 убойное животное
土壤 почва
推进剂 пропеллент
退关货物 груз, не прошедший таможню
退关货物报告书 отчёт о возврате груза
退关税 возвратная пошлина
退还多计征或多支付的关税 возврат излишне уплаченных или взысканных таможенных платежей
退还进口关税和其他税 возврат сумм ввозных таможенных пошлин, налогов
退货 возвращать товары
退税 возврат платежа；

возвращать уплаченные налоги; погашение

退税程序 процедура возврата (пошлин и плат)

退税申请书 заявление на возврат налога

退税制度 режим возвращающего налог

退运；退税 возврат

退运决定 решение о возарате

退装货物 обратная загрузка

托盘 лоток; поднос

托盘货物 паллетный груз

托盘装运 отгрузка поддонов

托收单 инкассовое поручение

托收付款 получать платёж по по инкассо

托收行 банк-ремитент

托售协议 договор консигнации; консигнационное соглашение

托运安全声明 (CSD) декларация безопасности груза (ДБГ)

托运单 фрахтовый сертификат

托运单发货通知 уведомление об отправке накладной

托运到目的地的行李 зарегистрированный багаж до места назначения

托运行李 сданный багаж

拖车 прицеп

拖车运输 дорожный тягач

拖延监管 задержка в контроле

拖运 доставка

脱水食品 пищевая продукция обезвоженная

脱脂奶粉 сухое обезжиренное молоко

脱脂凝乳或炼乳 концентрированное или сгущенное обезжиренное молоко

脱脂乳 обезжиренное молоко

W

瓦特表 ваттметр

外出稽查 выездная таможенная проверка

外购；外包 аутсорсинг

外国承运人许可证 разрешение на осуществление внешних перевозок

外国独资经营 зарубежное индивидуальное хозяйство

外国护照 заграничный паспорт

外国货物 иностранный товар

外国货物、物品制造（获取）的货物、物品 товары, изготовленные (полученные) из иностранных товаров

外国人 иностранное лицо

外国外交代表机构 иностранное дипломатическое представительство

外国驻华使馆 посольство иностранных государств в Китае

外汇 инвалюта

外汇管理条例 Положения о валютном контроле

外汇管制 валютный контроль; инвалютный контроль

外汇配额申请书 заявка на выделение валютных средств

外汇票证 ценные бумаги в иностранной инвалюте

外汇市场 инвалютный рынок

外汇许可证；执照 валютная лицензия

外籍华人 этнический китаец с гражданством другого государства

外交代表机关服务人员 член обслуживающего персонала дипломатического представительства

外交代表机关工作人员 сотрудник дипломатического представительства

外交代表机关负责人

外交代表机关团长 глава дипломатического представительства

外交代表机关外交职员 член дипломатического персонала дипломатического представительства

外交代表机关行政技术人员 член административно-технического персонала дипломатического представительства

外交服务 дипломатическая служба

外交官员 дипломатический чиновник

外交机构 дипломатический орган

外交签证 дипломатическая виза

外交特权和豁免 дипломатический иммунитет и привилегии

外交途径 дипломатический канал

外交信袋 дипломатическая вализа

外交邮件 вализа; дипломатическая почта

外经贸活动商品目录 Товарная номенклатура внешнеэкономической деятельности (ТН ВЭД)

外贸合同 внешнеторговый договор; внешнеторговый контракт

外销 экспорт

外形尺寸 габарит

外资企业 предприятие с иностранным капиталом

弯曲试验机 флексинг-машина

完税后交货 (DDP) Поставка с оплатой пошлин

完税价格 таможенная стоимость

完税价格的审定 решение включающей пошлины

完税价格申报单 декларация о стоимости; декларация таможенной стоимости

完税价值确定程序 процедур определения таможенной стоимости товаров

完税能力 плата（тариф）за установленную мощность

完整报关单 полная таможенная декларация

完整无损 в полной сохранности

万国邮政联盟（UPU） Всемирный почтовый союз（ВПС）

万用表 авометр；мультиметр

网店 интернет-магазин

网购 интернет-покупка

网络；因特网 паутина

网络营销 интернет-маркетинг

网民 пользователь интернета；пользователь сети интернет

危害 опасность

危害国家安全罪 преступление против государственной безопасности

危害鉴定 идентификация опасности

危害因素清单 перечень опасных факторов

危险化学品 опасные химические вещества

危险货物 опасные грузы

危险货物明细表 подробные данные в отношении опасных грузов

危险货物申报单 декларация об опасных грузах

危险货物托运人声明（DGD） Декларация грузоотправителя на опасные грузы

危险品 опасные грузы

危险区 зона, подверженная опасности

危险性 небезопасность

微波消解器 микроволновая система пробоподготовки

微量烧瓶 микрохимическая колба

微生物 микроорганизм

微信支付 оплата QR-кода Вичат

韦氏比重天平 весы Вестфаля

违反海关法 нарушение таможенного закона；нарушение

违反海关法的行为 таможенное правонарушение; нарушение таможенных правил

违反海关法行为的行政处置 административное урегулирование таможенного правонарушения

违禁麻醉品 запрещённая наркотика

违禁物品 запрещённый предмет; запрещённая вещь

《维也纳领事关系公约》 Венская Конвенция о консульских сношениях

伪狂犬病 болезнь Ауески; ложное бешенство

伪麻黄碱 псевдоэфедрин

伪造 подделывать

伪造的护照 поддельный паспорт

伪造文件 изготовление фальшивых документов

委托 поручение

委托人 доверитель; принципал

委托书；授权书 доверенность

卫生标准 гигиенический норматив

卫生标准和规则 санитарные нормы и правила

卫生处理；卫生预防 санитарная профилактика

卫生措施 санитарная мера

卫生措施的等效性 эквивалентность санитарных мер

卫生防疫（预防）措施 санитарно-противоэпидемические (профилактические) мероприятия

卫生规定 санитарные правила

卫生检查 санитарная проверка

卫生检验 санитарная экспертиза

卫生检验证书 санитарное свидетельство

卫生检疫 санитарный карантин

卫生检疫的 санитарно-карантинный

卫生检疫规定

卫生检疫结论 санитарно-эпидемиологическое заключение

卫生流行病学标准化 санитарно-эпидемиологическое нормирование

卫生流行病学部门 санитарно-эпидемиологическая служба

卫生流行病学监督 санитарно-эпидемиологическое надзор

卫生流行病学鉴定 санитарно-эпидемиологическая экспертиза

卫生流行病学结论 санитарно-эпидемиологическое заключение

卫生流行病学情况 санитарно-эпидемиологическая обстановка

卫生流行病学要求 санитарно-эпидемиологические требования

卫生学 гигиена

卫生与植物检疫措施 (SPS) санитарные и фитосанитарные меры

为某人做担保 ручаться за кого-то

为消除自然灾害、事故和灾难后果而进出的物资 товар, перемещаемых для ликвидации последствий стихийных бедствий, аварий и катастроф

为特定目的而进口的货物 товары, ввезенные с определенной целью

未包装的 неупакованный

未经处理的 необработанный

未经海关同意 без согласия таможни

未经海关许可 без разрешения таможни

未经加工的动物源性食品 непереработанная пищевая продукция животного происхождения

未开放港口 закрытый порт

未组装件或者拆散件形式（不完整品或者未制成成品形式）的货物 товар в несобранном или

разобранном виде, в том числе в некомплектном или незавершенном виде

温度计；寒暑表 градусник; термометр

温湿计 термогигрограф

瘟疫 чума

文本 текст

文本生效 вступить в силу

文档管理 управление документооборотом

文档类型定义（DTD） определение типов документов（ОТД）

文件；文档 документ

文件的电子形式 электронный вид документа

文件的互认 взаимное признание документов

文件和单证 файлы и документы

文氏流量计 вентуриметр

文物 культурные ценности; памятники культуры

稳定剂 стабилизатор

问询；询价单；请求事项 запрос

污染 загрязнение

污染风险 риск загрязнения

污染食品 контаминация（загрязнение）пищевой продукции

无包装商品 товар без упаковки

无背书的 без индоссамент

无差别待遇；无歧视待遇；非歧视待遇 недикскриминация; принцип недискриминац

无船公共承运人；无船承运人（NVOCC） несудоходная транспортная организация общего назначения

无法人资格的实体 общественное объединение（организация）без регистрации юридического лица

无缝处理流程 неразрывный процесс; непрерывный процесс; плавный процесс

无盖货车 открытый вагон

无骨半成品 бескостный полуфабрикат

无骨肉类 бескостное мясо

无害 безвредность

无机酸 минеральная кислота; неорганическая кислота

无菌罐头 стерилизованные консервы

无人机 беспилотник; дрон

无人驾驶的 беспилотный

无人领取的货物 невостребованный товар

无商业价值 не имеет коммерческой ценности

无商业价值的样品 образцы, не представляющие коммерческой ценности

无水酒精 абсолютный спирт

无糖食品 пищевые продукты без добавленных сахаров

无限期有效；长期有效 долгосрочная эффективность

无效的 неверный

无形贸易 невидимая торговля

无疫区；安全区 благополучная зона

无疫生物安全隔离区域（间）благополучный компартимент

无症状感染者 бессимптомные заразившиеся; асимптомные инфицированные; пациент с бессимптомным течением заболевания

无纸贸易 безбумажная торговля

五味子 лимонник

武器 оружие

戊巴比安 пентобарбитал

戊巴比安钠 этаминал-натрий

物镜 объектив

物联网 интернет вещей

物料 припасы

物流 логистика

物流包 логистическая упаковка

物流配送 логистика и дистрибуция

物流中心 транспортный терминал

物流自由经济区 логистическая свободная экономическая зона (СЭЗ)

X

西伯利亚人参 элеутерококк
吸尘器 пылесос
吸毒 наркомания
吸附剂 адсорбент; носитель
吸滤器 нутч
吸瓶 отсосная колба
稀少的 редкий
洗出液 элюат
洗瓶 промывалка
洗瓶；注射器 шприц
洗气瓶 газопромыватель
洗钱 отмывание денег
洗提液 элюент
细菌培养器 инкубатор
下属机构；隶属机构 подчинённый орган
先征后退的制度 система возврата налогов после сбора налогов
纤维仪 волокномер
纤维长度测定仪 штапелеизмеритель
鲜肉 парное мясо
鲜肉；生肉 сырое мясо
鲜榨果汁 свежеотжатый сок
嫌疑犯 подозреваемый
显微分光光度计 микроспектрофотометр
显微镜 микроскоп
显微硬度计 микродюрометр
现场核查（检验） выездная проверка (инспекция)
现价 существующая цена
现金；现款 наличные
现金罚款 денежный штраф
现金支付 налично-денежный платёж
现任国家海关顾问；海关机构最高长官（署长） действительный государственный советник таможенной службы
限期装船 доставка в течение ограниченного времени
限制 ограничение; ограничивать
限制措施（检疫） ограничительные мероприятия (карантин)
线上传送资料 онлайн-

线上翻译 онлайн-перевод
线上购买 онлайн-покупка
线上经营 онлайн-предпринимательство
线上贸易 онлайн-торговля
线上平台 онлайн-платформа
线上商务 онлайн-бизнес
线上事务 онлайн-транзакция
线上银行 онлайн-банк
腺鼠疫 бубонная чума
相关方 заинтересованное лицо
相互 взаимный
相同，同一性，认同 идентичность
相同货物（物品） идентичные товары
香肠制品 колбасное изделие
香料 ароматизатор
箱；罐 бак
箱式干燥法 камерная сушка
享受特别优惠待遇的外国商品 иностранные продукты, пользующиеся особой преференции
享有外交豁免权 пользоваться дипломатическим иммунитетом
向海关呈验货物 отправить товар на таможню
向海关登记 зарегистрироваться на таможне
向海关申请放行样品 обратиться в таможню для выпуска образца
项（文本用） подпункт
消除活性；灭活 инактивация
消毒 дезинфекция; обеззараживание; дезинфицировать
消毒措施 дезинфекционные мероприятия
消毒剂 антисептика; дезинфектанты
消毒奶 стерилизованное молоко
消毒室 дозкамера
消毒药物 дезинфицирующее средство
消费价格指数（CPI） индекс потребительских цен (ИПЦ)
消费税 акциз; налог на потребление

消费者 потребитель

消费者与商家间电子商务 потребительский бизнес C2B

消费者与消费者间电子商务 потребительская электронная торговля C2C

消灭传染病 ликвидировать инфекционные болезни

消泡剂 пеногаситель

硝酸 азотная кислота

销毁 уничтожение

销毁方式及地点 способ и место уничтожения

销售订单 заказ клиента

销售发票 счёт-фактура продажи

销售合同 контракт продажи

小包邮件 мелкие посылки

小册子 буклет

小蠹虫 короед

小烧瓶 колбочка

小型反刍动物的瘟疫 чума мелких жвачных

小移液管 пипеточка

效率 эффективность

协调 гармонизация；согласование

协调边境管理（CBM） комплексное управление границей

协调关税制度 Гармонизированная система тарифов

《协调统一货物边境管制国际公约》 Международная конвенция о согласовании условий проведения контроля грузов на границах

协调植物检疫措施 гармонизированные фитосанитарные меры

协调制度（HS） гармонизированная система（ГС）

协定；公约，专约 соглашение

协定的生效、修订和终止 вступление в силу, изменение и прекращение действия

协定的执行 исполнение договора

协定范围 сфера действия соглашения

协定关税 конвенционная пошлина

协定条款 положение соглашения

协商 согласование

协议价格 цена по соглашению

协助；帮助；促进；支

持 содействие
协助义务的免除 освобождение от обязательства содействии
携带金银出境许可证 свидетельство на ношение золотых и серебряных украшений
携带外币出境许可证 разрешение на вывоз иностранной валюты
卸货 выгруженный груз; выгрузка
卸货报告 доклад (сообщение) о выгрузке; донесение о разгрузке
卸货地; 卸货港 место/порт отгрузки; место/порт разгрузки
卸货地交货 (DPU) Поставка в месте назначения и разгрузка
卸货费用 расходы на разгрузку
卸货港 (POD) порт разгрузки
卸货质量 качество разгрузки
卸载; 卸下 отгрузка
新冠病毒感染 новая коронавирусная инфекция
新冠病毒核酸检测 тест на выявление нуклеиновой кислоты коронавируса нового типа; тестирование на коронавирус
新冠病毒抗体 антитела к коронавирусу
新冠病毒新增病例 новый случай коронавируса
新冠病毒疫情防控措施 меры для предотвращения распространения коронавируса
新冠病毒疫情防控指挥部 Оперативный штаб по предупреждению и борьбе с коронавирусом
新品种食品 пищевая продукция нового вида
新型加工助剂 технологическое вспомогательное средство нового вида
信息传输 передача информации
信息的保护 защита информации
信息的保密 конфиденциальность информации
信息的发布和可用性

信息的使用 использование информации

信息分析 анализ сведений

信息分析系统 аналитическая информационная система (АИСТ)

信息和通信技术（ICT） информационно-коммуникационная технология (ИКТ)

信息互换；信息交换 обмен информацией

信息技术 информационная технология

信息交流技术 информационно коммуникационные технологии

信息统一化 унификация сведений

信息系统 информационная система

信息行业（收集、分析和向客户提供商业机构活动的信息） информационный бизнес

信息一致 гармонизация сведений

опубликование и доступ к информации

信息支持 информационное обеспечение

信息指南 нормативно-справочная информация

信息资源 информационный ресурс

信用卡 кредитная карта

信用证 (L/C) аккредитив

信用证付款 платить с аккредитива

信用证开证银行 банк-эмитент аккредитива

信用证统一惯例 унифицированные правила и обычаи для документарных аккредитивов

信用证有效期 срок действия аккредитива

刑事拘留 задерживать по подозрению в совершении преступления

刑事诉讼 уголовный судебный процесс

刑事责任 уголовная ответственность

行动方案 схема действий

行贿 подкуп

行李检查室 зал досмотра багажа

行李申报单 багажный

行李提取处 место получения багажа
行为规范 кодекс поведения
行政、商业和运输业电子数据交换（EDIFACT） Стандарт для электронного обмена данными в управлении, торговле и на транспорте（ЭДИФАКТ）
行政法规 административно-нормативные акты
行政互助 взаимная административная помощь
行政互助合作和国际合作 взаимная административная помощь и международное сотрудничество
行政拘留 административное задержание
行政违法 административные правонарушения
形式发票 счёт-проформа
形式发票；预开发票 примерная фактура
休渔 выдержка декларация
修订规则 правило с поправками
修改；修订 поправка；исправлять опечатку
锈损险 страхование от повреждений от ржавчины
须经海关关长批准 при условии утверждения начальника таможни
虚拟商店；网店 виртуальный магазин
虚盘 свободная оферта
许可；许可证 разрешение
许可证 лицензия
许可证费 лицензионный сбор
许可证使用费 лицензионный сбор за выдачу лицензии
许可证制度 лицензирование；система лицензирования
序言（文本） предисловие
絮凝剂 флокулянт
宣言；声明；申报 декларация
旋转蒸发器 испаритель ротационный
选择列表 перечень
血 кровь
血肠 колбаса кровяная
血制加工产品 продукт

переработки крови
熏舱证书 свидетельство фумигации судна
熏烤肉制品 копчено-запеченные продукты из мяса
熏蒸 фумигация
熏蒸证书 фумигационное свидетельство
熏煮肉制品 копчено-вареные продукты из мяса
巡逻 патрулирование
询价 запрос оферты; запрашивать цену

Y

压榨果汁 сок прямого отжима
鸦片 опиум
鸦片镇痛剂 опийные анальгетики
亚磷酸 фосфористая кислота
亚硫酸 сернистая кислота
亚群 субпопуляция
亚太地区（ATP） Азиатско-Тихоокеанский регион
亚硝酸 азотистая кислота
亚洲基础设施投资银行（AIIB） Азиатский банк инфраструктурных инвестиций（АБИИ）
亚洲开发银行（ADB） Азиатский банк развития（АБР）
烟花爆竹产品 пиротехническое изделие
烟花爆竹产品的存放 хранение пиротехнических изделий
烟花爆竹产品的废物处理 утилизация пиротехнических изделий
烟花爆竹产品的鉴别 идентификация пиротехнических изделий
烟花爆竹制剂 пиротехнический состав
烟火制品 фейерверочное изделие
烟熏香料 ароматизатор коптильный
延迟交货 задержка поставки
延期 отсрочка
延期付款 отсрочка платежа
延期付款信用证 аккредитив с отсроченным; отложенным платежом
延期交货通知单 уведомление о обратной доставке
延误 подводить
延误卸货 задерживать выгрузку
延长有效期 продлить

срок действия

盐 соль

盐酸 соляная кислота

掩埋 захоронение

厌氧菌培养器 анаэростат

羊毛细度测定器 эриометр

阳性 положительный

养殖场 ферма для разведения

氧化变质 окислительная порча

样品 образец

邀约，发盘；报价单 предложение; оферта

药品 лекарство

药品检疫证书 карантинное свидетельство лекарства

药用植物及其萃取物 лекарственные растения и их экстракты

要求交付说明书 запрос инструкций по поставке

要求赔偿 предъявление претензии

业务过程规范模式 схема спецификации деловых процессов (операций) (ССДП)

业务过程和信息建模 моделирование деловых процессов (операций) и информации (МДПИ)

业务会谈 деловая беседа

业务流程 бизнес-процесс; деловой процесс; деловая операция

业务流程分析 анализ бизнес процессов

业务流程卡 карточка бизнес процесса

业务数据交换 обмен бизнес-данными

液晶 ЖК (жидкие кристаллы, жидкокристаллический)

液体比重计 ареометр

液体货物 наливной груз

液体货物罐装车皮/罐车 вагон-цистерна

液相色谱仪 хроматограф в жидкой фазе

一般税收减免 общая налоговая льгота

一般托运单 общая транспортная накладная

一般险 общее страхование

一次性担保 одноразовое

一次性许可证 лицензия разовая

一等秘书 первый секретарь

一览表 синоптическая таблица

一批次法检产品 партия подкарантинной продукции

一批次法检产品的进出关境 перемещение партии подкарантинной продукции через таможенную границу

一批货物 партия товаров

一切法律或/和法规 все законодательные и/или нормативные положения

一切有助于保证……信息 вся информация склонной для обеспечения чего

一式两份 совершено в двух экземплярах

一元酸；一价酸 одноосновная кислота

一站式边境检查站 пограничный пункт одной остановки

医疗检查 медицинский осмотр

医疗器械 медицинские инструменты

医学观察 медицинское наблюдение

医用口罩 медицинская маска

医用器械 медицинская аппаратура

依法扣押 арест в соответствии с законом

依照；以……为条件 при условии

依照技术文件 согласно технической документации

仪表读数 показания прибора

移居；移民 миграция

移泊 перемена стоянки

移泊通知 извещение перемены стоянки

移液管 пипетка

移液管架 штатив для пипеток

遗传材料 генетический материал

遗漏 бездействие

疑似病例 подозреваемый пациент; предполагаемый случай заболевания

疑问；疑似 неуверенность

乙基爱康宁 этилэкгонин

乙基吗啡 этилморфин

乙醚 этиловый эфир

乙酸；醋酸 уксусная кислота

以英（中）文本为准 преимущественную силу имеет текст на английском（китайском）языке

以资金为代价征收税款（费用、罚款、罚款）взыскание налога（сбора, пеней, штрафа）за счёт денежных средств

义务；责任 долг

艺术品和具有历史、文化和考古价值的文物 произведения искусства и предметы исторической, культурной и археологической ценности

议程项目 пункт повестки дня

议定书；纪要 протокол

异地报关 декларирование в ином месте

异议和索赔条款 оговорка о возражении и претензии

易爆炸物品 взрывоопасный предмет

易腐货物 скоропортящийся груз; скоропортящийся товар

易腐食品 скоропортящаяся пищевая продукция; скоропортящийся пищевой продукт

易感物种 восприимчивый вид

易货贸易 бартерная торговля; товарообмен

易燃货物 горючий груз; огнеопасный груз; легковоспламеняющийся груз

易燃压缩气体 лекопламеняющийся сжатый газ

易碎货物 хрупкий товар

疫病；疾病 болезнь

疫病情况；防疫状况 эпизоотическое состояние

疫病预防 предупредить болезнь

疫苗 вакцина; прививка от/против чего

疫情；流行病

эпидемия
疫情传播 распространение эпидемии
疫情信息 информация эпидемии
疫区 район эпидемии
疫区；感染控制区 карантинная зона
益生菌 пробиотические микроорганизмы
益生元 пребиотики
意向书 письмо о намерениях
意向书；承诺书 письмо-обязательство
溢短卸报告 отчёт о переполнении и кратком разгрузке
溢短装条款 положение приблизительной погрузки
溢卸货物 перелив груза
溢装 перегруз
因特网 всемирная паутина
阴离子电导仪 кондуктомер Анион
阴性 отрицательный
音像制品出版单位 отдел публикации аудиовизуальной продукции
音像资料 аудиовизуальные материалы

银行存款凭证 сертификат банковского вклада
银行担保书；银行保证书 банковское гарантийное обязательство
银行对账单 банковская выписка
银行汇票 банковский акцепт
银行业务通知书 банковские инструкции
银行账户 банковский счёт
银行支票；银行本票 банковский чек
银行转账；银行汇款 банковское перечисление
银行转账说明 инструкция по банковскому переводу
淫秽的 непристойный
淫秽物品 непристойные предметы
引航区 район лоцманской проводки
引进外资 привлекать иностранный капитал
引种生物防治媒介 интродукция (агента биологической борьбы)

饮用奶 питьевое молоко

饮用奶油 питьевые сливки

印度大麻 гашиш

印花税 гербовый налог；гербовый сбор

印刷品 печатные изделия

应付价格 цена, подлежащую уплате

应付泊位、码头、堆场、仓库的运费及附加费 транспортные налоги и сборы, уплачиваемые за использование причала, дока, депо и склада

应急计划 план действий в чрезвычайных ситуациях

应检物 подконтрольный товар

应检物输入（输出）或过境运输许可证 разрешение на ввоз (вывоз) или транзит подконтрольных товаров

应税通道（红色通道） налогооблагаемый канал (красный канал)

应税物品 пошлинные товары

英镑 английский фунт

英吨；长吨 английская тонна

婴儿食品罐头原浆 пюреобразные консервы для детского питания

婴儿食品肉类和蔬菜罐头 мясорастительные консервы для детского питания

婴儿用煮制香肠制品 вареное колбасное изделие для детского питания

婴幼儿食用的干奶饮料 сухие молочные напитки для питания детей раннего возраста

婴幼儿食用的干酸乳混合物 сухие кисломолочные смеси для питания детей раннего возраста

婴幼儿食用的乳品饮料 молочные напитки для питания детей раннего возраста

婴幼儿食用的熟乳粥及干乳粥 молочные каши, готовые к употреблению, и молочные каши сухие для питания детей раннего возраста

婴幼儿用巴氏高温杀菌型肉制肠 пастеризованные мясные (мясосодержащие) колбаски для детского питания

婴幼儿用半熏的肠类制品 полукопченые колбасные изделия для детского питания

婴幼儿用肉类制品 мясная продукция для детского питания

婴幼儿用屠宰产品 продукты убоя для детского питания

婴幼儿用植物肉类产品罐头 растительно-мясные консервы для детского питания

罂粟 мак

鹦鹉病（饲鸟病） орнитоз

鹦鹉热 пситтакоз

荧光PCR法 метод ПЦР с гибридизационно-флуоресцентной детекцией

荧光计 флуорофотометр

营养素（营养物质） нутриенты (пищевые вещества)

营业地点 коммерческое предприятие

营业执照 лицензия на ведение коммерческой деятельности

影片；电影 фильм

硬冰激凌 мороженое закаленное

硬试管 тугоплавкая пробирка

硬性毒品 тяжёлые наркотики

永久居住 постоянное местожительство

永久性入境签证 постоянная въездная виза

优等质量 отличное качество

优化库存成本 оптимизация издержек хранения

优化生产成本 оптимизация издержек производства

优惠关税 преференциальные тарифы/пошлины; тарифные льготы, преференции

优惠国 страна благоприятствования

《优惠贸易协定》(PTA) Соглашение о преференциальной торговле (СПТ)

优惠税制 льготный

优惠条件 льготные условия

优质滤纸 ватманская бумага

邮包 почтовая посылка

邮船 почтовое судно

邮件；邮寄物品 почтовое отправление

邮票 почтовая марка

邮政包裹发货地址 сопроводительный адрес к посылке

邮政车 почтовый вагон

邮政汇票 почтовая тратта

油比重计 элеометр

油船 нефтеналивное судно

油膏 масляная паста

油料 масличное сырьё

油轮 нефтяной танкер

油水分离器 влагомаслоотделитель；водомаслоотделитель；декантер；масловлагоотделитель

油渣 белковый брикет

油脂类产品 масложировая продукция

油渍风险 риск загрязнения нефтепродуктами

游标卡尺 штангенциркуль с нониусом

游离酸 свободная кислота

有产品质量证明书的；有商品说明书的；专利凭证的 сертифицированный

有毒化学品 химическое отравляющее вещество

有毒元素 токсичные элементы

有害的污染物质 вредные загрязнители

有害生物 вредный организм

有害生物低密度地区 зона низкой численности вредного организма

有害生物分类 категоризация вредного организма

有机酸 органическая кислота

有价证券；可兑换货币 ценная бумага

有损于 вредно для чего

有限责任公司 общество с ограниченной ответственностью (ООО)

有效的 действующий

有效合同 действующий контракт

有效护照 действующий

паспорт
有效期限 срок действия
有效证书 действующий сертификат
鱼类半成品 рыба-сырец
渔业专家 рыбовод
渔业资源 ресурсы рыбного хозяйства
与……相一致 в соответствии с чем
预包装产品 фасованные товары в упаковках
预裁定 предварительное решение
预防措施 мера предосторожности
预防接种 профилактические прививки
预防性营养膳食食品 пищевая продукция диетического профилактического питания
预付部分货款 частичная предоплата
预付货款（C.I.A.） оплата авансом; предоплата
预付款 авансовый платеж
预付运费 предварительная оплата фрахта
预检 зарее проверить
预申报；提前申报 предварительное таможенное декларирование
预先登记 предварительная запись
预先信息 предварительной информации
园艺师 садовод
原材料；原料 сырьё
原产地规则 правила происхождения
原产地交货（价） франко-происхождение
原产地书面证明 документальное подтверждение происхождения
原产地证书（C/O；CO；COO） сертификат о происхождении; указании о происхождении
原产地证书申请书 заявка на выдачу сертификата или свидетельства о происхождении товара
原产国（发货国） страна происхождения

（отправления）
原定期限　исходный срок
原发货方　первоначальная сторона отправитель
原料生产国　страна-производитель сырья
原始单据　оригинальные документы
原收货人　первоначальный грузополучатель
原托运人；原发货人　первоначальный грузоотправитель
原油　сырая нефть
原则声明　декларация принципов
原子吸收光度计　атомноабсорбционный фотометр
原子吸收光谱仪　спектрометр атомно-абсорбционный
圆底烧瓶　круглодонная колба
圆木直径测器　бревномер
圆桌会议　конференция круглого стола；заседание за круглым столом
远程报关系统　система удаленного таможенного декларирования
远期汇票　срочная тратта
远期信用证　долгосрочный аккредитив
远洋班轮　океанский лайнер
允许补贴　разрешенные субсидии
允许水平　допустимый уровень
运单；装运通知　транспортная накладная
运抵地点；交货地点　место доставки
运动员、孕妇和哺乳妇女专用的食品　пищевая продукция для питания спортсменов, беременных и кормящих женщин
运动员专用食品　пищевая продукция для питания спортсменов
运费　фрахт
运费单　фрахтовая накладная
运费发票　фрахтовый счёт
运费费率　ставка фрахта
运费付至目的地（CPT）

перевозка оплачена до
运费和保险费付至（CIP） перевозка и страхование оплачены до
运费回扣 скидка с фрахта; скидка с цены перевозки
运煤船 судно для перевозки угля
运输 грузооборот; транспортировка
运输包装 транспортная упаковка; логистическая упаковка
运输标志 грузовая маркировка; отгрузочная маркировка
运输单（本地运输） ордер на перевозку (местные перевозки)
运输单据；运输凭证 транспортный (перевозочный) документ
运输单证；货运单据 товаросопроводительная документация
运输方式 вид транспорта
运输费用 плата за фрахт
运输风险 риск транспорта
运输服务订单 заказ на предоставление транспортных услуг
运输服务买方 покупатель транспортных услуг
运输服务提供商 поставщик транспортных услуг
运输工具 виды транспорта; транспортное средство
运输工具标识 идентификация вида транспорта
运输工具的登船和查验 досмотр и обыск транспортных средств
运输工具暂准进口单证（CPD） карнет де Пассаж
运输公司 транспортная компания
运输合同 договор перевозки
运输后期 период, последующий за перевозкой
运输货物申报（cargo declaration） грузовая декларация; фрахтовая декларация
运输链 транспортная цепь/цепочка
运输流量 транспортный поток
运输路线 проезжая

часть дороги

运输能力 перевозочная мощность; провозная способность

运输前期 период, предшествующий перевозке

运输设备 транспортное оборудование

运输事项 сведения относительно транспортировки; транспортировочные данные

运输枢纽 транспортные оси

运输详情 данные (детали) перевозки

运输协议 договор об организации перевозок

运输信息 сведения о транспортировке; транспортировочная информация

运送指示单 транспортно-экспедиционные инструкции

Z

杂醇油 сивушное масло

杂货 генеральный (смешанный, сборный) груз

杂货船 судно для перевозки смешанных грузов

杂货费率 (GCR) ставки фрахта на перевозку генеральных грузов

杂货泊位 грузовой причал общего назначения

杂志；期刊 журнал

栽培材料 посадочный материал

宰杀 умерщвление

再调整 подрегулировка

再生酸 регенерированная кислота

在海关仓库卸货 выгрузка в складе временного хранения (СВХ)

在海关的监管下 под контролем таможни

在联盟框架下的海关协作 взаимодействие таможенных органов в рамках Союза

在途货物（已装载于船上的货物） товар на плаву

在线纠纷解决 (ODR) разрешение споров в Интернете

在运输中 при перевозке

载货舱单 грузовой манифест；декларация груза；список товаров на судне

载货吨位 грузовой тоннаж

载货量 грузоподъёмность

载货清单；货物舱单 манифест

载货运费清单 фрахтовый манифест

载片 предметное стекло

载气 газ-носитель

载物台 столик

载重量；自重 дедвейт

暂保单 временное свидетельство о страховании

暂缓纳税 отсрочка налогообложения

暂免关税

освобождение от временного пошлины
暂时出口监管方式 таможенная процедура временного вывоза
暂时的 временный
暂时进出口货物 временный ввоз и вывоз товаров
暂时免税进境或暂时免税出境 временный беспошлинный экспорт или импорт
早期检测系统 система раннего предупреждения
责任有限公司 товарищество с ограниченной ответственностью (ТОО)
增稠剂 загуститель
增加 добавление
增进 продвижение
增味剂（增香剂） усилитель вкуса (аромата)
增值 поднять цены
增值税 налог на добавленную стоимость (НДС)
赠给客人或外国使节的礼物 подарок для гостей или иностранных посланников
赠送；捐赠 подарить
炸药 взрывчатое вещество；взрывчатка
展览会 выставка
占有、使用和处置权 право владения, пользования и распоряжения
栈桥 эстакада
战略物资名录；清单 перечень стратегических товаров
战争 война
战争险 страхование от военных рисков
长吨；英吨 длинная тонна
长期合同 долгосрочный контракт
长期有效 неограниченная продолжительность
账户（account）аккаунт
召回 отзыв；отозвать
照会 дипломатическая нота
折光仪 рефрактометры
针入硬度计 центрометр
侦查犯罪 расследовать преступление
侦破 раскрыть
珍稀动物 редкие животные
珍稀物种 редкий вид

珍稀植物 редкие растения
真菌霉菌 микотоксин
真空包装 упаковано под вакуумом
真空泵 вакуум-насос; вакуумный насос
真空干燥室 вакууэкскатор
真空过滤器 вакуумфильтр
真空温度计 ваккумный термометр
真空仪 вакускоп
真实性 реальность
诊断 диагноз
振荡器 аппарат для встряхивания
振动计 виброскоп
征得海关的同意 получить согласие таможни
征收（税款、罚款等）；向……征税罚款 оценивать/оценить
征收报复性关税 взимать карательный тариф
征收关税 взыскание таможенных пошлин
征税部门 учреждение взимания налоги
征税对象 налоговый объект
征税领域 сфере налогообложения

蒸馏 дистилляция
蒸馏瓶 перегонная колба；оттонная колба
蒸馏水 дестиллированная вода
蒸汽冷却管 вапотрон
整箱货（FCL）полная загрузка контейнера（ПЗК）
正本 оригинал；подлинника документов
正常氢电极 нормальный водородный электрод
正常情况下的自然损失 естественная убыль при нормальных условиях
正确计征进口关税和其他税费 точная оценка таможенных пошлин и других налогов на импорт
正式手续 формальность
正式授权代表 должным образом уполномоченный представитель
正式照会 личная нота；официальная нота；подписная нота
正文 текст
证明书 справка
政府间的援助

межправительственная поддержка

政治部主任 начальник политического управления

政治渗透 политическое просачивание

支付宝支付 оплата QR-кода Алипей

支付费用的说明 инструкция, касающаяся оплаты перевозки

支票 чек

知识产权（IPR） право интеллектуальной собственности

知识产权保护执法协作 сотрудничество правоохранительных органов по защите интеллектуальной собственности

知识产权备案系统 система регистрации интеллектуальной собственности

知识产权边境执法 контроль соблюдения прав интеллектуальной собственности при перемещении товаров через таможенную границу

知识产权海关保护 таможенная защита интеллектуальной собственности

知识产权海关保护申请 Заявление о таможенной защите интеллектуальной собственности

知识产权客体海关统一名录 Единый таможенный реестр объектов интеллектуальной собственности

脂肪半成品的加工产品 продукт переработки жира-сырца

脂肪酸 жирная кислота

脂质原料 жир-сырец

执行人 исполнитель

直达提单 прямой коносамент

直运提单 коносамент сквозной

职权范围 сфера компетенции; круг ведения

植物 растения

植物病菌 Патогены растений

植物病理学 фитопатология

植物检疫 карантин растений; фитосанитария

植物检疫安全 карантинная

фитосанитарная безопасность

植物检疫低风险的法检产品 подкарантинная продукция низкого фитосанитарного риска

植物检疫调查 карантинное фитосанитарное обследование

植物检疫防控措施 карантинный фитосанитарный мер

植物检疫防控制度 карантинный фитосанитарный режим

植物检疫风险 фитосанитарный риск

植物检疫风险分析 анализ фитосанитарного риска

植物检疫高风险的法检产品 подкарантинная продукция высокого фитосанитарного риска

植物检疫消毒 карантинное фитосанитарное обеззараживание

植物检疫消毒处理证书 акт карантинного фитосанитарного обеззараживания

植物检疫要求 карантинное фитосанитарное требование

植物检疫疫区 карантинная фитосанитарная зона

植物检疫应急措施 экстренные карантинные фитосанитарные меры

植物检疫站 фитосанитарный контрольный пост

植物检疫证书 карантинный сертификат; фитосанитарное свидетельство (сертификат)

植物检疫证书申请表 заявка на выдачу фитосанитарного свидетельства

植物肉类产品 растительно-мясной продукт

植物生长期 вегетационный период (для вида растения)

植物油 масло растительное

纸币 бумажные деньги

指定被保险人 застрахованное лицо

指定的 установленный
指定的海关 назначающая таможня
指定的路线 установленные маршруты
指定付款说明的文本 платёжное поручение
指定账户 счёт-спецификация
指南 справочник
指运地海关 таможня места назначения
制肠原料 сырьё кишечное
制成品 готовое изделие
制成食品 кулинарное изделие
质量 качество
质量保证 гарантия качества
质量和数量证明书 сертификат качества и количества
质量检查 проверка качества
质量认证标志 знак определённого качества
质量体系认证机构 орган по сертификации систем качества（ОССК）
质谱分析仪 масса-анализатор
质谱仪 велоситрон; масса-спектрограф
智慧海关 интеллектуальная таможня
智库 аналитический центр; мозговой центр; фабрика мысли
智能边境 интеллектуальная граница
智能合约 смарт-контракт
智享联通 интеллектуальная коммуникация; связь
滞报金 штраф за несоблюдение сроков таможенного декларирования
滞留商品 задержание товары
滞纳金 пеня; штраф за опоздание
滞期费 штраф／неустойка за простой
置于海关制度或程序下 помещение товаров под таможенный режим или под таможенную процедуру
中草药 целебные травы китайской медицины; снадобье из лекарственных трав（растений）китайской

медицины

中等质量　среднее качество

中俄总理定期会晤　Регулярная встреча глав правительств России и Китая

中俄总理定期会晤委员会　Российско-Китайская комиссия по подготовке регулярных встреч глав правительств

中国保险条款　китайские условия страхования

中国国际贸易促进委员会（CCPIT）　Китайский комитет содействия развитию международной торговли

中国进出口商品交易会（简称广交会）　Кантонская ярмарка экспортно-импортных товаров

中国民用航空局（CAAC）　Государственное управление гражданской авиации Китая

中国外轮理货公司　Китайская океанская торговая компания

中华人民共和国国家卫生健康委员会　Государственный комитет по делам гигиены и здравоохранения КНР

《中华人民共和国国境卫生检疫法》　Закон о пограничном санитарно-карантинном контроле Китайской Народной Республики

《中华人民共和国海关行政处罚实施条例》　Правила применения административных наказаний таможней Китайской народной республики

《中华人民共和国进出口关税条例》　Положение о таможенных пошлинах при импорте и экспорте Китайской народной республики

中介机构　торговый посредник; посредническая структура

中途停靠点　пункт остановки в пути

中途转运港　порт на полдороги

中小企业（SMEs） предприятие малого и среднего бизнеса

中性包装 нейтральная упаковка

中转；超载 перегрузка

中转港 транзитный порт; порт перегрузки

终点站 станция назначения

终点站交货（DAT） Поставка на терминале

终止 прекращение

终止过境（办结过境手续） транзит завершён

终止商品归类预裁定的效力 прекращение действия предварительного решения о классификации товара

种蛋；孵化用蛋 инкубационное яйцо

种用或饲养用动物 племенное или пользовательное животное

种子 семена; семенной материал

仲裁裁决；仲裁裁决书 решение арбитражного суда

仲裁法庭 арбитражный суд

仲裁机构 арбитражная структура

仲裁委员会 арбитражная комиссия

仲裁协议 урегулирование на основе компромисса

重量 вес

重量检验证书 инспекционный сертификат массы

重水 тяжёлая вода

重物 тяжёловесные или громоздкие грузы

重要事实或情况 существенный факт или обстоятельство

主动或经对方请求 по инициативе стороны или по запросу

主动协助 спонтанная помощь

主管法院 компетентный суд

主管机构 органы исполнительной власти; ведомственный орган

主管机关；主管部门 компетентный орган

主权 суверенитет

主数据交换结构 структура обмена основными данными

主提单 мастер-коносамент（MBL）

主席台 президиум

煮沸乳 топленое молоко

煮制的香肠制品 вареное колбасное изделие

助理顾问 консультант-помощник

住所 домициль

注册 регистрация; регистрировать

注册船 зарегистрированное судно

注册吨位 зарегистрированная вместимость

注册商标 зарегистрированная торговая марка

注射新冠疫苗 сделать прививку от ковид

著作权 авторское право

专家；鉴定人 эксперт

专家顾问 консультант-эксперт

专家和证人 эксперты и свидетели

专家组织 экспертная организация

专利、商标、著作权使用费 платежи за патенты, товарные знаки, авторские права

专门海关统计 специальная таможенная статистика

专门账册 специальная бухгалтерская книга

专属经济区 исключительная экономическая зона

专业海关 специализированная таможня

专业设备 профессиональное оборудование

专用仓库 специализированный склад

专用设施 специальные хранилища

转关单证 таможенный транзитный документ

转机旅客 транзитный пассажир

转基因生物 генно-инженерные организмы; генно-модифицированные организмы (ГМО); трансгенные организмы

转口仓库 транзитный склад

转为内销 продажа экспортных товаров на внутреннем рынке

转运；转口；转关

транзит; таможенный транзит

转运地点 пункт перегрузки

转运海关监管方式 таможенная процедура таможенного транзита

转运日期 дата перевозки

装船前查验的协定（PSI）Соглашение по предотгрузочной инспекции

装船日期 дата отгрузки

装船收据 квитанция на погрузки

装船通知 извещение об отправке груза

装船通知单；装运通知 уведомление об отгрузке

装订 привязка

装货单 погрузочный ордер

装货单确认书 подтверждение погрузочного ордера

装货地点 место погрузки

装货地海关 таможня на месте погрузки

装货费用 погрузочные расходы; расходы по погрузке

装货港（POL）порт погрузки

装货合同 договор на проведение погрузочных работ

装货清单 список погрузки

装箱单 товарная накладная; упаковочный лист

装箱明细单 отгрузочная спецификация

装卸 погружать и разгружать

装卸日期 дата погрузки и разгрузки

装卸设施 погрузочно-разгрузочные средства

装卸信息 информация об обработке груза

装卸指示 инструкция по обработке груза

装卸作业 обработка грузов

装卸作业通知单 ордер на обработку грузов

装运密度 плотность погрузки

装运前检验 предотгрузочная инспекция

装运前检验协议 сертификат о проведении предотгрузочной инспекции

装运申请书 заявление

装运数量 количество отгрузки
装运说明 указания грузоотправителя; отгрузочное поручение; отгрузочная инструкция
装运通知单；发货通知单（S/N） извещение об отправке
装运预申报 предварительная декларация на перевозку
装运质量 качество перевозки
装载；卸载 погрузка; выгрузка
装载报表 грузовой отчёт (доклад)
装载说明 инструкция по загрузке
装载许可证 свидетельство загрузки
追究刑事责任 привлечение к уголовной ответственности
锥形试管 конические пробирки
准备就绪通知书 извещение о готовности
准时制（JIT） точно в срок (вовремя); точно по графику
准许自由过境 разрешить бесплатный проезд
准予放行 выпуск разрешен
准予过境 транзит разрешен
准予交付通知书 разрешение на поставку
咨询点 информационный центр; справочный пункт
资格 квалификация
资质证明 квалификационный сертификат
滋补饮品 тонизирующие напитки
紫外安全柜 УФ-кабинет
紫外光度计 ультрафиолетовый фотометр
紫外光显微镜 ультрахемископ
自动报文接口 автоматизированная система сообщений
自动滴定仪 титратор автоматический
自动恒温器

авторморегулятор

自动化报关接口系统（美国） Автоматизированная брокерская компьютерная система

自动化数据处理 автоматизированная обработка данных

自动化系统 автоматизированная система

自动机（器）；自动挡；自动售货机 автомат

自动派单 диспетчеризация деклараций на товары

自动许可证（商务部授权发证机构依法对实行自动进口许可管理的货物颁发的准予进口的许可证件） автоматическое лицензирование

自动续订；自动延长 автоматическая пролонгация

自然磨损 естественный износ

自然人 физическое лицо

自然人通过联盟海关边界的自用物品 товар для личного пользования, перемещаемых через таможенную границу Союза физическими лицами

自然灾害 природная катастрофа

自然灾害险 страхование от стихийных бедствий

自然资源 природные ресурсы

自行宣告无疫 самопровозглашение свободы от болезни

自用保税仓库 личный бондовый склад

自用物品 товар для личного пользования

自由（特殊、特别）经济区 свободная (специальная, особая) экономическая зона (СЭЗ)

自由仓库 свободные склады

自由仓库设立许可证 лицензия на учреждение свободного склада

自由仓库制度 процедуру свободного склада

自由出口工业区 свободные экспортно-промышленные зоны (СЭПЗ)

自由港 свободный порт

自由过境 свободный транзит

自由经济区 свободная экономическая зона (СЭЗ)

自由经济区个体经营者（参加者、主体） резидент (участник, субъект) СЭЗ

自由经济区海关监管方式 Таможенная процедура свободной таможенной зоны

自由流通 свободное обращение

自由流通货物 товар в свободное обращение

自由贸易区 зона свободной торговли (СЭЗ)

自由贸易协定（FTA） Соглашение о свободной торговле

宗教的 религиозный

宗教书籍 религиозные книги

宗教物品 религиозные товары; религиозные вещи

综合承运人 интегрированный перевозчик

综合关税 таможенная пошлина комбинированная

综合过境担保 всеобъемлющие гарантии для транзита

综合过境税 комбинированная транзитная пошлина

综合食品添加剂 комплексная пищевая добавка

综合性关税 тариф интегрированный

总代理 генеральный агент

总担保 генеральная гарантия; генеральное обеспечение; многоразовое обеспечение

总吨 тонна брутто

总吨位 тоннаж брутто

总费用率 ставка лумпсум (ФИАТА); твёрдая аккордная ставка (ФИАТА); фрахтза предварительно согласованную сумму (ФИАТА)

总价值；总值 общая стоимость

总金额 общая сумма

总经理 генеральный менеджер

总利润；毛利 валовая прибыль

总量 общий объём

总文件 генеральный акт

总重量 общий вес

总重量；毛重 брутто

总注册吨位 общий зарегистрированный тоннаж

走私；违禁品 контрабанда

走私的文物 контрабандные культурные реликвии

走私分子 контрабандист

走私工具 инструменты контрабанды

走私惯犯 повторные контрабандные преступников

走私货物 контрабандный товар

走私严重地区 район с высокой степенью контрабанды

走私罪 преступление, связанное с контрабандой

租船合同 чартер

租船合同提单 коносамент чартер-парти；чартерный коносамент

租船运输 фрахтование

租金；租费 арендная плата

阻止 останавливать

组合成套 комплектование；объединение грузовых единиц

钻石交易所 алмазная биржа

最便捷路线 наиболее подходящий путь

最初状态 первоначальное положение

最低费用提单 минимальный фрахт（по коносаменту）；минимум коносамента

最高人民法院 Верховный народный суд（КНР）

最高人民检察院 Верховная народная прокуратура（КНР）

最高水平 максимальный уровень

最高允许水平 максимально допустимый уровень

最后发出货物的欧盟国家 последняя страна ЕС, из которой отправлен груз

最惠国 страна наибольшего благоприятствования

最惠国待遇 принцип

наибольшего благоприятствования; режим наибольшего благоприятствования (РНБ)

最惠国税率　тариф на основе наибольшего благоприятствования

最惠国原则　принцип наибольшего благоприятствования

最优质量　лучшее качество

最终报告　окончательный доклад

最终目的港　порт окончательного назначения

最终收付方　конечная сторона-грузополучатель

最终卸货港　конечный порт разгрузки

最终用户许可协议　соглашение о лицензии конечного пользователя

遵守海关法　соблюдения таможенного законодательства

遵守禁限规定　соблюдение запретов и ограничений

遵守卫生防疫、兽医和植物卫生检疫措施及放射性要求　осуществления санитарно-эпидемиологического, ветеринарного, карантинного фитосанитарного, радиационного контроля (надзора)

左美丙嗪　левомепромазин

作废　упразднять

作准文本　аутентичный текст

数字、英文字母开头的词语

《1972年集装箱海关公约》 Таможенная конвенция, касающаяся контейнеров, 1972 г.

20英尺标准集装箱/20英尺标准箱（TEU） двадцатифутовый эквивалент（ДФЭ）

24小时舱单预先申报规则（24AMR） правило о предварительной подаче（за 24 часа）грузового манифеста

3-甲基芬太尼 3-метилфентанил

40英尺标准集装箱（FEU） сорокафутовый эквивалент（СФЭ）

ATA单证册管理 администрация карнеты ATA

ATA公约（《关于货物暂准进口的ATA报关单证册海关公约》） Конвенция ATA

B2B程序（公司—公司） процедура B2B（бизнес-бизнес）

B2G、G2B程序（公司—国家机构，国家机构—公司） процедура B2G/G2B（бизнес-госорганы/госорганы-бизнес）

C&I（成本和保险） стоимость и страхование

CCC认证（中国） Китайская Система Обязательной сертификации продукции（CCC）

chlosepide（利眠宁） сибазон（диазепам）

CIM托运单 накладная МГК

CMR托运单 накладная КДПГ

FIATA不可转让多式联运运单 необоротная накладная смешанной перевозки ФИАТА

G2G程序（国家机构—国家机构） процедура G2G（госорганы-госорганы）

INCOTERMS 2020（《国际贸易术语解释通则

（2020）》）
ИНКОТЕРМС 2020
（Правила
Международной
торговой палаты
（ICC）для
использования
торговых терминов в
национальной и
международной
торговле）

ISO 国家代码 код стран
ИСО（Международная
организация по
стандартизации）

IT 行业 ИТ
（информационная
технология）

OIE 法典 Кодекс МЭБ

OIE 名录疫病
списочная болезнь
МЭБ

pH 计 анализатор
жидкости pH-метр；
Рн-метр

Q 字旗（检疫信号旗）
Сигнальный флаг
карантина

SMGS 托运单
накладная СМГС

TIR 公约（《国际公路
运输公约》）
Конвенция МДП

TIR 国际公路运输手册
книжка МДП

TRIPs（《与贸易有关的
知识产权协议》）
ТРИПС

UN/CEFACT 参考数据模
型 Справочная
модель данных
СЕФАКТООН

UN/CEFACT 建模方法
（UMM）методология
моделирования
СЕФАКТООН

WCO 数据模型 Модель
данных ВТамО

WTO 多哈回合谈判
Дохийский раунд
переговоров ВТО

WTO 上诉机构
Апелляционный орган
ВТО

WTO 谈判模式
модальности
переговоров；формат
переговоров（в ВТО）

WTO 通知条款
положение о
нотификации（ВТО）

XML 命名和设计规则
（NDR）правила
присвоения имен и
конфигурации（в
XML）

α-甲基芬太尼 альфа-
метилфентанил

附 录

附录一　国际贸易术语解释通则（2020）

ИНКОТЕРМС 2020

[Правила Международной торговой палаты（ICC）для использования торговых терминов в национальной и международной торговле]

CFR-Cost and Freight
Стоимость и фрахт（с указанием порта назначения）
CFR 成本加运费
（……指定目的港）

CIF-Cost, Insurance and Freight
Стоимость, страхование и фрахт（с указанием порта назначения）
CIF 成本、保险费加运费（……指定目的港）

CIP-Arriage and Insurance Paid to
Перевозка и страхование оплачены до（с указанием поименованного места назначения）
CIP 运费和保险费付至（……指定目的地）

CPT-Carriage Paid To
Перевозка оплачена до（с указанием поименованного места назначения）
CPT 运费付至（……指定目的地）

DAF-Deliveredat Frontier
Поставка до границы（+название места поставки）
DAF 边境交货（……指定地点）

DAP-Delivered at Place
Поставка в месте назначения（с указанием поименованного места назначения）
DAP 目的地交货（……指定目的地）

DAT-Delivered at Terminal
Поставка на терминале（с указанием терминала в порту или в месте назначения）
DAT 终点站交货

(……指定港口或目的地的终点站)

DDP-Delivered Duty Paid
Поставка с оплатой пошлин (с указанием места назначения)
DDP 完税后交货 (……指定目的地)

DEQ-Delivered Ex Quay
Поставка с пристани (+ название порта назначения)
DEQ 目的港码头交货 (……指定目的港)

DPU-Delivered at Place Unloaded
Поставка в месте назначения и разгрузка (с указанием поименованного места назначения)
DPU 卸货地交货 (……指定目的地)

EXW-Ex Works
Франко завод (с указанием поименованного места поставки)
EXW 工厂交货 (……指定交货地点)

FAS-Free Alongside Ship
Свободно вдоль борта судна; ФАС Франко вольборта судна
FAS 船边交货 (……指定装运港)

FCA-Free Carrier
Франко перевозчик (с указанием поименованного места поставки)
FCA 货交承运人 (……指定交货地点)

FOB-Free On Board
Свободно на борту (с указаниемпортаотгр-узки); ФОБ франко-борт
FOB 船上交货 (……指定装运港)

附录二　世界主要港口

1. 航空港、站；机场
Аэропорт

Аден（Демократический Йемен）　亚丁（也门）

Амстердам（Нидерланды）　阿姆斯特丹（荷兰）

Багдад（Ирак）　巴格达（伊拉克）

Бангкок（Таиланд）　曼谷（泰国）

Басра（Ирак）　巴士拉（伊拉克）

Бейрут（Ливан）　贝鲁特（黎巴嫩）

Берлин（Германия）　柏林（德国）

Бонн（Германия）　波恩（德国）

Буэнос-Айрес（Аргентина）　布宜诺斯艾利斯（阿根廷）

Вашингтон（США）　华盛顿（美国）

Виктория（Сейшельские острова）　维多利亚（塞舌尔）

Гонконг（Китай）　香港（中国）

Гонолулу（США）　火奴鲁鲁（华人称檀香山）（美国）

Гуанчжоу（Китай）　广州（中国）

Дакар（Сенегал）　达喀尔（塞内加尔）

Даллас-Форт-Уэрт（США）　达拉斯-沃斯堡（美国）

Дели（Индия）　德里（印度）

Джакарта（Индонезия）　雅加达（印度尼西亚）

Иокогама（Япония）　横滨（日本）

Йоханнесбург（ЮАР）　约翰内斯堡（南非）

Каир（Египет）　开罗（埃及）

Калькутта（Индия）　加尔各答（印度）

Кано（Нигерия）　卡诺（尼日利亚）

Каракас（Венесуэла）　加拉加斯（委内瑞拉）

Карачи（Пакистан）　卡拉奇（巴基斯坦）

Киншаса（Заир）　金沙萨［刚果（金）］

Китай（Шанхай）　上海

（中国）

Коломбо（Венесуэла） 科隆伦坡（委内瑞拉）

Копенгаген（Дания） 哥本哈根（丹麦）

Лондон（Великобритания） 伦敦（美国）

Лос-Анджелес（Великобритания） 洛杉矶（英国）

Майами（США） 迈阿密（美国）

Манила（Филиппины） 马尼拉（菲律宾）

Мельбурн（Австралия） 墨尔本（澳大利亚）

Мехико（Мексика） 墨西哥城（墨西哥）

Монреаль（Канада） 蒙特利尔（加拿大）

Москва（Россия） 莫斯科（俄罗斯）

Мумбаи（Индия） 孟买（印度）

Нади（Фиджи） 楠迪（斐济）

Найроби（Кения） 内罗毕（肯尼亚）

Нью-Йорк（США） 纽约（美国）

Окленд（Новая Зеландия） 奥克兰（新西兰）

Осака（Япония） 大阪（日本）

Осло（Норвегия） 奥斯陆（挪威）

Панама-Сити（Панама） 巴拿马城（巴拿马）

Папеэте（Французская Полинезия） 帕皮提（法属波利尼西亚）

Париж（Франция） 巴黎（法国）

Пекин（Китай） 北京（中国）

Перт（Австралия） 珀斯（澳大利亚）

Порт-Луи（Маврикий） 路易港（毛里求斯）

Рейкьявик（Исландия） 雷克雅未克（冰岛）

Рим（Италия） 罗马（意大利）

Рио-де-Жанейро（Бразилия） 里约热内卢（巴西）

Сантьяго（Чили） 圣地亚哥（智利）

Сан-Франциско（Сан-Франциско）（США） 圣弗朗西斯科（华侨称旧金山）（美国）

Сидней（Австралия） 悉尼（澳大利亚）

Сингапур（Сингапур） 新加坡市（新加坡）

Тегеран（Иран） 德黑兰（伊朗）

Токио（Япония） 东京（日本）

Торонто (Канада) 多伦多 (加拿大)

Франкфурт (Германия) 法兰克福 (德国)

Хартум (Судан) 喀土穆 (苏丹)

Цюрих (Швейцария) 苏黎世 (瑞士)

Чикаго (США) 芝加哥 (美国)

Шэньчжэнь (Китай) 深圳 (中国)

2. 海运港口 Морской порт

Абадан (Иран) 阿巴丹 (伊朗)

Абиджан (Кот-д'Ивуар) 阿比让 (科特迪瓦)

Абу Даби (Объединённые Арабские Эмираты) 阿布扎比 (阿联酋)

Аделаида (Австралия) 阿德莱德 (澳大利亚)

Аден (Демократический Йемен) 亚丁 (也门)

Акаба (Иордания) 亚喀巴 (约旦)

Акапулько (Мексика) 阿卡普尔科 (墨西哥)

Акаутра (Сальвадор) 阿卡胡特拉 (萨尔瓦多)

Аккра (Гана) 阿克拉 (加纳)

Александрия (Египет) 亚历山大 (埃及)

Алжир (Алжир) 阿尔及尔 (阿尔及利亚)

Амстердам (Нидерланды) 阿姆斯特丹 (荷兰)

Анкона (Италия) 安科纳 (意大利)

Аннаба (Алжир) 安纳巴 (阿尔及利亚)

Антверпен (Бельгия) 安特卫普 (比利时)

Антофагаста (Чили) 安托法加斯塔 (智利)

Апапа (Нирля) 阿帕帕 (尼尔利亚)

Апиа (Западное) 阿皮亚 (萨摩亚)

Арика (Чили) 阿里卡 (智利)

Архангельск (Россия) 阿尔汉格尔斯克 (俄罗斯)

Афины (Греция) 雅典 (希腊)

Аффенмут (Великобритания) 阿芬默斯 (英国)

Балтимор (США) 巴尔的摩 (美国)

Бангкок (Таиланд) 曼谷 (泰国)

Бандар-Сери-Бегаван (Бруней) 斯里巴加

湾市（文莱）

Банжул (Гамбия) 班珠尔（冈比亚）

Бар (Черногории) 巴尔（黑山）

Барранкилья (Колумбия) 巴兰基亚（哥伦比亚）

Барселона (Испания) 巴塞罗那（西班牙）

Басра (Ирак) 巴士拉（伊拉克）

Бейра (Мозамбик) 贝拉（莫桑比克）

Бейрут (Ливан) 贝鲁特（黎巴嫩）

Белаван (Индонезия) 勿拉湾（印度尼西亚）

Белиз (Белиз) 伯利兹（伯利兹）

Белфаст (Великобритания) 贝尔法斯特（英国）

Бельмопан (Белиз) 贝尔莫潘（伯利兹）

Бенгази (Ливия) 班加西（利比亚）

Бендер Аббас (Иран) 阿巴斯港（伊朗）

Бербера (Сомали) 柏培拉（索马里）

Берген (Норвегия) 卑尔根（挪威）

Берн (Швейцария) 伯尔尼（瑞士）

Бизерта (Тунис) 比塞达（突尼斯）

Бильбао (Испания) 毕尔巴鄂（西班牙）

Биркенхед (Великобритания) 伯肯黑德（英国）

Бисау (Гвинея-Бисау) 比绍（几内亚比绍）

Бома (Заир) 博马［刚果（金）］

Бордо (Франция) 波尔多（法国）

Бостон (США) 波士顿（美国）

Бремерхафен (Германия) 不来梅港（德国）

Брест (Франция) 布雷斯特（法国）

Брисбен (Австралия) 布里斯班（澳大利亚）

Бристоль (Великобритания) 布里斯托尔（英国）

Бургас (Болгария) 布尔加斯（保加利亚）

Буэнавентура (Колумбия) 布埃纳文图拉（哥伦比亚）

Буэнос-Айрес (Аргентина) 布宜诺斯艾利斯（阿根廷）

Бэйхай (Китай) 北海（中国）

Вааса (Финляндия) 瓦萨（芬兰）

Валлетта（Мальта） 瓦莱塔（马耳他）

Вальпараисо（Чили） 瓦尔帕莱索（智利）

Ванкувер（Канада） 温哥华（加拿大）

Варна（Болгария） 瓦尔纳（保加利亚）

Веллингтон（Новая Зеландия） 惠灵顿（新西兰）

Венеция（Италия） 威尼斯（意大利）

Веракрус（Мексика） 韦拉克鲁斯（墨西哥）

Висмар（Германия） 维斯马（德国）

Владивосток（Россия） 符拉迪沃斯托克（旧称海参崴）（俄罗斯）

Вонсан（Северная Корея） 元山（朝鲜）

Вэньчжоу（Китай） 温州（中国）

Гавана（Куба） 哈瓦那（古巴）

Гавань Виктория（Сейшельские острова） 维多利亚港（塞舌尔）

Гавр（Франция） 勒阿佛尔（法国）

Галифакс（Канада） 哈利法克斯（加拿大）

Гамбург（Германия） 汉堡（德国）

Гаосюн（Китай） 高雄（中国）

Гданьск（Польша） 格但斯克（波兰）

Гдыня（Польша） 格丁尼亚（波兰）

Генуя（Италия） 热那亚（意大利）

Гётеборг（Швеция） 哥德堡（瑞典）

Глазго（Великобритания） 格拉斯哥（英国）

Гонконг（Китай） 香港（中国）

Гонолулу（США） 火奴鲁鲁（美国）

Готхоб（Гренландия） 努克（旧称戈特霍布）[格陵兰（丹麦）]

Гуанчжоу（Китай） 广州（中国）

Гуаякиль（Эквадор） 瓜亚基尔（厄瓜多尔）

Дакар（Сенегал） 达喀尔（塞内加尔）

Дакка（Бангладеш） 达卡（孟加拉国）

Далянь（Китай） 大连（中国）

Даммам（Саудовская Аравия） 达曼（沙特阿拉伯）

Дананг（Вьетнам） 岘港（越南）

Данидин（Новая

Зеландия) 达尼丁（新西兰）

Дарвин（Австралия） 达尔文（澳大利亚）

Дар-эс-Салам（Танзания） 达累斯萨拉姆（坦桑尼亚）

Джакарта（Индонезия） 雅加达（印度尼西亚）

Джибути（Джибути） 吉布提港（吉布提）

Джидда（Саудовская Аравия） 吉达（沙特阿拉伯）

Джилонг（Австралия） 吉朗（澳大利亚）

Джорджтаун（Гайана，Канада） 乔治敦（圭亚那）

Джорджтаун（Пенанг）（Малайзия） 乔治市（又称槟城）（马来西亚）

Дордрехт（Нидерланды） 多德雷赫特（荷兰）

Доха（Катар） 多哈（卡塔尔）

Дуала（Камерун） 杜阿拉（喀麦隆）

Дубай（Объединённые Арабские Эмираты） 迪拜（阿联酋）

Дублин（Ирландия） 都柏林（爱尔兰）

Дуррес（Албания） 都拉斯（阿尔巴尼亚）

Дюнкерк（Франция） 敦刻尔克（法国）

Занзибар（Танзания） 桑给巴尔（坦桑尼亚）

Измир（Турция） 伊兹密尔（土耳其）

Икике（Чили） 伊基克（智利）

Илоило（Филиппины） 伊洛伊洛（菲律宾）

Иокогама（Япония） 横滨（日本）

Ист-Лондон（ЮАР） 东伦敦（南非）

Кагосима（Япония） 鹿儿岛（日本）

Какинада（Индия） 卡基纳达（印度）

Калькутта（Индия） 加尔各答（印度）

Кальяо（Перу） 卡亚俄（秘鲁）

Кальяри（Италия） 卡利亚里（意大利）

Кана（Колумбия） 卡塔赫纳（哥伦比亚）

Каракас（Венесуэла） 加拉加斯（委内瑞拉）

Карачи（Пакистан） 卡拉奇（巴基斯坦）

Кардифф（Великобритания） 加的夫（英国）

Касабланка（Марокко） 卡萨布兰卡（摩洛哥）

Квебек（Канада） 魁北

克（加拿大）

Кейптаун（ЮАР） 开普敦（南非）

Килунг（Китай） 基隆（中国）

Киль（Германия） 基尔（德国）

Кингстон（Канада） 金斯顿（加拿大）

Кингстон（Ямайка） 金斯顿（牙买加）

Кисмайо（Сомали） 基斯马尤（索马里）

Кнутоне（Италия） 克努托内（意大利）

Коацакоалькос（Мексика） 夸察夸尔科斯（墨西哥）

Кобе（Япония） 神户（日本）

Коломбо（Шри-Ланка） 科伦坡（斯里兰卡）

Колон（Панама） 科隆（巴拿马）

Компонг Сом（Камбоджа） 西哈努克市（旧称磅逊）（柬埔寨）

Конакри（Гвинея） 科纳克里（几内亚）

Констанца（Румыния） 康斯坦萨（罗马尼亚）

Копенгаген（Дания） 哥本哈根（丹麦）

Коринто（Никарагуа） 科林托（尼加拉瓜）

Корк（Ирландия） 科克（爱尔兰）

Котону（Бенин） 科托努（贝宁）

Крайстчерч（Новая Зеландия） 克赖斯特彻奇（新西兰）

Куала Лумпур（Малайзия） 吉隆坡（马来西亚）

Кувейт（Кувейт） 科威特港（科威特）

Кумана（Венесуэла） 库马纳（委内瑞拉）

Кучинг（Малайзия） 古晋（马来西亚）

Кхулна（Бангладеш） 库尔纳（孟加拉国）

Ла Колония（Испания） 拉科罗尼亚（西班牙）

Ла Специя（Италия） 拉斯佩齐亚（意大利）

Лагос（Нигерия） 拉各斯（尼日利亚）

Ла-Гуайра（Венесуэла） 拉瓜伊拉（委内瑞拉）

Ла-Плата（Аргентина） 拉普拉塔（阿根廷）

Ла-Рошель（Франция） 拉罗歇尔（法国）

Латакия（Сирия） 拉塔基亚（叙利亚）

Легион（Италия） 莱戈恩（意大利）

Либревиль（Габон） 利伯维尔（加蓬）

Ливерпуль (Великобритания) 利物浦（英国）

Лимассол (Кипр) 利马索尔（塞浦路斯）

Лимон (Коста-Рика) 利蒙（哥斯达黎加）

Лиссабон (Португалия) 里斯本（葡萄牙）

Литтлтон (Новая Зеландия) 利特尔顿（新西兰）

Ломе (Того) 洛美（多哥）

Лонг-Бич (США) 长滩（美国）

Лондон (Великобритания) 伦敦（英国）

Лос-Анджелес (США) 洛杉矶（美国）

Луанда (Ангола) 罗安达（安哥拉）

Любек (Германия) 吕贝克（德国）

Ляньюньган (Китай) 连云港（中国）

Ма Чен (Индонезия) 马辰（印度尼西亚）

Маджунга (Мадагаскар) 马任加（马达加斯加）

Майами (США) 迈阿密（美国）

Макао (Китай) 澳门（中国）

Макассар (Индонезия) 望加锡（印度尼西亚）

Малабо (Экваториальная Гвинея) 马拉博（赤道几内亚）

Малага (Испания) 马拉加（西班牙）

Малакка (Малайзия) 马六甲（马来西亚）

Мале (Мальдивы) 马累（马尔代夫）

Малинди (Кения) 马林迪（肯尼亚）

Мальмё (Швеция) 马尔默（瑞典）

Мальта (Мальта) 马耳他（马耳他）

Манадо (Индонезия) 万鸦老（印度尼西亚）

Манама (Бахрейн) 麦纳麦（巴林）

Манила (Филиппины) 马尼拉（菲律宾）

Мапуту (Мозамбик) 马普托（莫桑比克）

Маракайбо (Венесуэла) 马拉开波（委内瑞拉）

Мар-дель-Плата (Аргентина) 马德普拉塔（阿根廷）

Марсель (Франция) 马赛（法国）

Масатлан (Мексика) 马萨特兰（墨西哥）

Маскат (Оман) 马斯喀特（阿曼）

Массава（Эфиопия） 马萨瓦（厄里特里亚）

Матади（Заир） 马塔迪[刚果（金）]

Матансас（Куба） 马坦萨斯（古巴）

Мельбурн（Австралия） 墨尔本（澳大利亚）

Мерсин（Турция） 梅尔辛（土耳其）

Мессина（Италия） 墨西拿（意大利）

Милфорд-Харбор（Великобритания） 米尔福德港（英国）

Мобил（США） 莫比尔（美国）

Могадишо（Сомали） 摩加迪沙（索马里）

Мокпхо（Корея） 木浦（韩国）

Моламьяйн（Мьянма） 毛淡棉（缅甸）

Момбаса（Кения） 蒙巴萨（肯尼亚）

Монреаль（Канада） 蒙特利尔（加拿大）

Монровия（Либерия） 蒙罗维亚（利比里亚）

Монтевидео（Уругвай） 蒙特维的亚（乌拉圭）

Мукала（Демократический Йемен） 穆卡拉（也门）

Мумбаи（Индия） 孟买（印度）

Мурманск（Россия） 摩尔曼斯克（俄罗斯）

Нагасаки（Япония） 长崎（日本）

Нагоя（Япония） 名古屋（日本）

Нампо（Северная Корея） 南浦（朝鲜）

Нант（Франция） 南特（法国）

Наха（Япония） 那霸（日本）

Находка（Россия） 纳霍德卡（俄罗斯）

Неаполь（Италия） 那不勒斯（又称那波利）（意大利）

Ниигата（Япония） 新潟（日本）

Никия（Кипр） 尼科西亚（塞浦路斯）

Нинбо（Китай） 宁波（中国）

Новый Орлеан（США） 新奥尔良（美国）

Норфолк（США） 诺福克（美国）

Нуакшот（Мавритания） 努瓦克肖特（毛里塔尼亚）

Нумеа（Новая Каледония） 努美阿（新喀里多尼亚）

Нью-Йорк（США） 纽约（美国）

Ньюкасл（Австралия） 纽卡斯尔（澳大利亚）

Нью-Хейвен（США） 纽黑文（美国）

Одесса（Украина） 敖德萨（乌克兰）

Окленд（Новая Зеландия） 奥克兰（新西兰）

Окленд（США） 奥克兰（美国）

Олесунн（Норвегия） 奥勒松（挪威）

Ольборг（Дания） 奥尔堡（丹麦）

Оран（Алжир） 奥兰（又称瓦赫兰）（阿尔及利亚）

Орхус（Дания） 奥胡斯（丹麦）

Осака（Япония） 大阪（日本）

Осло（Норвегия） 奥斯陆（挪威）

Оулу（Финляндия） 奥卢（芬兰）

Палембанг（Индонезия） 巨港（印度尼西亚）

Панама-Сити（Панама） 巴拿马城（巴拿马）

Папеэте（Полинезия） 帕皮提（法属波利尼西亚）

Парамарибо（Суринам） 帕拉马里博（苏里南）

Патейн/Бассейн（Мьянма） 勃生（缅甸）

Пенанг（Малайзия） 槟城（马来西亚）

Пирей（Греция） 比雷埃夫斯（希腊）

Плимут（Великобритания） 普利茅斯（英国）

Плоче（Хорватии） 普罗切（克罗地亚）

Порт-Вила（Вануату） 维拉港（瓦努阿图）

Порт-Жантиль（Габон） 让蒂尔港（加蓬）

Порт-Кланг（Малайзия） 巴生港（马来西亚）

Портленд（США） 波特兰（美国）

Порт-Луи（Маврикий） 路易港（毛里求斯）

Порт-Морсби（Папуа-Новая Гвинея） 莫尔兹比港（巴布亚新几内亚）

Портоново（Бенин） 波多诺伏（贝宁）

Порт-о-Пренс（Гаити） 太子港（海地）

Порт-Саид（Египет） 塞得港（埃及）

Порт-Сафага（Египет） 萨法贾港（埃及）

Портсмут（Великобритания） 朴次茅斯（英国）

Порт-Судан（Судан） 苏丹港（苏丹）

Порту-Алегри（Бразилия） 阿雷格里港（巴西）

Порт-Харкорт（Нигерия） 哈科特港（尼日利亚）

Порт-Хедленд（Австралия） 黑德兰港（澳大利亚）

Порт-Элизабет（ЮАР） 曼德拉（旧称伊丽莎白港）（南非）

Прая（Кабо-Верде） 普拉亚（佛得角）

Принц-Руперт（Канада） 鲁珀特王子港（加拿大）

Пунта-Аренас（Коста-Рика） 蓬塔阿雷纳斯（智利）

Пусан（Южная Корея） 釜山（韩国）

Пуэнт-Нуар（Конго） 黑角［刚果（布）］

Пуэрто-Бланка（Аргентина） 布兰卡港（阿根廷）

Пуэрто-Кабельо（Венесуэла） 卡贝略港（委内瑞拉）

Пуэрто-Кортес（Гондурас） 科尔特斯港（洪都拉斯）

Рабат（Марокко） 拉巴特（摩洛哥）

Рейкьявик（Исландия） 雷克雅未克（冰岛）

Ресифи（Бразилия） 累西腓（巴西）

Рига（Латвия） 里加（拉脱维亚）

Риека（Хорватия） 里耶卡（克罗地亚）

Рио-де-Жанейро（Бразилия） 里约热内卢（巴西）

Росток（Германия） 罗斯托克（德国）

Роттердам（Нидерланды） 鹿特丹（荷兰）

Саванна（США） 萨凡纳（美国）

Салоники（Греция） 萨洛尼卡（希腊）

Сальвадор（Бразилия） 萨尔瓦多（巴西）

Сандакан（Малайзия） 山打根（马来西亚）

Сан-Диего（США） 圣迭戈（美国）

Санкт-Петербург（Россия） 圣彼得堡（俄罗斯）

Санто-Доминго（Доминика） 圣多明各（多米尼加）

Сантос（Бразилия） 桑托斯（巴西）

Сантьяго（Куба） 圣地

亚哥（古巴）

Сан-Франциско（США） 圣弗朗西斯科（华侨称旧金山）（美国）

Сан-Хуан（Пуэрто-Рико） 圣胡安［波多黎各（美属）］

Саутгемптон（Великобритания） 南安普敦（英国）

Сафи（Марокко） 萨菲（摩洛哥）

Себу（Филиппины） 宿务（菲律宾）

Семаранг（Индонезия） 三宝垄（印度尼西亚）

Сент-Джонс（Канада） 圣约翰斯（加拿大）

Сетубал（Португалия） 塞图巴尔（葡萄牙）

Сидней（Австралия） 悉尼（澳大利亚）

Сингапур（Сингапур） 新加坡港（新加坡）

Сиэтл（США） 西雅图（美国）

Сонгкхла（Таиланд） 宋卡（泰国）

Сплит（Хорватии） 斯普利特（克罗地亚）

Стамбул（Турция） 伊斯坦布尔（土耳其）

Стокгольм（Швеция） 斯德哥尔摩（瑞典）

Сува（Фиджи） 苏瓦（斐济）

Сурабая（Индонезия） 泗水（印度尼西亚）

Суэц（Египет） 苏伊士（埃及）

Сфакс（Тунис） 斯法克斯（突尼斯）

Сямэнь（Китай） 厦门（中国）

Тайбэй（Китай） 台北（中国）

Таллинн（Эстония） 塔林（爱沙尼亚）

Тампа（США） 坦帕（美国）

Тампико（Мексика） 坦皮科（墨西哥）

Танга（Танзания） 坦噶（坦桑尼亚）

Танджунг（Индонезия） 丹戎不碌（印度尼西亚）

Танжер（Марокко） 丹吉尔（摩洛哥）

Таранто（Италия） 塔兰托（意大利）

Тартус（Сирия） 塔尔图斯（叙利亚）

Тель-Авив（Израиль） 特拉维夫（以色列）

Тема（Гана） 特马（加纳）

Тиба（Япония） 千叶（日本）

Токио（Япония） 东京（日本）

Торонто（Канада） 多

伦多（加拿大）

Триест（Италия） 的里雅斯特（意大利）

Тринкомали（Шри-Ланка） 亭可马里（斯里兰卡）

Триполи（Ливан） 的黎波里（黎巴嫩）

Триполи（Ливия） 的黎波里（利比亚）

Туамасина（Мадагаскар） 图阿马西纳（马达加斯加）

Тулеа（Мадагаскар） 图利亚拉（旧称图莱亚尔）（马达加斯加）

Тулон（Франция） 土伦（法国）

Тунис（Тунис） 突尼斯港（突尼斯）

Турку（Финляндия） 图尔库（芬兰）

Тяньцзинь（Китай） 天津（中国）

Уолфиш-Бей（Намибия） 沃尔维斯港（又称鲸湾港）（纳米比亚）

Фарола（Албания） 发罗拉（阿尔巴尼亚）

Филадельфия（Филадельфия）（США） 费城（全称费拉德尔菲亚）（美国）

Фредерисия（Дания） 腓特烈西亚（丹麦）

Фредрикстад（Норвегия） 腓特烈斯塔（挪威）

Фримантл（Австралия） 弗里曼特尔（澳大利亚）

Фритаун（Сьерра-Леоне） 弗里敦（塞拉利昂）

Фучжоу（Китай） 福州（中国）

Хагатна（Гуам） 阿加尼亚（美国）

Хайфа（Израиль） 海法（以色列）

Хайфон（Вьетнам） 海防（越南）

Хакодатэ（Япония） 函馆（日本）

Халл（Великобритания） 赫尔港（英国）

Хальмстад（Швеция） 哈尔姆斯塔德（瑞典）

Ханой（Вьетнам） 河内（越南）

Хельсинки（Финляндия） 赫尔辛基（芬兰）

Хиросима（Япония） 广岛（日本）

Хихон（Испания） 希洪（西班牙）

Ходейда（Йеменская Арабская Республика） 荷台达（也门）

Хон Гай（Вьетнам） 鸿基（越南）

Хошимин（Сайгон）

(Вьетнам) 胡志明市(旧称西贡)(越南)

Хыннам (Северная Корея) 兴南 (朝鲜)

Хьюстон (США) 休斯敦 (美国)

Циндао (Китай) 青岛 (中国)

Циньхуандао (Китай) 秦皇岛 (中国)

Чарльстон (США) 查尔斯顿 (美国)

Чжухай (Китай) 珠海 (中国)

Чикаго (США) 芝加哥 (美国)

Чимботе (Перу) 钦博特 (秘鲁)

Чиребон (Индонезия) 井里汶 (印度尼西亚)

Читтагонг (Бангладеш) 吉大港 (孟加拉国)

Чхонджин (Северная Корея) 清津 (朝鲜)

Шанхай (Китай) 上海 (中国)

Шаньтоу (Китай) 汕头 (中国)

Шекоу (Китай) 蛇口 (中国)

Шэньчжэнь (Китай) 深圳 (中国)

Щецин (Польша) 什切青 (波兰)

Янгон (Мьянма) 仰光 (缅甸)

Яньтай (Китай) 烟台 (中国)

3. 中欧班列主要站点 (城市) Железнодорожный вокзал

Алашанькоу (Китай, Казахстан) 阿拉山口 (中国)

Алматы (Казахстан) 阿拉木图 (哈萨克斯坦)

Антверпен (Бельгия) 安特卫普 (比利时)

Бам (Иран) 巴姆 (伊朗)

Будапешт (Венгрия) 布达佩斯 (匈牙利)

Варшава (Польша) 华沙 (波兰)

Вроцлав (Польша) 弗罗茨瓦夫 (波兰)

Гамбург (Германия) 汉堡 (德国)

Дуйсбург (Германия) 杜伊斯堡 (德国)

Забайкальск (Россия) 后贝加尔斯克 (俄罗斯)

Иркутск (Россия) 伊尔库茨克 (俄罗斯)

Иу (Китай) 义乌 (中国)

Ланьчжоу (Китай) 兰州 (中国)

Лодзь (Польша) 罗兹 (波兰)

Льеж (Бельгия) 列日 (比利时)

Ляньюньган (Китай) 连云港 (中国)

Мадрид (Испания) 马德里 (西班牙)

Маньчжурия (Китай) 满洲里 (中国)

Минск (Беларусь) 明斯克 (白俄罗斯)

Москва (Россия) 莫斯科 (俄罗斯)

Наньчан (Китай) 南昌 (中国)

Росток (Германия) 罗斯托克 (德国)

Сиань (Китай) 西安 (中国)

Суйфэньхэ (Китай) 绥芬河 (中国)

Харбин (Китай) 哈尔滨 (中国)

Чжэнчжоу (Китай) 郑州 (中国)

Чита (Россия) 赤塔 (俄罗斯)

Чунцин (Китай) 重庆 (中国)

Чэнду (Китай) 成都 (中国)

Эренхот (Китай) 二连浩特 (中国)

附录三　常见组织机构名称

东南亚国家联盟（ASEAN） Ассоциация государств Юго-Восточной Азии（АСЕАН）

俄联邦标准计量认证中心 Федеральное агентство по техническому регулированию и метрологии（Росстандарт）

二十国集团（G20） Группа двадцати

关税同盟 таможенный союз

国际奥林匹克委员会（简称国际奥委会，IOC） Международный олимпийский комитет

国际法庭 Международный трибунал

国际海事组织 Международная морская организация（ИМО）

国际红十字会（ICPC） МКК，МККК（Международный Красный крест，Международный комитет Красного Креста）

国际货币基金组织（IMF） Международный Валютный Фонд（МВФ）

国际劳工组织（ILO） Международная Организация Труда

国际农业发展基金（IFAD） Международный фонд сельскохозяйственного развития（МФСР）

国际商会（ICC） Международная торговая палата

国际原子能机构（IAEA） Международное агентство по атомной энергии（МАГАТЭ）

国家监察委员会 Государственный комитет контроля

国家药品监督管理局 Государственное

управление по контролю качества медикаментов
国家移民管理局 Государственное управление по делам иммиграции
国家知识产权局 Государственное управление по делам интеллектуальной собственности
国务院关税税则委员会 Тарифная комиссия Госсовета КНР
国务院食品安全委员会 Государственный комитет по безопасности продуктов питания
金砖国家（BRICS） БРИКС（Группа из пяти стран: Бразилии, России, Индии, КНР, ЮАР）
联合国（UN） Организация Объединённых Наций（ООН）
联合国安理事会 Совет Безопасности ООН
联合国大会 Генеральная Ассамблея ООН
联合国国际麻醉品管制署（简称联合国禁毒署） Международная ассоциация по борьбе с наркоманией и нарко-бизнесом（МАБНН）
联合国环境规划署 Программа ООН по окружающей среде
联合国教科文组织（UNESCO） Организация Объединённых Наций по вопросам образования, науки и культуры（ЮНЕСКО）
联合国经济及社会理事会 Экономический и Социальный Совет ООН
联合国救灾署（UNDRO） ЮНДРО Бюро Координатора Организации Объединённых Наций по оказанию помощи в случае стихийных бедствий
联合国开发计划署（简称开发署，UNDP） Программа развития ООН（ПРООН）
联合国粮食及农业组织（简称粮农组织，FAO） Продовольственная и

сельскохозяйственная организация Объединённых Наций（ФАО）联合国贸易和发展会议（简称贸发会议，UNCTAD）Конференция Организации Объединённых Наций по торговле и развитию（ЮНКТАД）

联合国难民事务高级专员办事处（简称难民署，UNHCR）Управление Верховного комиссара ООН по делам беженцев（УВКБ ООН）

联合国欧洲经济委员会（UNECE 或 ECE）Европейская экономическая комиссия ООН

联合国世界粮食计划署（WFP）ВПП ООН（Всемирная продовольственная программа ООН）

七国集团（G7）Группа семи

上海合作组织（SCO）Шанхайская организация сотрудничества（ШОС）

石油输出国组织（简称欧佩克，OPEC）ОПЕК（Организация стран-экспортеров нефти）

世界卫生组织（WHO）Всемирная организация здравоохранения（ВОЗ）

世界粮食理事会（WFC）Всемирный продовольственный совет（WFC）

世界旅游组织（UNWTO）ВТО（Всемирная туристская организация）

世界贸易组织（WTO）ВТО（Всемирная торговая организация）

世界银行 Всемирный банк（ВБ）

世界海关组织（WCO）Всемирная таможенная организация（ВТамО）

世界知识产权组织（WIPO）ВОИС（Всемирная организация интеллектуальной собственности）

万国邮政联盟（UPU）Всемирный почтовый союз（ВПС）

亚洲开发银行（ADB）

Азиатский банк развития (АБР)

中俄总理定期会晤委员会 Российско-Китайская комиссия по подготовке регулярных встреч глав правительств

中共中央纪律检查委员会 Центральная комиссия ЦК КПК по проверке дисциплины

中国国际贸易促进委员会 (CCPIT) Китайский совет по развитию международной торговли

中国民用航空局 (CAAC) Агентство Министерства транспорта КНР, управляющее всеми аспектами гражданской авиации

中国银行 Банк Китая

附录四　中华人民共和国国务院组织机构俄语译法

中华人民共和国国务院　Государственный совет КНР

中华人民共和国国务院办公厅　Канцелярия Государственного совета КНР

国务院组成部门

中华人民共和国外交部　Министерство иностранных дел КНР

中华人民共和国国防部　Министерство обороны КНР

中华人民共和国国家发展和改革委员会　Государственный комитет по развитию и реформе КНР

中华人民共和国教育部　Министерство образования КНР

中华人民共和国科学技术部　Министерство науки и техники КНР

中华人民共和国工业和信息化部　Министерство промышленности и информатизации КНР

中华人民共和国国家民族事务委员会　Государственный комитет по делам национальностей КНР

中华人民共和国公安部　Министерство общественной безопасности КНР

中华人民共和国国家安全部　Министерство государственной безопасности КНР

中华人民共和国民政部　Министерство гражданской администрации КНР

中华人民共和国司法部　Министерство юстиции КНР

中华人民共和国财政部　Министерство финансов КНР

中华人民共和国人力资源和社会保障部　Министерство трудовых ресурсов и социального обеспечения КНР

中华人民共和国自然资源部 Министерство природных ресурсов КНР

中华人民共和国生态环境部 Министерство экологии и окружающей среды КНР

中华人民共和国住房和城乡建设部 Министерство жилья, городского и сельского строительства

中华人民共和国交通运输部 Министерство транспорта КНР

中华人民共和国水利部 Министерство водного хозяйства КНР

中华人民共和国农业农村部 Министерство сельского хозяйства и сельских дел КНР

中华人民共和国商务部 Министерство коммерции КНР

中华人民共和国文化和旅游部 Министерство культуры и туризма КНР

中华人民共和国国家卫生健康委员会 Государственный комитет по делам здравоохранения КНР

中华人民共和国退役军人事务部 Министерство по делам ветеранов КНР

中华人民共和国应急管理部 Министерство по управлению в чрезвычайных ситуациях КНР

中国人民银行 Народный банк Китая

中华人民共和国审计署 Государственное ревизионное управление КНР

国务院直属特设机构

国务院国有资产监督管理委员会 Комитет Госсовета КНР по управлению государственным имуществом

国务院直属机构

中华人民共和国海关总署 Главное таможенное управление КНР

国家税务总局 Главное государственное налоговое управление

国家市场监督管理总局 Главное государственное

управление КНР по контролю и регулированию рынка

国家广播电视总局
Главное государственное управление радио и телевещания

国家体育总局　Главное государственное управление по делам спорта

国家统计局
Государственное статистическое управление

国家国际发展合作署
Государственное управление по развитию международного сотрудничества

国家医疗保障局
Государственное управление по делам медицинского обеспечения

国务院参事室　Бюро советников Государственного совета КНР

国家机关事务管理局
Управление по делам органов Государственного совета КНР

国务院办事机构

国务院港澳事务办公室
Канцелярия Государственного совета КНР по делам Гонконга и Макао

国务院研究室
Исследовательский офис Государственного совета

国务院直属事业单位

新华通讯社
Информационное агентство Синьхуа

中国科学院　Китайская академия наук

中国社会科学院
Академия общественных наук КНР

中国工程院　Китайская академия инженерных наук

国务院发展研究中心
Центр исследований развития Госсовета

中央广播电视总台
Государственное управление радио и телевидения Китая

中国气象局　Китайское метеорологическое управление

中国银行保险监督管理委员会　Комиссия по

| регулированию банковской и страховой деятельности Китая | 中国证券监督管理委员会 Комиссия по регулированию ценных бумаг Китая |

附录五 俄罗斯政府组织机构

一、Федеральные министерства, подведомственные им агентства, службы, надзоры 俄联邦部委及其下属机构、署、局

Министерство внутренних дел Российской Федерации (МВД России) 俄联邦内务部

Министерство Российской Федерации по делам гражданской обороны, чрезвычайным ситуациям и ликвидации последствий стихийных бедствий (МЧС России) 俄联邦民防、紧急情况和消除自然灾害后果部

Министерство иностранных дел Российской Федерации (МИД России) 俄联邦外交部

Федеральное агентство по делам Содружества Независимых Государств, соотечественников, проживающих за рубежом, и по международному гуманитарному сотрудничеству (Россотрудничество) 俄联邦独联体、海外同胞和国际人道主义合作署

Министерство обороны Российской Федерации (Минобороны России) 俄联邦国防部

Федеральная служба по военно-техническому сотрудничеству (ФСВТС России) 俄联邦军事技术合作局

Федеральная служба по техническому и экспортному контролю (ФСТЭК России) 俄联邦技术和出口管制局

Министерство юстиции Российской Федерации

(Минюст России) 俄联邦司法部

Федеральная служба исполнения наказаний (ФСИН России) 俄联邦处罚执行局

Федеральная служба судебных приставов (ФССП России) 俄联邦法警局

Министерство здравоохранения Российской Федерации (Минздрав России) 俄联邦卫生部

Федеральная служба по надзору в сфере здравоохранения (Росздравнадзор) 俄联邦卫生监督局

Министерство культуры Российской Федерации (Минкультуры России) 俄联邦文化部

Министерство науки и высшего образования Российской Федерации (Минобрнауки России) 俄联邦科学和高等教育部

Министерство природных ресурсов и экологии Российской Федерации (Минприроды России) 俄联邦自然资源与环境部

Федеральная служба по гидрометеорологии и мониторингу окружающей среды (Росгидромет) 俄联邦水文气象和环境监测局

Федеральная служба по надзору в сфере природопользования (Росприроднадзор) 俄联邦自然资源监管局

Федеральное агентство водных ресурсов (Росводресурсы) 俄联邦水资源署

Федеральное агентство лесного хозяйства (Рослесхоз) 俄联邦林业署

Федеральное агентство по недропользованию (Роснедра) 俄联邦矿产开发署

Министерство промышленности и торговли Российской Федерации (Минпромторг России) 俄联邦工业和贸易部；俄罗斯工业和贸易部

Федеральное агентство

по техническому регулированию и метрологии （Росстандарт） 俄联邦技术校准和计量署

Министерство просвещения Российской Федерации （Минпросвещения России） 俄联邦教育部

Министерство Российской Федерации по развитию Дальнего Востока и Арктики （Минвостокразвития России） 俄联邦远东和北极发展部

Министерство сельского хозяйства Российской Федерации （Минсельхоз России） 俄联邦农业部；俄罗斯农业部

Федеральная служба по ветеринарному и фитосанитарному надзору （Россельхознадзор） 俄联邦兽医和植物卫生检疫卫生监督局

Федеральное агентство по рыболовству （Росрыболовство） 俄联邦渔业署

Министерство спорта Российской Федерации （Минспорт России） 俄联邦体育部

Министерство строительства и жилищно-коммунального хозяйства Российской Федерации （Минстрой России） 俄联邦建设和住房公用事业部

Министерство транспорта Российской Федерации （Минтранс России） 俄联邦运输部

Федеральная служба по надзору в сфере транспорта （Ространснадзор） 俄联邦运输监督局

Федеральное агентство воздушного транспорта （Росавиация） 俄联邦航空运输署

Федеральное дорожное агентство （Росавтодор） 俄联邦公路署

Федеральное агентство железнодорожного транспорта （Росжелдор） 俄联邦铁路运输署

Федеральное агентство

морского и речного транспорта （Росморречфлот） 俄联邦海河运输署

Министерство труда и социальной защиты Российской Федерации （Минтруд России） 俄联邦劳动和社会保障部

Федеральная служба по труду и занятости （Роструд） 俄联邦劳动就业管理局

Министерство финансов Российской Федерации （Минфин России） 俄联邦财政部

Федеральная налоговая служба （ФНС России） 俄联邦税务署

Федеральная пробирная палата 俄联邦试金局

Федеральная служба по регулированию алкогольного рынка （Росалкогольрегулирование） 俄联邦酒精市场监管局

Федеральная таможенная служба （ФТС） 俄联邦海关署 （FCS）

Федеральное казначейство （Казначейство России） 俄联邦国库

Федеральное агентство по управлению государственным имуществом （Росимущество） 俄联邦国有资产管理署

Министерство цифрового развития, связи и массовых коммуникаций Российской Федерации （Минцифры России） 俄联邦数字发展、通信和大众传媒部

Федеральная служба по надзору в сфере связи, информационных технологий и массовых коммуникаций （Роскомнадзор） 俄联邦电信、信息技术和大众传媒监管局

Министерство экономического развития Российской Федерации （Минэкономразвития России） 俄联邦经济发展部

Федеральная служба по аккредитации （Росаккредитация） 俄联邦认证局

Федеральная служба

государственной статистики (Росстат) 俄联邦国家统计局

Федеральная служба по интеллектуальной собственности (Роспатент) 俄联邦知识产权局

Министерство энергетики Российской Федерации (Минэнерго России) 俄联邦能源部；俄罗斯能源部

二、Федеральные службы и агентства 俄联邦管理局、署

Служба внешней разведки Российской Федерации (СВР России) 俄联邦对外情报局

Федеральная служба безопасности Российской Федерации (ФСБ России) 俄联邦安全局

Федеральная служба войск национальной гвардии Российской Федерации (Росгвардия) 俄联邦国民警卫队

Федеральная служба охраны Российской Федерации (ФСО России) 俄联邦保卫局

Федеральная служба по финансовому мониторингу (Росфинмониторинг) 俄联邦金融监督局

Федеральное архивное агентство (Росархив) 俄联邦档案局

Главное управление специальных программ Президента Российской Федерации (ГУСП) 俄联邦总统特别计划管理总局

Управление делами Президента Российской Федерации 俄联邦总统事务管理局；俄联邦总统办公室

Государственная фельдъегерская служба Российской Федерации (ГФС России) 俄联邦国家机要通信局

Федеральная антимонопольная служба (ФАС России) 俄联邦反垄断局

Федеральная служба государственной регистрации, кадастра и картографии

（Росреестр） 俄联邦国家登记、地籍和制图局

Федеральная служба по надзору в сфере защиты прав потребителей и благополучия человека （Роспотребнадзор） 俄联邦消费者权益保护和公益监督署

Федеральная служба по надзору в сфере образования и науки （Рособрнадзор） 俄联邦教育和科学监督局

Федеральная служба по экологическому, технологическому и атомному надзору （Ростехнадзор） 俄联邦生态、技术和原子能监督局

Федеральное агентство по государственным резервам （Росрезерв） 俄联邦国家储备局

Федеральное медико-биологическое агентство （ФМБА России） 俄联邦生物医药署

Федеральное агентство по туризму （Ростуризм） 俄联邦旅游局

Федеральное агентство по делам молодёжи （Росмолодёжь） 俄联邦青年事务局

Федеральное агентство по делам национальностей （ФАДН России） 俄联邦民族事务局

三、Государственные корпорации, являющиеся уполномоченными органами управления в отдельных отраслях 作为特定行业授权管理机构的国有企业

Государственная корпорация по атомной энергии Росатом 国家原子能公司 （Rosatom）

Государственная корпорация по космической деятельности Роскосмос 俄罗斯航天国家集团公司 （Roscosmos）

四、Государственные внебюджетные фонды 国家预算外资金

Пенсионный фонд Российской Федерации

俄联邦养老基金
Федеральный фонд обязательного медицинского страхования 俄联邦强制医疗保险基金

Фонд социального страхования Российской Федерации 俄联邦社会保险基金

附录六　中俄海关内设机构名称

中华人民共和国海关总署
Главное таможенное управление Китайской Народной Республики

一、署内机构
Центральный аппарат

办公厅（国家口岸管理办公室）　Главная канцелярия (Канцелярия по управлению пунктами пропуска)

政策法规司　Департамент политик и правил

综合业务司　Департамент комплексных операций

自贸区和特殊区域发展司　Департамент развития зон свободной торговли и особых территорий

风险管理司　Департамент управления рисками

关税征管司　Департамент таможенных платежей

卫生检疫司　Департамент здравоохранения и карантина

动植物检疫司　Департамент карантина животных и растений

进出口食品安全局　Департамент контроля за безопасностью пищевых продуктов

商品检验司　Департамент товарной инспекции

口岸监管司　Департамент таможенного контроля в пунктах пропуска

统计分析司　Департамент таможенной статистики и анализа

企业管理和稽查司　Департамент аудита и контроля за

деятельностью предприятий

缉私局　Департамента по борьбе с контрабандой

国际合作司　Департамент международного сотрудничества

财务司　Финансовый департамент

科技发展司　Департамент научно-технического развития

督察内审司　Департамент внутреннего аудита

政治部　Политическое управление аппарата

人事教育司　Департамент кадров

机关党委　Партийный комитет

离退休干部局　Управление за делами пенсионеров

二、俄联邦海关署 Федеральная таможенная служба (ФТС)

Центральный аппарат 中央机关

Финансово-экономическое управление　财务总局

Главное управление "Центр мониторинга и оперативного контроля" ФТС России　"监控中心和缉私监管"风险管理总局

Управление по противодействию коррупции　反腐败局

Контрольно-ревизионное управление　监管审计局

Главное управление организации таможенного оформления и таможенного контроля　监管通关总局

Главное управление таможенного контроля после выпуска товаров　放行后监管总局

Управление торговых ограничений, валютного и экспортного контроля　贸易管制、外汇及出口监管局

Главное управление по борьбе с контрабандой　反走私总局

Управление таможенных расследований и дознания　海关调查局

Аналитическое

управление 分析局
Управление таможенного сотрудничества 海关合作局
Главное организационно-инспекторское управление 监察总局
Управление государственной службы и кадров 公共服务和人事局
Управление по связям с общественностью 公共关系局
Главное управление тылового обеспечения 后勤保障总局
Правовое управление 法制局
Медицинское управление 医务局
Главное управление информационных технологий 信息技术总局
Управление делами 事务局
Главное управление федеральных таможенных доходов и тарифного регулирования 海关收入和税收总局
Управление товарной номенклатуры 商品分类局

附录七　实验室仪器及用品汉俄对照

pH 计　Pн-метр
阿贝尔折光仪　рефрактометр Аббе
安培表　амперметр
奥氏体计　аустенитометр
巴氏灭菌器　автоклав для пастеризации；пастеризатор
白金坩埚　платиновый тигель
半导体温度计　полупроводниковый щип для измерения температуры（ПИТ）
棒式温度计　палочный термометр
比色皿　кювет
标准氢电极　стандартно-водородный электрод
标准取样容器　стандартный контейнер для взятия проб
标准石蕊试纸　индикаторная лакмусовая бумага
波美比重计　ареометр Боме
布氏漏斗　воронка бюхнера
布氏硬度机　Брирелля пресс
测碳仪　карбограф
测微仪；千分尺　микроизмеритель
超声波检漏仪　туз
超声波探伤仪　рефлектоскоп
超微量天平　ультрамикровесы
超微移液管　ультрамикропипетка
超显微分光光度计　ультрамикроспектро-фотометр
称量漏斗　воронка-весы
称量瓶　бюкса
成熟度测定仪　тендерометр
传感器　датчик
瓷坩埚　фарфоровый тигель
瓷研钵　фарфоровая ступка
打空器　пробойка
地磅；桥秤　весовая платформа
地磅　автовесы

低温恒温器　криостат
低温计　фригориметр
低温温度计　кататермометр
电导计　диагометр；кондуктометр
电动搅拌器　электромешалка
电弧炉　дуговая электропечь
电解质　электролит
电炉　электроплитка；электропечь
电偶高温计　пирометр
电子积分仪　электронный интегратор
电子摄谱仪　бета-спектрограф
电子显微镜　электромикроскоп
电子衍射仪　электронограф
电阻高温计　электропирометр
电阻温度计　термометр сопротивления
定量分析滤纸　фильтр для количественного анализа
定时器　регляж
发射光谱仪　спектрометр
砝码　контргруз
防腐剂　консервант
防护温度计　бронированый термометр
放射色谱仪　радиохроматор
放射性探伤仪　радиак
分光光度计　спектрофотометр
分级筛　сито-классификатор
分馏烧瓶　колба для дробной перегонки
分析器　анализатор
分析天平　аналитические весы
分液漏斗　сортировочная воронка
分子筛　молекулярное сито
酚酞试纸　индикаторная фенолфталеиновая бумага
伏特计　вольтметр
傅立叶分光光度计　фурье-спектрометр
盖片　защитное стекло
坩埚　плавильник；тигель
坩埚电炉　тигельная электропечь
坩埚炉　тигельная печь
坩埚钳　тигельные щипцы
干涉仪　интерферометр
干湿计　психрограф
干燥器　влагопоглотитель

高压釜　автоклав
高压灭菌室　автоклавная
功率计　динамометр
光电比色计　электрофотоколориметр; фотоколориметр
光电分析器　фотоанализатор
光度计　люминометр
光学读数分析天平　анализ-весы с оптическим отсчётом
广口瓶　широкогорлый бутыль
广口烧瓶　широкогорлая колба
轨道衡　вагонные весы
过滤干燥器　фильтр-влагоотделитель
过滤漏斗　фильтр-воронка
寒暑表　градусник; термометр
核磁共振摄谱仪　спектрометр ядерного магнитного резонанса
恒湿器　гигростат
恒温干燥箱　термостат-сушилка
恒温器　термостат
烘箱　духовка; духовой шкаф
红外分光光度计　ИК-спектрофотометр
红外光度计　фотометр для инфракрасных лучей
红外光谱仪　ИК-спектрограф
红外线测定仪　теплопеленгатор
虹吸管　сифон
厚度计　толщиномер
化学试剂　химреактивы
积分仪　интегратор
极谱摄影仪　фотополярограф
极谱仪　полярограф
甲醇　метанол
甲基红　метилрот
甲基蓝　метил-синь
钾　калий
搅拌器　ворошилка
搅棒　мешалка
金相显微镜　металл-микроскоп
酒度计　виномер
酒精比重计　спиртометр; алкоголометр
酒精灯　спиртовка
酒精炉　спиртовая горелка
酒精温度计　алкогольный термометр
酒内醇量计　виномер
均质器　гомогенизатор
可见光光度计　фотометр видимого света
刻度瓶　градуированная

колба
空径光学检查仪 бороскоп
空气比重计 аэрометр
冷凝漏斗 воронка-конденсатор
冷凝器 конденсатор
离心管 пробирка центрифуги
离子色谱仪 ионный хроматограф
梨形瓶 грушевидная колба
量杯 измерительная кювета；мерный стакан
量瓶 мерная колба
量筒 мерный бачёк
毛细管 кипиллярные трубки
毛细管比色计 капиллятор
秒表 секудомер
木材比重计 ксилометр
目镜 окуляр
目视仪 визуальный прибор
黏度计 вискозиметр；вязкометр
内径规 нутромер
内径千分尺 нутромер
内卡钳 нутромер
培养瓶 колба культивирования
品红 азалеин；розанилин

平底瓷漏斗 воронка-нутч
平底烧瓶 плоскодонная колба
气量瓶 бутыль-газометр
气体比重计 воздухомер
气体流量计 расходомер газа
气相色谱仪 газохроматограф
千分尺 калибр-пластинка；микрометр
千分卡尺 пальмер
铅封钳子 пломбировочные тиски
琼脂 агар-агар
球形烧瓶 шаровидная колба
曲茎瓶 реторта
取棉器 ватосбрасыватель
取样器 заборник；пробник
热量计 калориметр
容量瓶 объёмная колба
容器 посуда
肉汁培养基 мясопептонный бульон
肉汁琼脂 мясопептонный агар
塞规 входящий калибр
三口烧瓶 вульфа колба
色谱分光光度计 хроматограмма-

спектрофотометр
沙漏时计　склянка
筛网　сито；грубое сито
烧杯　бокал
烧瓶　колба
烧瓶刷　щётка для колбы
射电分光计　радиоспектрометр
射线探伤仪　радиодефектоскоп
深度测微计　микометр-глубомер
生物群落计　биоценометр
声级计　звукомер
声强计　акустиметр
湿度计　гигрометр；влагомер
湿球温度计　влажный термометр
石墨电炉　электропечь графитации
石墨坩埚　угольный тигель
石蕊试纸　лакмус
石油脑　бензинол
示波器　осциллоскоп；электрограф
试管　пробирка
试管架　штатив
试剂瓶　реактивная склянка
试样缩分器　порционер
水平仪　нивелир
水银温度计　ртутный термометр
水准仪　ватерпас
探伤仪　дефектоскоп
天平　весы
条干均匀度试验机　устер-прибор
通风柜　вытяжной шкаф
同位素探伤仪　изоскоп
托盘　поднос
文氏流量计　вентуриметр
无水酒精　абсолютный спирт
物镜　объектив
吸尘器　пылесос
吸滤器　нутч
吸瓶　отсосная колба
洗出液　элюат
洗瓶　промывалка；шприц
洗气瓶　газопромыватель
洗提液　элюэнт
细菌培养器　инкубатор
纤维仪　волокномер
纤维长度测定仪　тапелеизмеритель
显微分光光度　микроспектрофотометр
显微镜　микроскоп
显微硬度计　микродюрометр
消毒室　дозкамера
小烧瓶　колбочка
小移液管　пипеточка

校正仪　верификатор
厌氧菌培养器　анаэростат
羊毛细度测定器　эриометр
液体比重计　ареометр
液相色谱仪　хроматограф в жидкой фазе
移液管　пипетка
移液管架　штатив для пипеток
乙醚　этиловый эфир
荧光计　флуорофотометр
硬试管　тугоплавная пробирка
优质滤纸　ватманская бумага
油比重计　элеометр
油水分离器　масловлагоотделитель; декантер; влагомаслоотделитель; водомаслоотделитель
游标卡尺　штангенциркуль с нониусом
原子吸收光度计　атомноабсорбционный фотометр
圆底烧瓶　круглодонная колба
圆木直径测器　бревномер
杂醇油　сивушное масло
载片　предметное стекло
载气　газ-носитель
载物台　столик
针入硬度计　центрометр
真空泵　вакуумный насос; вакуум-насос
真空干燥室　вакууэкскатор
真空过滤器　вакуумфильтр
真空温度计　ваккумный термометр
真空仪　вакускоп
振动计　вибро скоп
蒸馏瓶　отгонная колба；перегонная колба
蒸馏水　дестиллированная вода
蒸汽冷却管　вапотрон
正常氢电极　нормальный водородный электрод
质谱分析仪　масса-анализатор
质谱仪　велоситрон; масса-спектрограф
重水　тяжёлая вода
锥形试管　конические пробирки
紫外光度计　ультрафиолетовый фотометр
紫外光显微镜　ультрахемископ
自动恒温器　автотерморегулятор

附录八　俄罗斯通关监管模式代码对照表

Код	Наименование	代码	名称
0	Отсутствие предшествующей таможенной процедуры	0	新型监管方式/其他方式（直译为过去不存在的监管方式）
10	Экспорт	10	出口
21	Переработка вне таможенной территории	21	海关监管区域外加工
23	Временный вывоз	23	暂时出口
31	Реэкспорт	31	复出口
40	Выпуск для внутреннего потребления	40	放行转内销
51	Переработка на таможенной территории	51	海关监管区域内加工
53	Временный ввоз (допуск)	53	暂时进口
60	Реимпорт	60	复进口
70	Таможенный склад	70	海关仓库
77	Свободный склад	77	自由仓库
78	Свободная таможенная зона	78	自由关税区

续表

Код	Наименование	代码	名称
80	Таможенный транзит	80	转口
90	Специальная таможенная процедура	90	特殊海关监管
91	Переработка для внутреннего потребления	91	加工转内销
93	Уничтожение	93	销毁
94	Отказ в пользу государства	94	出于保护国家利益拒绝
96	Беспошлинная торговля	96	免税贸易